SCORPIO

HOLISTIC WEALTH

36 LEBENSLEKTIONEN
für ganzheitlichen Wohlstand: So erholst du dich von KRISEN, findest deinen LEBENSZWECK und erlangst FINANZIELLE FREIHEIT

KEISHA BLAIR

MIT EINEM VORWORT VON
KELLY RUTHERFORD

Aus dem Englischen von Ulla Rahn-Huber

SCORPIO

MIX
Papier | Fördert gute Waldnutzung
FSC® C083411

Der Umwelt zuliebe

- produzieren wir zu über 90 % in Deutschland
- achten wir auf kurze Transportwege
- drucken wir auf Papier aus nachhaltiger Waldwirtschaft und anderen kontrollierten Quellen

1. Auflage 2025

Umschlaggestaltung: Margarita Maiseyeva nach dem Originalcoverdesign von Mumtaz Mustafa und Paul Barrett
Cover-Glitzerbild © Shutterstock, Chinnapong
Lektorat: Angela Hermann-Heene
Layout und Satz: Margarita Maiseyeva
Druck und Bindung: CPI, Leck
ISBN 978-3-95803-636-9

Ansprechpartner für Produktsicherheit
Europa Verlage GmbH
Monika Roleff
Johannisplatz 15, 81667 München
Tel.: +49 (0)89 18 94 733-0
E-Mail: info@europa-verlag.com
www.scorpio-verlag.de

Für die wichtigsten Menschen in meinem Leben, die meine ersten Vorbilder waren und mir halfen, holistischen Wohlstand zu erlangen: Meine Kinder Matthew, Alex und Ella, die mein holistisches Bankkonto mit Liebe füllen – sie sind der kostbarste Schatz in meinem Leben. Meine Mutter, Dr. Bernice Williams, und meinen Mann Lindsay Blair. Ich danke euch.

In liebender Erinnerung an Garfield R. Mullings, MSc, CGA, CPA

INHALT

TEIL III: KÖRPER UND GEIST

TEIL IV: GOODWILL UND STARKE BEZIEHUNGEN

TEIL V: HOLISTISCHER WOHLSTAND IN DER PRAXIS

VORWORT

EIN KURZES INTERVIEW MIT DER SCHAUSPIELERIN KELLY RUTHERFORD

Nachdem ich Kelly Rutherford durch gemeinsame Freunde kennengelernt hatte, lud ich sie ein, in meinem Holistic Wealth-*Podcast über ihren persönlichen Weg zu sprechen. Kelly machte damals einen äußerst schmerzhaften, öffentlichen Sorgerechtsstreit um ihre beiden Kinder durch. Aber ungeachtet aller Widrigkeiten fand sie die Kraft und Dankbarkeit, um ihr Leben zum Positiven zu wenden. Der folgende Text enthält neben Ausschnitten aus dem Interview Kellys schriftliche Gedanken darüber, wie* Holistic Wealth *mit seinem strukturierten Ansatz beitragen kann, Rückschläge wie diesen zu meistern.*

Keisha Blair: Wie du weißt, erzähle ich in diesem Buch, wie ich vor einigen Jahren meinen Mann verlor, nur acht Wochen nachdem ich mein zweites Kind zur Welt gebracht hatte. Ich schreibe über die Kunst, nach schweren Krisen ins Leben zurückzufinden, und wie sich Schicksalsschläge wie dieser überwinden lassen. Ich habe das Gefühl, dass du genau diese Kunst beherrschst. Du hattest eine Reihe von großen Herausforderungen zu bewältigen und bist zu dem Schluss gekommen, dass dein Leben und das, was du der Allgemeinheit gibst, viel wichtiger ist, als ein einzelnes Hindernis oder Problem es je sein könnte. Diejenigen unter uns, die ähnliche Krisen zu überwinden hatten, sind früher oder später wohl alle an diesen Punkt gekommen, nachdem sie die Probleme, den Schmerz und die Trauer hinter sich gelassen haben. Kannst du mir etwas dazu sagen, wie du mit deinen Herausforderungen umgegangen bist? Was ist mit deinen Kindern passiert? Für dich als Mutter muss das alles doch furchtbar schmerzhaft gewesen sein. Vielleicht kannst du beschreiben, wie du diese Zeit erlebt und überstanden hast.

Kelly Rutherford: Ich bin überzeugt, dass es vor allem auf den Fokus ankommt. Zunächst ist da der Schock, den man erst einmal überwinden muss. Wenn ich Schock sage, meine ich, was du in dem Augenblick fühlst, in dem du mit dem Rückschlag oder einschneidenden Ereignis konfrontiert wirst. Ich glaube, der Begriff trifft es am ehesten. Ich habe es zumindest so empfunden. Die Tatsache, dass so etwas überhaupt möglich sein konnte, dass es mir überhaupt passieren konnte, war für mich völlig jenseits des Vorstellbaren. Genauso empfinden wahrscheinlich die meisten von uns, wenn etwas derart Gravierendes passiert. Um welches Thema es auch geht, ob es unsere Gesundheit betrifft oder etwas ganz Persönliches wie unsere Familie oder unsere finanzielle Situation, wir haben das Gefühl, völlig die Kontrolle zu verlieren. Als ich diesen anfänglichen Schock überwunden hatte, spürte ich, dass es mir das Herz gebrochen hatte.

Und wenn dir das Herz bricht, egal aus welchem Grund, braucht es Zeit, um zu heilen.

Was mir sehr geholfen hat, war, die Schuldzuweisungen hinter mir zu lassen und mich nicht länger als Opfer zu fühlen. Beides sind emotionale Zustände, die uns blockieren. Ich hatte zunächst das Gefühl, Opfer dieser Situation oder des Systems oder was auch immer zu sein, und suchte nach irgendjemandem oder irgendetwas, dem ich die Schuld geben konnte. Aber das war nicht produktiv, selbst wenn es für beides gute Gründe gab. Niemand hätte mir widersprochen, wenn ich gesagt hätte, dass ich die anderen verantwortlich mache und in dieser Situation das Opfer bin. Aber für mich persönlich gab es ab einem bestimmten Punkt nur eines, das Sinn zu machen schien: wie ich als Mensch wieder in meine Kraft zurückfinden konnte, einfach ich als Person. Und wie ich für meine Kinder, so gut es ging, da sein konnte.

Auf einmal ging es um Liebe und darum, wie ich wieder handlungsfähig werden konnte, indem ich meine Haltung änderte und aufhörte, nach Schuldigen zu suchen oder mich als Opfer zu sehen. Schauen, was geht, das war auf einmal das Thema. Und ich spürte, wie das meiste aus einer Haltung der Liebe heraus geschah. Ich rede so viel von Liebe, weil ich keine Energie kenne, die heilsamer wäre als sie. Von nun an ging es nur noch um Liebe. Ich liebe meine Kinder und egal, wie viel oder wie wenig ich tun kann, um ihnen beizustehen, es wird immer so sein. Ich bin für sie da, auch wenn ich einmal völlig am Boden bin; wenn ich nur zwei Dollar in der Tasche habe; wenn ich verunsichert bin. Ich bin immer für sie da und lasse sie wissen, dass mir nur an einem gelegen ist: alles zu tun, um so gut wie möglich für sie da zu sein. Wenn wir ehrlich sind, kommt das, was wir sagen, ganz anders bei anderen an. Und es ist mir gelungen, ehrlich zu ihnen zu sein. Ich konnte emotional ehrlich sein.

Ich habe sie gefragt, was ich tun müsste, um die beste Mutter für sie zu sein; wie ich ihnen unter den gegebenen Umständen am ehesten beistehen könnte. Und so ging es auf einmal darum, gesund zu bleiben. Wenn diese ganze Angelegenheit eines Tages hoffentlich überstanden sein würde, wollte ich für meine Kinder mental, physisch und spirituell gesund sein, um sie aufwachsen sehen zu können. Diese Gedanken hatten großen Anteil daran, dass es mir gelungen ist, mit der Situation fertigzuwerden. Ich begriff, dass man erst einmal innerlich auf Distanz zu dem Ganzen gehen muss. Das heißt nicht, dass du dir keine Trostpartys gönnen solltest, denn die haben durchaus ihre Berechtigung. Es bedeutet bloß, dass du dich die meiste Zeit fragst: Okay, wofür kann ich dankbar sein? Was an der ganzen Situation bringt mir etwas, für das ich dankbar sein kann? Was nehme ich an Positivem daraus mit? Was ist das Gute daran? Dank dieser Haltung kamen die Dinge auf einmal in Fluss – als ich aufhörte, mich zu widersetzen, dagegen anzukämpfen, mich zu wehren und auf all das Schlechte zu starren, mit dem ich mich konfrontiert sah. Ich konnte meinen Fokus neu ausrichten. Ich verbot mir sogar, weiter darüber zu reden. Und auch dadurch veränderte sich etwas. Und wenn ich doch darüber redete, dann nur über Dinge, die ich als vorteilhaft oder positiv empfand.

Es gibt Raum für Fehler. Wir alle probieren herum, um Lösungen zu finden. Keiner von uns hat alle Antworten parat oder findet immer die richtigen Worte zur rechten Zeit, aber je mehr wir zu unseren Fehlern stehen, desto leichter wird es und desto eher wachsen wir gemeinsam. Während COVID-19 war uns diese Zeit gegeben worden, damit wir begriffen, wie sehr wir einander für unseren künftigen Weg brauchen – eine unbezahlbar wertvolle Erkenntnis. Menschen begegneten einander plötzlich aus einer authentischen inneren Haltung, aus der Liebe heraus. Ja, es geht auch immer um Geld, aber wenn wir tun, was wir lieben, und Dinge finden, die wir lieben, und uns mit dem verbinden, was wir lieben, wird es uns gut gehen. Und wenn das jeder macht, profitieren wir alle.

* * *

EINE ABSCHLIESSENDE BEMERKUNG VON KELLY

Keisha Blairs Buch *Holistic Wealth* ist ein Game-Changer. Es lässt uns den Mut finden, Ängste und schwere Rückschläge zu überwinden und mit der Welt intensiver in Beziehung zu gehen. Mehr denn je ist es heute wichtig, Gefühle von Selbstwert, Liebe und Akzeptanz für uns und andere zu pflegen – selbst angesichts von Schicksalsschlägen. Um einen neuen Weg in die Zukunft zu finden, dürfen wir nicht in der Opferhaltung verharren, sondern müssen uns innerlich auf das Ziel von holistischem Wohlstand ausrichten. Finden wir Sinn im Leben, eine Aufgabe und Passion, indem wir das tun, was wir lieben und uns mit den Menschen und Dingen umgeben, die wir lieben, geht es uns gut. In *Holistic Wealth* lernen wir systematisch Schritt für Schritt, wie wir nach einschneidenden Krisen wieder in unsere Mitte zurückfinden können.

– Kelly Rutherford, Schauspielerin,
Philanthropin, Unternehmerin und Honorary
Certified Holistic Wealth™ Consultant

EINLEITUNG

Die weltweite COVID-19-Pandemie ist von manchen als größte Krise seit dem Zweiten Weltkrieg bezeichnet worden. Millionen von Kindern und Erwachsenen, die diese Zeit durchlebt haben, standen vor der Herausforderung, mit den Konsequenzen von lebensverändernden Ereignissen umgehen zu lernen. Für meine Familie war dies jedoch nicht der erste große Sturm, den wir zu überstehen hatten. Davor ereilte uns der tragische, viel zu frühe Tod meines Mannes.

Nichts rüttelt uns derart jäh wach wie ein plötzlicher, unvorhersehbarer Todesfall. Wenn man dir mitteilt, dass dein Mann nicht mehr lebt, verändert sich von einem Augenblick zum nächsten alles. Das Leben, wie du es gekannt hast, wird nie wieder so sein – auch wenn es neu erfunden und in anderer Gestalt wieder auferstehen kann. Wie es uns in einer solchen Situation gelingt, uns ein neues Leben aufzubauen, ist entscheidend für die Zukunft. Auf der individuellen Ebene betrifft es unsere Familie und die uns unmittelbar nahestehenden Menschen. Und auf der kollektiven Ebene? Da kann es Einfluss auf den Fortgang der ganzen Menschheit haben.

Der Mensch ist zu allen Zeiten mit den größten Widrigkeiten konfrontiert gewesen. Wie unser Planet, so erleben auch wir unsere persönlichen Hurrikans und Tornados, die unser kostbares Leben in Stücke reißen und diese in alle Winde wehen. Wir fragen uns, ob man diese Fragmente aufheben und wieder zusammensetzen kann. Was wir erleben, ist der Inbegriff von Chaos – ein Zustand, den ich als eindeutig männlich empfinde, während Ordnung für mich etwas eher Weibliches ist. Ich habe die Schwangerschaft nur knapp überlebt. Bei der Geburt meines ersten Kindes wäre ich fast gestorben. Drei Jahre später schied mein Mann Garfield aus dem Leben, nur acht Wochen nachdem ich mein zweites Kind zur Welt gebracht hatte. Wenige Jahre später ereilte uns die Pandemie.

Für meine Familie ähnelten sich die Tragödie vom Tod meines Mannes und COVID-19 auf geradezu unheimliche Weise. Beide brachen ebenso plötzlich über uns herein, und ihre Auswirkungen waren vergleichbar. Das Gefühl der Verunsicherung, das mich am Anfang der Pandemie überkam, rief Erinnerungen an die Erkrankung meines Mannes wach. Die meisten Ärzte hatten nie zuvor ein lebendes Beispiel für das Krankheitsbild gesehen, an dem er litt. Ebenso bei COVID-19: Was Ärzte über Pandemien wussten, reichte meist nicht über das hinaus, was sie sich aus Lehrbüchern angelesen hatten. Und auf einmal mussten wir weltweit lernen, mit einer erschreckenden neuen Realität umzugehen. Als plötzlich alle gleichzeitig mit massiven persönlichen Einschnitten konfrontiert waren, erlangten die Lektionen, die ich durch den Tod meines Mannes gelernt hatte, eine neue Wichtigkeit.

Als auf Arianna Huffingtons Plattform *Thrive Global* mein Artikel über die vierzig Lebenslektionen erschien, die mich der Tod meines Mannes gelehrt hatte, hätte ich nie damit gerechnet, dass er viral gehen würde. Ich lud ihn einfach hoch, und das war's. Aber eines war mir schon bewusst: Der Artikel war das Persönlichste, was ich je geschrieben hatte. Ich gab darin so viel von mir selbst preis, dass mir bei dem Gedanken mulmig wurde. Doch es ging mir darum, anderen zu helfen, vor allem wollte ich Frauen zeigen, dass es uns möglich ist, nach großen oder kleinen Krisen wieder auf die Beine zu kommen und uns unser Leben so zu gestalten, dass es uns wirklich entspricht.

Das Redaktionsteam von *Medium.com* kontaktierte mich mit dem Vorschlag, als eine ihrer Lieblingsgeschichten eine Audioversion meines Artikels herauszubringen. »Mein Mann starb mit 34 Jahren. Hier sind die 40 Lebenslektionen, die ich daraus gelernt habe«[1] wurde von über 160 Websites präsentiert bzw. gelinkt und von mehr als fünfzig Millionen Menschen weltweit gelesen. Er war Nummer 1 bei Google für den Suchbegriff »my husband died« (mein Mann ist gestorben), und noch während ich dieses Buch schrieb, konnte er sich auf diesem Spitzenplatz halten.

Der preisgekrönte französische Filmemacher Thibaut Buccellato meldete sich bei mir und schlug mir die Zusammenarbeit für einen Kurzfilm mit dem Titel *The Moments I Miss* (Momente, die ich vermisse) vor. Drehort sollte Paris sein. Basierend auf meiner Erfahrung mit Trauer schrieb ich das Drehbuch. Als Darstellerin für meine Rolle wurde die Australierin Bambi Northwood-Blyth gewählt. Sie ist nicht nur Schauspielerin, sondern auch Model und hat es auf die Titelseiten von *Vogue Japan, Marie Claire Italy* und der Zeitschrift *V* geschafft, um nur einige wenige zu nennen.

Der traditionelle Begriff von »Wohlstand«, der sich ausschließlich auf das Nettoeinkommen und den materiellen Besitz des Einzelnen bezieht, hat sich überlebt. Er hat es dringend nötig, von einer ganzen Generation von Frauen neu definiert zu werden, die nicht nur Wert auf das Anhäufen von materiellen Gütern legen, sondern darüber hinaus Erfahrungen sammeln, einer sinnvollen Tätigkeit nachgehen und mehr Kontrolle über ihre Zeit haben möchten. Die Zeit ist reif, einen neuen Wohlstandsbegriff

---

1 Keisha Blair, »My Husband Died at Age 34. Here Are 40 Life Lessons I Learned from It«, Medium, 13. Dezember 2017, https://medium.com/thrive-global/my-husband-died-at-age-34-here-are-40-life-lessons-ive-learn-t-17b102935efe.

zu etablieren, der Gesundheit, Wohlbefinden und ein gutes Leben mit einschließt. Ich wünsche mir, dass wir Frauen uns alle gemeinsam auf den Weg machen, um dieses Ziel zu erreichen.

Aristoteles sprach von der »Kunst des Vermögenserwerbs« und der Notwendigkeit, Reichtum nach anderen Kriterien zu bemessen als rein über das Anhäufen von Geld. Er schreibt: »Ausgehend von der Verwendung von Münzen wird die Kunst, Wohlstand zu erlangen, allgemein als hauptsächlich darauf ausgerichtet angesehen und als die Kunst betrachtet, die Reichtum und Wohlstand erzeugt, indem sie sich damit beschäftigt, wie dieser angehäuft werden kann. ... Daher streben die Menschen nach einem besseren Verständnis von Reichtum und der Kunst des Vermögenserwerbs, als es die bloße Ansammlung von Münzen ist, und sie haben damit recht.«[2]

Wohlstand im holistischen Sinne bringt Achtsamkeit in unseren Alltag. Er schließt Erfahrungen und Zeit für Aktivitäten mit ein, die keinen materiellen Zwecken dienen. Millennials und Angehörige der Generation X greifen diesen Trend auf und nennen Sabbaticals oder vermehrtes Reisen mittlerweile unter ihren finanziellen Zielen, was früher undenkbar gewesen wäre. Diese Neuausrichtung kann in Unternehmen genutzt werden, um Strategien zu entwickeln, die die Mitarbeiterzufriedenheit steigern. Auch in der Gesellschaft im Allgemeinen sowie in staatlichen, gemeinnützigen und internationalen Entwicklungsorganisationen ist es Zeit für ein Umdenken.

Ich habe mit dem *Holistic Wealth Development Index*™ – also dem »holistischen Vermögensentwicklungsindex« – ein Werkzeug geschaffen, mit dem sich der ganzheitliche Wert von Persönlichkeitsentwicklungsstrategien bestimmen lässt: inwieweit

2 Aristoteles, »Politik« (Buch I, Kapitel 9), dt. Übersetzung in der Ausgabe von Franz Susemihl. Eine Online-Version ist beispielsweise im Projekt Gutenberg zu finden.

sie die Kunst stärken, nach schweren Krisen ins Leben zurückzufinden, die Resilienz und die Fähigkeit, nach massiven Rückschlägen wieder auf die Beine zu kommen.

Jede und jeder von uns trifft zudem Entscheidungen, die Einzahlungen auf oder Abhebungen von unserem holistischen Bankkonto entsprechen. Du solltest dir also dringend Gedanken darüber machen, ob deine Handlungen oder Entscheidungen dazu beitragen, dein holistisches Vermögen zu mindern oder zu mehren. Überlegst du dir vor jeder Entscheidung, ob das, was du vorhast, zu einem Plus oder Minus auf deinem holistischen Konto führt, ändert sich dein Leben von Grund auf: Du begibst dich damit auf den Weg, dir ganzheitlichen Wohlstand aufzubauen, und auf einmal ist deine innere Haltung eine ganz andere. Ich rede hier von einem »holistischen Mindset«.

Diese innere Neuausrichtung zieht einen Welleneffekt nach sich, der sich nicht nur in unserem eigenen Leben auswirkt, sondern darüber hinaus den holistischen Wohlstand künftiger Generationen beeinflussen kann. Um dies zu ermöglichen, muss die Gesellschaft aber zunächst die Rahmenbedingungen schaffen, damit der oder die Einzelne diese Art von holistisch orientierten Entscheidungen überhaupt treffen kann. Genau hier kommt der holistische Vermögensentwicklungsindex ins Spiel.

DIE KUNST, HOLISTISCHEN WOHLSTAND ZU SCHAFFEN

Wenn ich in diesem Buch von *Holistic Wealth* oder holistischem Wohlstand spreche, fasse ich den Begriff sehr weit. Gemeint ist ein Wohlstand, der verschiedene Elemente umfasst: finanzielles Geschick und materielle Unabhängigkeit, eine sinnvolle Lebensaufgabe und Mission, spirituelle Verbundenheit und Großzügigkeit. Sie alle verstärken das Gefühl von Ganzheitlichkeit, Resilienz in herausfordernden Zeiten, Zufriedenheit und Freude.

Ganz grundsätzlich umfasst holistischer Wohlstand Schlüsselaspekte des Lebens wie das finanzielle Vermögen, die körperliche Gesundheit, den emotionalen und spirituellen Reichtum, erfüllte zwischenmenschliche Beziehungen sowie den Beitrag, den wir selbst für die Allgemeinheit leisten. All diese Elemente bauen aufeinander auf und sind jeweils unverzichtbar. Reichtum in einem Einzelbereich stärkt den Reichtum in anderen Bereichen. Es mag gelingen, finanziellen Wohlstand langfristig zu sichern, auch wenn unsere emotionale oder physische Gesundheit zu wünschen übrig lässt, aber wir können ihn ohne diese nicht in vollem Umfang genießen.

Am Aufbau von holistischem Wohlstand zu arbeiten, hilft uns, die mentale Stärke und den notwendigen *Biss* zu entwickeln, um die unvermeidlichen Stürme und Rückschläge des Lebens zu überstehen. Der Mensch ist ein Gewohnheitstier, und oft funktionieren wir, ohne groß nachzudenken. Wir treffen so lange immer wieder die gleichen Entscheidungen, auch wenn sie uns manchmal schaden, bis wir einen Schock erleben, der unser ganzes System durcheinanderwirbelt. Dann erst werden wir uns bewusst, dass wir unsere täglichen Entscheidungen strategischer ausrichten müssen.

Es handelt sich hier um nichts Triviales. Immerhin trifft der Durchschnittsmensch über 35 000 Entscheidungen am Tag.[3] Reagieren wir mit Angst oder gewohnten Mustern auf einschneidende Probleme oder fehlt es uns generell an einer Strategie, ist es so gut wie unmöglich, holistischen Wohlstand aufzubauen.

3 Eva M. Krockow, »How Many Decisions Do We Make Each Day?«, *Psychology Today,* 27. September 2018, https://www.psychologytoday.com/ca/blog/stretching-theory/201809/how-many-decisions-do-we-make-each-day.

Hier bewusster zu werden, ist ein Ziel, auf das wir absichtsvoll hinarbeiten müssen. Wir brauchen einen sorgfältig ausgearbeiteten Plan oder eine Roadmap, um es zu erreichen. Wir müssen uns unsere Ressourcen ansehen, uns klarmachen, wo unsere Beschränkungen liegen, schauen, wo es Lücken gibt, und dann die Ressourcen auch nutzen, um auf unserem Weg voranzukommen. Wenn ich in diesem Buch also vom *holistischen Bankkonto* rede, impliziert das die Frage, welche Aktivitäten zu einem Plus oder Minus an holistischem Wohlstand führen.

INNERE MOTIVATION

In diesem Buch habe ich die Lebenslektionen zusammengefasst, auf die ich im Verlauf meines eigenen Heilungsprozesses gestoßen bin. Ihnen verdanke ich, dass ich an dem Punkt angelangt bin, an dem ich mich heute befinde. Darüber hinaus hat mir ein *Executive Leadership Training* an der *Harvard University* die Augen für den holistischen Ansatz und eine absichtsvolle Lebensplanung geöffnet.

Einige der bedeutendsten Führungspersönlichkeiten aller Zeiten verdanken ihren Erfolg einer Reihe von ganz bestimmten Taktiken und strategischen Schritten. Sie trafen ihre Entscheidungen nicht »einfach so«. Sie arbeiteten konsequent und bewusst auf radikale Veränderung hin. Ihre Ziele gingen weit über das Erreichen einer bestimmten beruflichen Position oder eines bestimmten Gehalts hinaus. Sie hatten *große, mutige* Träume. Eine Vision und eine Mission – das war das Mindeste, was sie hatten. Dieses Buch basiert unter anderem auf einem Konzept der inneren Motivation (ich spreche von *Motivation from Within* (MFW)), das sechs Lebensgesetze umfasst. Diese zeitlosen Regeln, denen die gesamte Schöpfung unterliegt, sind integraler

Bestandteil unserer Existenz. Manche davon, wie das Gesetz der Fülle, sind biblischen Ursprungs. Ich beziehe mich hier also auf alte Prinzipien von universeller Gültigkeit:

1. **Das Gesetz der Fülle**
2. **Das Gesetz der spirituellen Selbsterneuerung**
3. **Das Gesetz der Sinnhaftigkeit (Dienst an der Menschheit)**
4. **Das Gesetz der Gegenseitigkeit**
5. **Das Gesetz der natürlichen Harmonie und Balance**
6. **Das Gesetz des kontinuierlichen Lernens**

Alle Lebenslektionen stehen mit diesen universellen Gesetzen in Zusammenhang. Sie bedingen einander gegenseitig und bilden eine Feedback-Schleife, die zu persönlichem Wachstum und Erfolg führt. Unsere spirituelle, physische, mentale und emotionale Verfassung ist auf das Engste vernetzt. Es kommt entscheidend darauf an, einschränkende Glaubenssätze loszulassen, die zu Depression, Prokrastination und mangelnder Achtsamkeit führen. Je fokussierter du auf deine spirituelle Selbsterneuerung hinarbeitest und je klarer du die Richtung deines weiteren Wegs vorgibst, desto effektiver kannst du deine persönlichen Führungsqualitäten einsetzen und Selbstmanagement praktizieren. Und mit der spirituellen Selbsterneuerung schaffst du dir die Basis, aus der die Sinnhaftigkeit in deinem Leben erwächst.

In dem Maße, wie du dich dem lebenslangen Lernen verschreibst, wachsen dein Wissen und deine Fähigkeit, dich weiterzuentwickeln und dich beruflich neu zu erfinden. Zu reisen ist die beste Möglichkeit zur Weiterbildung, zumal sie ganz im Sinne des holistischen Vermögensaufbaus das Lernen aus der Theorie in die Praxis holt.

Eine weitere fundamentale Erkenntnis besteht darin, dass sich finanzielle Sicherheit nicht nur über den Gehaltszettel sicherstellen lässt. Ebenfalls wichtig ist die Fähigkeit, deine finanziellen Ressourcen ertragsbringend zu nutzen, etwa durch langfristige Investitionen und das Eingehen kalkulierter Risiken.

Holistischer Wohlstand bedeutet, uns zu einer besseren Version von uns selbst zu entwickeln. Gelingt es uns, unsere »Schatten« zu erkennen und zu benennen – negative Gefühle wie Angst, Sorge, Frustration, Zweifel, Wut und Reue, die aus unseren Kämpfen, Tragödien und Rückschlägen entstehen –, und verstehen wir, dass wir selbst am Steuer unseres Lebens sitzen, können wir unseren weiteren Weg grundlegend neu ausrichten und selbst entscheiden, wohin die Reise gehen soll.

Deine Lebensumstände, deine früheren Entscheidungen, die Person, die du früher einmal warst, ja, selbst wie andere dich heute gerne haben würden – du brauchst dich von solchen Dingen nicht definieren zu lassen. Als ich Witwe wurde, bekam ich von manchen Leuten Sätze wie diese zu hören: »Nein, das kannst du nicht tun, jetzt, wo dein Mann nicht mehr da ist.« Oder: »Das solltest du lieber bleiben lassen. Du hast schließlich nur noch ein Gehalt, von dem du deine beiden Kinder durchbringen musst.«

Genau das ist der Grund, warum mir die Stärkung der wirtschaftlichen Situation von Frauen so sehr am Herzen liegt. Mit solchen Botschaften gibt eine Gesellschaft uns doch zu verstehen: »Egal, was du machst, du bist nie gut genug.« Ich sage allen Frauen: Doch, wir *sind* gut genug; es bringt nichts, uns mit anderen zu vergleichen, und wir haben die Macht, das Drehbuch komplett neu zu schreiben.

Ich bin beruflich in diversen Funktionen als leitende Wirtschaftsberaterin tätig gewesen, unter anderem für verschiedene Regierungsbehörden, und habe dabei und auch im Rahmen der von mir gegründeten gemeinnützigen Initiativen tiefen Einblick in die wirtschaftliche Situation von Frauen gewonnen.

Am Anfang meiner Berufslaufbahn habe ich an Projekten für die Weltbank und von der *Inter-American Development Bank* finanzierten Wirtschaftsentwicklungsprojekten mitgearbeitet. Auch an Untersuchungen der Organisation für wirtschaftliche Zusammenarbeit OECD habe ich mitgewirkt, etwa zur staatlichen Budgetierung von Fördermaßnahmen aus internationaler Vergleichsperspektive. Als leitende Ökonomin habe ich Teile des Haushaltsentwurfs meiner Regierung verfasst, etwa in den Bereichen Innovation, Regionalentwicklung und Wirtschaftswachstum. Ich bin 2018 als Mitglied der Begleitdelegation von Premierminister Trudeau zum Weltwirtschaftsforum in Davos und zum dreizehnten Ostasiengipfel in Singapur gereist. Ebenfalls mitgewirkt habe ich am *Fortune Global Forum* in Toronto, bei dem einige der mächtigsten Wirtschaftsvertreter und CEOs der Welt zusammentrafen, sowie am *Fortune Most Powerful Women Summit* in Montreal.

Da es mir ein Anliegen ist, Mentoring und Stipendien für Studierende zu organisieren, habe ich eine gemeinnützige Webseite mit kostenlosen Ressourcen (www.Aspire-Canada.com) gegründet und einen Gedenkstipendienfonds ins Leben gerufen, um an meinen verstorbenen Mann zu erinnern (das Aspire-Canada-Stipendium). Aufgrund der großen Resonanz, die die erste Ausgabe dieses Buchs gefunden hat, beschloss ich, das *Institute on Holistic Wealth* (www.instituteonholisticwealth.com) zu gründen und Ressourcen und Online-Kurse zu dem Thema anzubieten.

Um junge Witwen zu beraten, wie sie den Balanceakt zwischen Beruf und Elternschaft meistern und dabei einen guten Weg für sich selbst finden können, habe ich die Webseite *Modern Widow* geschaffen (www.themodernwidow.com). Aufgrund der großen Nachfrage biete ich auf meiner Seite www.keishablair.com zudem Eins-zu-eins-Coachings an. Auf diesen Plattformen habe ich eine ganze Palette von Themen behandelt, aber im Grunde lassen sich meine Aktivitäten auf einen einzigen Nenner bringen: Ich habe durch Trauer und tragische Ereignisse einen tieferen Sinn in meinem Leben gefunden, den ich mit euch teilen möchte.

Für dieses Buch habe ich über hundert Pioniere, Influencer und Prominente interviewt, die weltweit anerkannte Experten in den von mir beschriebenen Lebenslektionen sind, darunter Dr. Dinorah Nieves, bekannt als »Dr. D«, Coaching-Beraterin in der Oprah Winfrey Network-Show *Iyanla: Fix My Life;* Tia-Clair Toomey-Orr, weithin als »fitteste Frau der Welt« angesehen; Dr. Gail Saltz, klinische außerordentliche Professorin für Psychiatrie von *Weill Cornell Medicine* und Schwester des Nobelpreisträgers für Astrophysik Adam Riess; Apryl Jones aus der Reality-TV-Show *Love & Hip Hop: Hollywood;* Osric Chau, kanadischer Schauspieler und Kampfkünstler, bekannt für seine Rollen als Kevin Tran in der CW-Serie *Supernatural* und als Jakob Vogel in der BBC-America-Serie *Dirk Gently's Holistic Detective Agency;* Dr. Robert R. Johnson, CFA, CAIA, Professor für Finanzwissenschaft an der *Creighton University* und Co-Autor von *Strategic Value Investing,* einem Buch, das seit 2018 auf der Leseliste der jährlichen *Berkshire Hathaway*-Versammlung von Warren Buffett steht; und viele andere. Außerdem habe ich zahlreiche Erkenntnisse aus Bereichen wie Philosophie, Geschichte, Psychologie, Wirtschaft, Neurowissenschaft und Religion in meine Ausführungen mit einfließen lassen.

DIE KUNST, NACH SCHWEREN KRISEN INS LEBEN ZURÜCKZUFINDEN

Nach der Veröffentlichung der ersten Ausgabe dieses Buchs hat das Interesse an holistischem Wohlstand zur Entstehung einer weltweiten Bewegung geführt. Während der Pandemie haben sich viele Menschen persönlich an mich gewandt, um zu erfahren, wie sie sich ihre *Personal Financial Identity* – ihre persönliche finanzielle Identität – schaffen können (ein Kernkonzept, das ich im Detail in Teil II dieses Buchs erläutern werde). Im Laufe der Zeit erreichten mich immer mehr Anfragen nach einem auf den Prinzipien des Buchs basierenden zertifizierten Finanzberatungsprogramm, das speziell auf Frauen zugeschnitten sein sollte. Leserinnen verwiesen vielfach auf die große Bedeutung des Themas finanzielle Sicherheit gerade für Frauen und auf die in der ersten Ausgabe meines Buchs beschriebenen Lücken, die bestehende Finanzberatungsmodelle für die weibliche Zielgruppe aufwiesen. Aus persönlicher Erfahrung wusste ich, dass es sich hierbei um ein globales Problem handelte. Die Interessen von Frauen werden in der üblichen Finanzberatung nicht ausreichend berücksichtigt. Die Empfehlungen sind nicht ganzheitlich genug und bilden oft weder den Wunsch vieler Frauen nach einem guten Leben ab, noch tragen sie ihrem Bedürfnis nach mehr Kontrolle über ihre Zeit und ihr Geld Rechnung. Durch die Pandemie wurden diese Ungleichheiten und Unzulänglichkeiten noch verstärkt.

Ich nahm mir diese Anfragen zu Herzen und entwickelte in den ersten Monaten der Pandemie das Ausbilungsprogramm zum *Certified Holistic Wealth™ Consultant.* Gleichzeitig gründete ich das *Keisha Blair Institute on Holistic Wealth.* Inzwischen haben wir eine »Armee« von zertifizierten Beraterinnen ausgebildet, die Frauen rings um den Globus zeigen, wie sie sich ihr eigenes *Holistic Wealth*-Portfolio aufbauen können. Manche dieser Beraterinnen geben kostenlose Workshops, um Erwachsenen und Jugendlichen die Grundprinzipien einer holistischen Finanz- und Vermögensplanung zu vermitteln. Wir vergeben zudem den Ehrentitel *Honorary Certified Holistic Wealth™ Consultant* an Persönlichkeiten, die Frauen in aller Welt mit ihrer gemeinnützigen

Arbeit und durch ihre beruflichen und unternehmerischen Aktivitäten inspirieren. Zu diesen Wegbereiterinnen gehören zum Beispiel Hollywood-Schauspielerin Kelly Rutherford sowie Loren Ridinger, Gründerin von Motives Cosmetics. Gemeinsam haben unsere *Consultants* mit ihren Plattformen, Workshops, unternehmerischen Aktivitäten und ihrem Engagement für wohltätige Zwecke über fünfzig Millionen Menschen rings um den Globus erreicht.

Für meinen 2021 gestarteten *Holistic Wealth*-Podcast habe ich zahlreiche Interviews mit Unternehmerinnen und Influencerinnen geführt, und während der Pandemie haben wir damit Hörerinnen aus über fünfzehn Ländern erreicht, darunter aus Kanada, Jamaika und Mexiko. Der Podcast hat es unter die *Top 50 Apple Podcasts* in der Kategorie *Business* geschafft.

Während der COVID-19-Pandemie erlebten wir beispiellose Umwälzungen in einem Ausmaß und einer Größenordnung, die die meisten von uns noch nie zuvor gesehen hatten, und meine eigene Geschichte der Rückschläge und Verluste ging ebenfalls weiter. Ich habe durch Corona mehrere Familienmitglieder verloren; andere leiden bis heute an den Spätfolgen der Erkrankung. Zudem zog ich mir in der ersten Hälfte des Lockdowns ein akutes Rückenleiden zu – eine Botschaft meines Körpers, dass sich die Taktung meines Alltags so nicht länger aufrechterhalten ließ. Ich war gezwungen, hinzuhören und einen Gang zurückzuschalten.

Vor der Pandemie war ich in eine Begleitdelegation berufen worden, die Kanada bei Verhandlungen im Bereich ausländischer Direktinvestitionen unterstützen sollte. Eine große Chance für mich. Ich war die erste schwarze Frau in einer solchen Delegation (und oft die einzige schwarze Frau im Raum), was mich psychisch enorm unter Druck setzte, mich entsprechend »darzustellen« (vielen schwarzen Frauen wäre es vermutlich in einer solchen Situation genauso ergangen). Mein Rücken trug die ganze Last, die sich über die Jahre aufgebaut hatte, und so überraschte es nicht wirklich, als er schließlich nachgab.

Mir dämmerte, dass die Vorstellung von holistischem Wohlstand immer wichtiger wurde. Aber neben dem Anliegen, meiner Leserschaft zu zeigen, wie sich Wohlstand auf einer ganzheitlichen Ebene aufbauen ließ, hatte ich den Eindruck, mich selbst verstärkt in der Kunst üben zu müssen, nach Krisen ins Leben zurückzufinden.

Wir leben in einer Zeit voller einschneidender Ereignisse. Wie wir im tagtäglichen Leben damit umgehen, entscheidet über unseren Erfolg, und das heißt: Wir müssen alle unsere Entscheidungen durch die holistische Brille betrachten (d. h. die *Holistic Wealth*-Methode anwenden) und immer die richtigen Werkzeuge in unserer Toolbox (sprich: in unseren *Holistic Wealth*-Portfolios) haben.

Die COVID-19-Pandemie hat vielen geholfen, sich klar zu werden, was ihnen wirklich etwas wert ist und was Erfolg für sie bedeutet. Es war eine Zeit, in der wir täglich mit unserer eigenen persönlichen und kollektiven Sterblichkeit konfrontiert waren. Diese Realität zwang uns, andere Prioritäten zu setzen und genau hinzuschauen, was uns wichtig ist. Viele sind heute nicht mehr bereit, das gleiche Maß an Burn-out und Stress in ihrem Leben zu ertragen, das früher selbstverständlich war.

Dass COVID-19 unserer kollektiven Lebenserwartung den größten Einbruch seit dem Zweiten Weltkrieg bescherte (nach einer neueren Studie des BMJ)[4] – für Schwarze und Hispanics

4 Allison Aubrey, »The Pandemic Led to the Biggest Drop in U.S. Life Expectancy since WWII, Study Finds«, NPR, 23. Juni 2021, https://www.npr.org/2021/06/23/1009611699/the-pandemic-led-to-the-biggest-drop-in-u-s-life-expectancy-since-ww-ii-study-fi

betrug der Rückgang durchschnittlich drei Jahre[5] –, wurde deutlich, dass körperliche Gesundheit und Wohlstand aufs Engste miteinander verknüpft sind. Schwarze und Latinos hatten durch die Pandemie zudem unverhältnismäßig starke wirtschaftliche und gesundheitliche Belastungen zu tragen, wie das *Center for American Progress* herausfand. Wenn die Lebenserwartung sinkt, steigen die Vermögensverluste im Laufe der Generationen exponentiell an.

Gegen Ende der Pandemie haben sich weltweit viele Menschen die Frage gestellt, welche Teile ihres Pandemie-Lebens sie in die post-pandemische Zeit mitnehmen möchten. Viele begannen nun, den Begriff von Erfolg neu für sich zu definieren. So können wir erleben, wie eine sogenannte *Holistic Wealth*-Generation erwacht. Diese erkennt nach Tragödien und lebensverändernden Ereignissen allmählich, dass sie sich nicht nur über ihren Lebenslauf und einen vom Arbeitgeber verliehenen Titel definieren möchte. Dies gilt insbesondere für Frauen, die einer Minderheit angehören und die am Arbeitsplatz oft auf Hindernisse und systemische Diskriminierung stoßen. Während COVID-19 sind wir nach dem Mord an George Floyd und den darauf folgenden Massenprotesten Zeugen von Aufruhr und Rassenspannungen historischen Ausmaßes geworden. Insbesondere die schwarze Community war einem noch nie da gewesenen Maß an Traumata ausgesetzt, und zwar sowohl aufgrund von COVID-19 als auch durch rassistisch motivierte Gewalt.

Momentan beobachten wir eine Verschiebung hin zu einem Leben, das auf einer befriedigenderen, nachhaltigeren Definition von Erfolg basiert – einer Definition, die Wohlbefinden, soziale

---

5 Julie Bosman, Sophie Kasakove und Daniel Victor, »U.S. Life Expectancy Plunged in 2020, Especially for Black and Hispanic Americans«, *New York Times,* 21. Juli 2021, https://www.nytimes.com/2021/07/21/us/american-life-expectancy-report.html

Gerechtigkeit für alle, den Zugang zu innerem Frieden und Freude und genügend Zeit für sinnvolle Erfahrungen beinhaltet.

In unserer heutigen Welt liegt es an den Arbeitgebern, ihren Mitarbeitenden Bedingungen zu bieten, die dem Wohlbefinden und der mentalen sowie emotionalen Gesundheit zuträglich sind. Statt Produktivitätszielen hinterherzuhecheln, müssen wir Praktiken zur Steigerung des Wohlbefindens und der energetischen Regeneration in unseren Alltag mit einbeziehen. Auch brauchen wir Initiativen für mehr Diversität, die sehr effizient sein können, um Mikroaggressionen und Mikromanipulationen entgegenzuwirken.

Der nächste Schritt besteht darin, das Stress- und Burnout-Level zu senken und mit geeigneten Werkzeugen *Holistic Wealth*-Praktiken in das tägliche Geflecht von Arbeit und Privatleben mit einzuweben. Dass auch soziale Gerechtigkeit ein Element des holistischen Wohlstands ist, darf dabei nicht übersehen werden; und auch nicht, dass wir unsere Kraft und unseren Einfluss geltend machen müssen, um Hass und Rassismus ein Ende zu bereiten.

Die völlig unerwartete Resonanz, auf die die erste Ausgabe dieses Buchs gestoßen ist, hat mir Mut gemacht, die Zahl der Lebenslektionen zu erweitern, um die Kunst der Überwindung von Lebenskrisen weiter zu vertiefen und manche Fragen eingehender zu behandeln: wie sich Werte schaffen lassen, die uns wirklich durch die im Leben unvermeidlichen Phasen von Leid und Schmerz hindurchtragen; was uns im Angesicht von Widrigkeiten Resilienz verleiht; was es uns ermöglicht, uns nach einem Rückschlag neu zu orientieren, sodass wir weitergehen und das Leben nach unseren Wünschen gestalten können – selbst wenn es nicht so aussieht, wie wir es uns einmal vorgestellt haben.

Dieses Buch ist die Summe dessen, was Kämpfe und Trauer mich gelehrt haben. Gleichzeitig bietet es eine systematische

Darstellung der Lebenslektionen, die mir geholfen haben, diese Zeiten zu überstehen, sowie der Ressourcen, zu denen so viel mehr gehört als bloß das Finanzielle, auch wenn dieses ein integraler Teil der Gleichung ist. Was ich anbiete, ist ein Weg, um durch und nach persönlichen Katastrophen in ein gutes Leben zurückzufinden. Das ist es, was ich unter *Holistic Wealth* – holistischem Wohlstand – verstehe.

Mehr als alles andere hoffe ich, dass dich das in diesem Buch vermittelte Wissen stärkt und ermutigt. Ich hoffe, dass du die Anregungen hilfreich findest. Vor allem hoffe ich, dass dein Leben ein wunderbares Geschenk sein möge – dass du es nutzen kannst, um all das zu werden, was du sein möchtest, zum Wohle der Menschheit. Und wenn du in deiner momentanen Situation mit Hindernissen konfrontiert sein solltest oder diese auf dich zukommen siehst, hoffe ich, dass du dich auf diese Anleitung besinnst und dir vor Augen führst, dass die allergrößte Kraft in dir selbst zu finden ist. Ich wünsche dir in allen Aspekten deines Lebens holistischen Wohlstand.

In Liebe, Keisha

TEIL I

LEBENSZIELE

1

GUT LEBEN

Ein gut gelebtes Leben ist lang genug.

– *Lucius Annaeus Seneca*

»In meiner ganzen medizinischen Praxis habe ich noch nie bei einem so jungen Menschen einen so großen Tumor gesehen«, sagte mir der Pathologe am Telefon.

Dr. Gordon Watt war mit dem Fall meines Mannes betraut. Man hatte gerade die Autopsie abgeschlossen, war aber noch zu keinem endgültigen Ergebnis gekommen. Man wusste, dass es ein Tumor war, und auch, dass er die Größe einer Grapefruit hatte, aber man konnte nicht sagen, um welche Art es sich handelte oder was der Ursprung war.

Eine eingehendere Untersuchung wurde angeordnet. Das Material musste dazu in die USA geschickt werden, und der Fall sollte von einem regionalen und internationalen Team von Ärzten und Pathologen begutachtet werden. Es sollte ein ganzes Jahr dauern, bis die Ergebnisse der Autopsie endlich vorlagen. Mein Mann Garfield hat an einer Krankheit gelitten, die nur einer von einer Million Menschen pro Jahr bekommen. Sie ist so selten, dass die meisten Ärzte sie nur aus Lehrbüchern kennen. Jahre später gestand mir Dr. Watt: »Es ist eine dieser Krankheiten, von deren Existenz man während des Studiums hört – aber den meisten Ärzten begegnet sie in ihrer Praxis nie.«

Mein Mann wusste nicht, dass er diese Krankheit hatte. Wir waren damals erst seit sieben Jahren verheiratet. Matthew Ricardo war drei, und Alexander Benjamin gerade einmal acht Wochen alt, als sein Vater starb.

Garfield wusste nicht, dass sein letzter Tag auf Erden angebrochen war, als er am Morgen des 8. April aufstand. Er hatte keine Ahnung, dass er an einer lebensbedrohlichen Krankheit litt. Er ging in die Klinik, um eine Diagnose zu bekommen, denn er fühlte sich nicht wohl. Er konnte jedoch nicht ahnen, dass zwischen dem Moment, in dem er in der Notaufnahme eintraf, bis zu dem Augenblick, der auf dem Totenschein als offizieller Todeszeitpunkt angegeben werden sollte, nur drei Stunden liegen würden. Und er ahnte auch nicht, dass die Ärzte in diesen drei Stunden keine Chance hatten, die Ursache seines Zusammenbruchs, den Tumor, zu finden, geschweige denn, sein Wachstum zu stoppen. Ihm war nicht klar, dass er an einer Krankheit litt, die die meisten Ärzte nicht auf dem Schirm hatten und darum nicht danach suchten, eine Krankheit, die selbst in Autopsien nur in siebzig Prozent der Fälle entdeckt wird. Er wusste nicht, dass er trotz aller medizinischen und technologischen Fortschritte keine Chance gegen diesen tödlichen Feind hatte.

Ich hatte keine Ahnung, dass dies die letzten drei Stunden waren, die ich mit ihm verbringen würde, während die Ärzte irritiert und verunsichert danebenstanden und resigniert die Hände hoben.

Die meisten von uns sind sich nicht bewusst, wie wenig Zeit wir zum Leben haben. Wir meinen, dass uns noch endlos viele Tage oder Jahre bleiben, um dieses oder jenes zu verändern. Wir glauben, wir seien jung und unbesiegbar, und gehen davon aus, dass unser Lebenszyklus einer bestimmten Melodie und einem Rhythmus folgen wird – ihm also ein vorgegebener Satz an Regeln und Mustern zugrunde liegt, in dessen Rahmen wir eine Familie planen und gründen können. Wir sind abhängig von dieser rhythmischen Struktur, die dem Lebenszyklus seinen Sinn verleiht – abhängig von der fein abgestimmten Balance von betonten und unbetonten Takten, wie wir sie aus Orchesterkonzerten kennen. Wir werden in diesen Rhythmen erzogen.

Kinder werden von zwei liebevollen Eltern ins Leben gesetzt, die sie großziehen und zu verträglichen Erwachsenen machen, die ihrerseits Eltern und dann Großeltern werden und so weiter. Wir sind an ein System der Fortpflanzung und Abstammung gewöhnt, das unsere Geschichte, Kultur und Erinnerung bewahrt – an jenes Konglomerat von verschmolzenen Elementen, in denen die in unserer Familie vererbten Grundmuster gespeichert sind, wie unser genetisches Erbe oder unsere Stimme und die Art unserer Haare.

Es hat schon immer Klassifikationssysteme gegeben, die auf Linearität und der Einhaltung einer Richtung basieren. Der Lauf der Zeit und der Jahreszeiten ist linear. Wir haben gelernt, ein Muster zu erwarten – im Kontext von Wetterverläufen, Kultur, Geschichte und der Bewahrung unseres Erbes.

Dies trifft auch für Lebenszyklen und Familien zu. Es gibt Leute, die ihre Wurzeln bis zu den schottischen oder britischen Highlandern zurückverfolgen können. Manche von uns haben eine Ahnenreihe, die in die Sklaverei zurückreicht. Wir können den Weg nachverfolgen, der unsere Vorfahren aus der Vergangenheit in die Moderne führte. So wie sich das bescheidene indische Brettspiel *Chaturanga* im Laufe der Zeit zum Schachspiel mauserte, genauso können wir die Entwicklungsgeschichte unserer Familie nachzeichnen. Unsere gesamte Evolution und Geschichte sind mit gesellschaftlichen und wirtschaftlichen Ereignissen verknüpft. Wird der Lebenszyklus durchbrochen, brechen all diese Elemente in sich zusammen, und es kommt zu generationenübergreifenden Verlusten.

Meist verschwenden wir keinen Gedanken darauf, dass uns vielleicht nur eine Woche, ein Monat, ein Jahr zum Leben bleibt. Selbst wenn man bei uns eine Krankheit diagnostiziert, meinen wir, noch Gelegenheit zu haben, um »etwas mehr Zeit herauszuholen« und »tapfer zu kämpfen«. Wie schnell, brutal und tödlich das Geschehen in unserem Körper sein kann, erfassen wir nicht. Wir erwarten nicht, dass unsere Seele – die Ur-Essenz unseres Seins – derart schnell aus unserem irdischen Körper entweichen kann und unserer Familie nichts bleibt als eine hohle Kiste zum Anstarren.

Als Garfield offiziell für tot erklärt wurde, stand ich in einem Heer von Ärzten in blauen Kitteln und schaute auf den im Dauerton piependen Herzmonitor. Ich wusste, dass seine Seele noch da war. Ich streichelte seine Finger, und sie waren weich und warm. Er konnte mich zu dem Zeitpunkt noch hören. Aber als sie mir die weiße Plastiktüte mit seinen persönlichen Dingen brachten und ihm das weiße Laken über den Körper zogen, war seine Seele schon fort. Die Essenz meines Mannes war weg und sein Körper nicht mehr als eine leere Hülle. Vor mir lag ein Gefäß, das beizusetzen war. Der Tod stand ihm ins Gesicht geschrieben. Mir wurde augenblicklich bewusst, dass wir ihn für immer verloren hatten.

* * *

Die alten Ägypter waren überzeugt, dass *Ka,* der grundlegendste Aspekt der Seele, einem Menschen bei der Geburt von den Göttinnen Heket oder Meshkenet geschenkt würde. Nach ihrem Glauben hauchten sie diese »Lebensenergie« dem Neugeborenen mit dem ersten Atemzug in die Lunge ein. Im Moment des Todes verließ *Ka* den Körper, um ins Jenseits einzutreten und die Trennung zwischen den Lebenden und den Toten zu vollziehen. Wie man es auch nennen mag, ob Seele oder *Ka* – die Essenz meines Mannes war weg.

Der Legende nach war Henry Ford überzeugt, dass die Seele eines Menschen in seinem letzten Atemzug enthalten sei, was ihn dazu veranlasste, den letzten Ausatem seines besten Freundes und Vorbilds Thomas Edison in einem Reagenzglas einzufangen. Ich hatte nicht die Möglichkeit, Garfields Stimme einzufangen, damit meine Söhne sie irgendwann einmal hören könnten. Alexander, der seinen Vater acht Wochen nach seiner Geburt verlor, fragte mich Jahre später, ob ich mich erinnern könne, wie Garfields Stimme klang. In dem Moment wurde mir bewusst, welche Verbindungen bei einer Unterbrechung des linearen Lebenszyklus für immer verloren gehen. Ich selbst kann Garfields Stimme immer noch hören und habe mir ihren Klang im Kopf und im Herzen in heiligen Gefäßen bewahrt, aber für Alexander ist sie für immer verschwunden. So furchtbar der Tod meines Mannes für mich war – für Alexander und Matthew starb ein Teil ihrer Geschichte, den man nie ersetzen kann.

Die Lektion ist offensichtlich, und wir sprechen sie oft aus, aber die meisten von uns haben sie nie wirklich verinnerlicht: *Das Leben ist kurz. Es kann in einem Wimpernschlag vorbei sein.*

Als ich mit einunddreißig Jahren Witwe wurde, wenige Wochen nachdem ich zum zweiten Mal Mutter geworden war, dachte ich: »Das kann nicht dein Ernst sein! Wir sollten doch *beide* unser zwei Monate altes Baby aufwachsen sehen.« Doch es kam anders.

Ich stand stattdessen am Grab meines Mannes. Noch Monate später hatte ich das Gefühl, in einem Traum zu leben. In diesem Zustand fing ich an, alles zu hinterfragen.

Hatte ich mein Leben wirklich in vollen Zügen gelebt? Nein, hatte ich nicht. Ich war nicht authentisch gewesen – war nicht die gewesen, die ich gern gewesen wäre. Ich war jung und mit meiner Rolle als Mutter überfordert und versuchte, meinen Beruf und zwei kleine Kinder unter einen Hut zu bringen. Mir blieb kaum Zeit, um mich mit Freunden zu treffen. Von Überforderung zu sprechen, ist noch untertrieben. Meine Hobbys und was mir sonst Freude gemacht hätte, gab ich auf, weil ich meinte, dass mir nichts anderes übrig blieb. Ich sah einfach keine andere Möglichkeit, wie es sonst hätte funktionieren können.

Schneller Rücklauf zu der weißen Plastiktüte mit Garfields persönlichen Gegenständen. Einmal Blinzeln, und meine gesamte Weltsicht änderte sich. Als ich mit meinem Mann in die Notaufnahme kam, lebte und atmete er, und als ich drei Stunden später vor die Tür trat, war alles, was mir von ihm noch blieb, die weiße Plastiktüte in meiner Hand. Ich fuhr heim und räumte die kleineren Dinge weg – seinen Schmuck, darunter sein Ehering, seine Uhr und ein Armband –, um sie irgendwann den Jungs zu geben. Garfield trug diese Sachen, als er seinen letzten Atemzug tat, und sie waren alles, was ihnen von ihrem Vater blieb.

Bevor man mir die Plastiktüte übergab und bevor man mit den Wiederbelebungsmaßnahmen angefangen hatte, betete ich zu Gott, dass er mir eine zweite Chance mit ihm geben möge. Ich betete, dass er diese furchtbare Situation überleben würde. Während Pflegerinnen mit Bluttransfusionsbeuteln an mir vorbeischwirrten und die Welt ringsum vor Aktivität vibrierte, versuchte ich, mit Gott zu verhandeln. Ich würde alles tun, versprach ich, alles aufgeben, wenn er nur am Leben bliebe. Meine Gebete verhallten ungehört. Manchmal klappt es mit dem Verhandeln nicht. In den letzten Stunden und Minuten des Lebens, wenn sich der Kosmos verschiebt, gewährt man uns keine Wiederholung. Zurückspulen und Neuanfangen gibt es nicht.

Als Garfield mich an seinem letzten Tag von der Arbeit aus anrief, klang er müde und gestresst. Hätten wir gewusst, dass dies sein letzter Tag sein würde, hätten wir ihn zusammen verbracht.

Noch Jahre später wünschte ich, diesen einen Tag und die Monate, die auf ihn zuliefen, zurückhaben zu dürfen, damit wir jeden einzelnen Moment bestmöglich ausschöpfen könnten.

In den Monaten nach Garfields Tod erkannte ich, dass ich nach meinen eigenen Regeln leben und die Dinge tun müsste, die mir wirklich Freude machen. Die einzige Chance, die wir haben, bietet sich uns im Hier und Jetzt. Dir bleibt heute und wahrscheinlich auch morgen, um dein Leben in vollen Zügen zu leben. Verschiebe es nicht auf irgendeinen unbestimmten Zeitpunkt in der Zukunft, um »es« zu leben. Warte nicht, bis du selbst verhandeln musst, um etwas »herausschinden« zu versuchen, was sich deiner Kontrolle komplett entzieht.

Nach Auffassung des dänischen Philosophen und Theologen Søren Kierkegaard ist einzig das Individuum selbst dafür verantwortlich, dem eigenen Leben Sinn zu geben und ihm mit Leidenschaft und Ernst zu begegnen, ungeachtet aller Hindernisse wie Traumata, Tragödien, Verzweiflung, Angst, Absurdität und Entfremdung. In seinem Werk *Drei Reden bei gedachten Gelegenheiten* (1845) schreibt er:

> *Der Sturm: Verändert sich Wissen, wenn es angewendet wird?*
>
> Stellen wir uns einen Steuermann vor, der alle Prüfungen mit Auszeichnung bestanden hat, aber noch nie auf See war. Stellen wir uns ihn in einem Sturm vor; er weiß alles, was er tun sollte, aber er wusste zuvor nicht, wie der Schrecken den Seefahrer erfasst, wenn die Sterne in der Schwärze der Nacht verschwinden; er kannte nicht das Gefühl der Ohnmacht, wenn der Steuermann sieht, wie das Ruder in seiner Hand zum Spielball der

> Wellen wird; er wusste nicht, wie einem das Blut in den Kopf schießt, wenn man in einem solchen Moment Berechnungen anstellen will; kurz gesagt, er hatte keine Vorstellung von der Veränderung, die im Wissenden stattfindet, wenn er sein Wissen anwenden muss.

Diese Passage könnte auch den Schrecken des Todes beschreiben. Was machst du, wenn der Tod kommt und sich zu dir auf die Bettkante setzt? Wenn er sich neben dich legt? Was tust du, wenn der Stachel des Todes in die letzten Momente deines Lebens fährt? Wirst du Bedauern spüren?

Unser Erziehungswesen lehrt uns alles über Linearität, aber nichts darüber, was zu tun ist, wenn diese Linearität unterbrochen wird; nichts darüber, was uns resilienter macht; nichts über die Kunst, nach schweren Krisen ins Leben zurückzufinden. Das Wissen, dass du dein Leben gut lebst, kann dir zur Ressource werden, aus der du in deinen letzten Stunden schöpfen kannst.

Es empfiehlt sich, über die Fragen nachzudenken, die der gefeierte Autor, Choreograf und Regisseur Bill T. Jones stellte, der 2014 von Präsident Barack Obama mit der *National Medal of Arts* ausgezeichnet wurde. Vom Verlust seines Partners durch AIDS inspiriert, choreografierte er den Tanz *Last Night on Earth* (später brachte er unter gleichem Titel seine Memoiren heraus). Er spricht darin von der Bühne aus direkt zum Publikum: »Wie spät ist es? ... Kannst du dich jetzt, in diesem Moment, im Spiegel anschauen, und es wäre gut so für dich? ... Machst du das, was du tun willst, auch richtig? ... Weißt du, wo genau deine Leidenschaft liegt, so als wäre dies dein letzter Abend auf Erden?«

2

ZU DEINEN EIGENEN BEDINGUNGEN LEBEN

> Vor allem: Sei dir selbst treu.
>
> – *William Shakespeare,* Hamlet

Unsere Gedanken können zu einem überfließenden Quell an Ideen werden, die uns ein Leben zu unseren eigenen Bedingungen ermöglichen. Negative Redeweisen und Selbstzweifel zehren jedoch an unseren inneren Ressourcen. Zwischenmenschliche Beziehungen bilden die Grundlage unseres Lebens. Sind sie stark und unterstützen uns, machen sie uns glücklich und tragen zu unserem holistischen Wohlstand bei. Es gibt jedoch auch solche, die uns Stress bereiten und unser mentales Befinden beeinträchtigen. *Schwarzmaler* – so bezeichne ich Leute und soziale Kräfte, die in negativem Denken verhaftet sind und unsere Fähigkeit unterminieren, holistisches Vermögen zu schaffen. Toxische Schwarzmaler behindern uns regelrecht bei der Schaffung von ganzheitlichem Wohlstand. Sie versuchen, uns Frauen in einem Narrativ gefangen zu halten, das uns vor unseren selbst gesetzten Zielen zurückschrecken lässt und uns Angst macht, uns zu blamieren und nicht gut genug zu sein.

Wann immer sich unsere Lebenssituation verändert und wir durch eine Phase des Übergangs und der Verletzlichkeit gehen, sei es durch eine Scheidung, den Tod des Partners/der Partnerin, den Verlust des Arbeitsplatzes oder eine Krankheit oder Behinderung, kommen die Schwarzmaler aus den Ecken gekrochen und sagen uns, was zu tun ist. Im Folgenden stelle ich dir drei Arten von toxischen Schwarzmalern vor, die dir früher oder später sicher einmal persönlich begegnen dürften.

1. DIE NOTORISCHEN SCHWARZMALER

Gemeint ist jene Art von Zeitgenossen, die dich auf scheinbare »Mängel« in deiner aktuellen Lage hinweisen, von denen sie glauben, dass sie dir bei der Erreichung eines Ziels oder Ausführung einer bestimmten Aufgabe im Wege stehen. Sie sagen dir, dass du es gar nicht erst zu probieren brauchst, weil dir x, y oder z fehlt.

Es waren drei Monate seit dem Tod meines Mannes vergangen. Der Sommer hatte begonnen, ich war mit meinen beiden Kindern zu Hause, und die Klimaanlage lief, als eine Schwarzmalerin mich besuchen kam. Sinnierend betrachtete sie das Wandthermostat, als handele es sich um eine kostbare technologische Rarität. Dann riet sie mir, das Gerät abzuschalten. Mir stünde schließlich nur noch ein Gehalt zur Verfügung, und »so ein Ding zu betreiben« sei teuer. Ein anderer Schwarzmaler meinte, ich solle auf gar keinen Fall von Toronto nach Ottawa fahren (eine Fahrt von fünf Stunden), »denn weißt du, es ist weit, und du bist als Frau allein am Steuer«. Wieder eine andere empfahl mir, meine Zeit von nun an mit meinen Single-Freundinnen zu verbringen, weil ich ja schließlich nicht mehr verheiratet sei.

Chronische Schwarzmaler infiltrieren alle Bereiche des Lebens, und kein Gesprächsthema ist für sie tabu. Geld, Beziehungen, Freundschaft – es gibt nichts, was sie nicht ansprechen würden. Sie versuchen, dich in eine Schublade zu stecken und dich glauben zu machen, dass du da unbedingt hineinpassen musst.

2. DIE AUF FEHLENDE RESSOURCEN FIXIERTEN SCHWARZMALER

Diese Art von Schwarzmalern weisen dich vor allem auf fehlende Ressourcen hin, um dich abzuhalten, deine Ziele in Angriff zu nehmen. Aus diesem Lager bekam ich etwa zu hören: »Ich denke mal, dass du wohl nie wieder in Urlaub fahren wirst, jetzt, wo du Alleinverdienerin bist, mit deinen zwei Kindern.« Nach dem Tod meines Mannes bin ich in der ganzen Welt herumgereist – mehr als je zuvor. Schwarzmaler wie diese hatten keine Ahnung, dass ich auf einen Plan für die Zukunft zurückgreifen konnte und mein Mann und ich vorgesorgt hatten, um einen finanziellen Absturz zu verhindern (siehe Teil II dieses Buchs).

3. DIE »VERGLEICHSTANTEN« UNTER DEN SCHWARZMALERN

Schwarzmaler dieses Typs vergleichen deine aktuelle Situation mit der deiner Freunde, Angehörigen oder wem auch immer (einschließlich ihrer eigenen Person oder Leuten aus ihrer Kindheit). Und dann sagen sie dir, dass du irgendwie nicht so bist wie diese (oder nicht das Zeug hast wie sie), sodass du auf keinen Fall erreichen kannst, was sie erreicht haben. Am Anfang meiner Zeit als Witwe hat mir eine von diesen Schwarzmalerinnen gesagt: »Du kannst ein großes Projekt nicht allein stemmen, auch wenn Bekannte von dir es geschafft haben. Schließlich haben die einen

Mann an ihrer Seite, und du ... nun, ... du hast keinen.« Und was die Ehe betrifft, erklärte mir eine andere Vertreterin dieses Lagers: »Ich habe meinen Mann an der Uni kennengelernt. Wir waren jung. Aber dich, mit deinen zwei Kindern, wer will dich da noch?«

Schwarzmaler sind überall, und sie neigen zu einer Mentalität des Mangels. Sie glauben nicht an das Gesetz der Fülle und sehen nicht, dass jede und jeder von uns mit einzigartigen, gottgegebenen Talenten und einer Stimme ausgestattet ist, die es uns erlauben, unseren wahren Daseinszweck zu erfüllen. Schwarzmaler sind Selbstvertrauens-Killer und Ziel-Zerstörer, die dich in einen Zustand der Verunsicherung stürzen, in dem du anfängst, an deinen Vorhaben zu zweifeln, und die dich dazu bringen, wertvolle Zeit mit Prokrastination zu verschwenden. Unter ihrem Einfluss fühlst du dich überfordert und gelähmt.

Mit einunddreißig Jahren Witwe zu werden, bedeutete für mich, dass es in meinem Umfeld in meiner Altersgruppe niemanden gab, der hätte verstehen können, was ich durchmachte. Zum Schmerz und der Einsamkeit der Trauer kam das Gefühl hinzu, zur Außenseiterin geworden zu sein. Zur Anomalie. Was ich empfand, war eine andere Art von Einsamkeit. Wir alle wissen, wie es sich anfühlt, wenn keiner auf unserer Seite ist. Vielleicht hast du eine *ähnliche Situation erlebt und dich ebenso ohnmächtig gefühlt – nach einer Scheidung, dem Verlust des Arbeitsplatzes, bei häuslicher Gewalt oder emotionaler Misshandlung. Vielleicht hat man dir gesagt, dass du mit dem falschen Akzent sprichst, nicht »mainstreamig« genug aussiehst, die falsche Hautfarbe hast oder aufgrund deines Migrationshintergrunds oder Flüchtlingsstatus keine Chance auf Erfolg hast. Jede von uns begegnet solchen prägenden Momenten. Weil Schwarzmaler die Welt aus ihrer Mentalität des Mangels heraus betrachten, sagen sie dir, dass dir die notwendigen Ressourcen fehlen und dir deshalb der Zugang zu größeren Chancen, zu Erfolg und Wohlstand verwehrt ist.*

Mit den limitierenden Glaubenssätzen, die Schwarzmaler in die Welt setzen, beeinträchtigen sie die individuelle und kollektive Kraft von uns Frauen, unsere Träume zu verwirklichen. Frauen, deren Familien nicht dem traditionellen Archetyp entsprechen – alleinerziehende Mütter und junge Witwen etwa –, können in dieser Hinsicht besonders verletzlich sein. Aber wenn Schwarzmaler, was sie gern tun, auf einen Mangel an finanziellen Ressourcen verweisen, lehnen sie sich ganz schön weit aus dem Fenster. Es ist nämlich keineswegs gesagt, dass man als Alleinverdienerin unweigerlich in den Ruin steuert.

Ebenso weit hergeholt ist die Annahme, dass die finanzielle Situation einer Frau bis in alle Ewigkeit dieselbe bleiben müsse oder das Einkommenspotenzial einer alleinerziehenden Mutter begrenzt sei. Mit einer solchen Behauptung werden die Möglichkeiten eines ganzen Lebens in einer Momentaufnahme eingefroren. Jungen Frauen dieses Narrativ aufzuzwingen, hat enorme wirtschaftliche und soziale Folgen. Laut dem Weltbevölkerungsbericht 2018 des Bevölkerungsfonds der Vereinten Nationen werden in den Vereinigten Staaten fast 40 Prozent der Kinder von alleinerziehenden Müttern aufgezogen. Im Jahr 2016 wurden weltweit 320 Millionen Kinder von Alleinerziehenden großgezogen.[6]

Setzt man negative Botschaften über die Möglichkeiten und Perspektiven von Frauen in die Welt, und sie hören zu, beeinflusst das ihre wirtschaftlichen Erfolgschancen, was Rückwirkun-

---

6 Bevölkerungsfonds der Vereinten Nationen (UNFPA), Weltbevölkerungsbericht 2018: »Die Macht der freien Entscheidung – reproduktive Rechte und der demografische Wandel«, https://www.unfpa.org/sites/default/files/pub-pdf/UNFPA_PUB_2018_EN_SWP.pdf (englische Langfassung), https://www.dsw.org/weltbevoelkerungsbericht (deutsche Kurzfassung, herausgegeben von der Deutschen Stiftung Weltbevölkerung)

gen auf ihre ganze Familie hat. Das Armutsrisiko erhöht sich, und der sozioökonomische Status der Kinder leidet. Diese Frauen halten sich unbewusst im Beruf zurück, bekommen weniger Lohnerhöhungen, werden seltener befördert und lassen sich in stereotype »Frauenrollen« zwingen (Mutter, Pflegende, Untergebene).

An alle Frauen: Ihr sollt wissen, dass ihr euch eure Träume verwirklichen könnt! Ihr braucht keinen Ehemann, Freund oder reichen Onkel! Viele berühmte Frauen haben sich über die Erwartungen anderer hinweggesetzt und sich so ihren eigenen Weg in die Zukunft gebahnt. So konnten sie im Hinblick auf ihr eigenes Leben und die Menschheit insgesamt einen richtungsweisenden Beitrag leisten: Frauen wie Oprah Winfrey, Michelle Obama, Arianna Huffington, Shonda Rhimes, Harriet Tubman, Rosa Parks, Malala Yousafzai. Manche von ihnen mussten hohe Hürden überwinden, um ihre Ziele zu erreichen, und lebensbedrohliche Unterdrückung erdulden.

Um einen frischen Blick auf unsere Ressourcen zu gewinnen, müssen wir uns von den Klischees verabschieden, die Schwarzmaler und Leute mit einer Mangel-Mentalität uns einzureden versuchen. Der renommierte Entwicklungsökonom Albert O. Hirschman unterschied zwischen dem, was er als »ökonomische Ressourcen« und »moralische Ressourcen« bezeichnete. Die ökonomische Betrachtungsweise lässt uns nach seiner Überzeugung davon ausgehen, dass uns umso weniger Ressourcen bleiben, je mehr wir davon einsetzen. Ganz anders verhält es sich mit den von ihm definierten »moralischen Ressourcen«: Sie werden durch ihren Gebrauch nicht verbraucht, sondern mehren sich sogar. Zu den moralischen Ressourcen zählt er Fähigkeiten, Beziehungen, Zusammenarbeit und Wissen.

Darum trägt dieses Buch den Titel *Holistic Wealth:* Um holistischen, also ganzheitlichen, Wohlstand zu schaffen, braucht es mehr als finanzielle Ressourcen. Auch moralische Ressourcen müssen einbezogen werden. Wir müssen begreifen, dass sie erst im Zusammenspiel zu dem Schlüssel werden, den wir brauchen, um Traumata und Widrigkeiten zu überwinden und ein gutes Leben führen zu können.

Hirschman war ein Visionär, denn die von ihm beschriebenen Ressourcen sind genau das, was wir in Zeiten der Verunsicherung und Krisen brauchen. Mit seinem ikonischen Spruch »Hamlet widerlegen« fordert er uns auf, trotz Zweifeln, Unsicherheit und Angst zu handeln. Er sah in dieser Angst und diesen Zweifeln notwendige Zutaten für Innovation und Erfolg. Einer seiner berühmten Essays trug den Titel *The Principle of the Hiding Hand* (deutsch: »Das Prinzip der verborgenen Hand«), das ähnliche Ideen wie Adam Smiths Konzept der »unsichtbaren Hand« enthielt, wie dieser es in seinem berühmten Buch *Der Wohlstand der Nationen* ausgeführt hatte. Hirschman war überzeugt, dass wir bei der Planung unserer Zukunft stets mit unvorhersehbaren Umständen zu rechnen hätten. Wir müssen alle gemeinsam die Schwarzmaler eines Besseren belehren und uns unsere Macht zurückholen.

Dr. Martin Luther King Jr. definierte Macht als »die Fähigkeit, einen Zweck zu erreichen«, und fügte hinzu: »Ob [die Macht] gut oder schlecht ist, hängt vom Zweck ab.«[7] Entscheidend für das Konzept von holistischem Wohlstand ist das Verständnis, dass jede von uns die Kraft hat, die wir brauchen, um unseren Daseinszweck zu finden.

Richard Emerson argumentiert, dass Macht keine Sache sei, sondern eine Beziehung.[8] Macht ist also etwas Relationales:

7 Marshall Ganz, »People, Power and Change«, Vorlesung, John F. Kennedy School of Government, Harvard University, Cambridge, Massachusetts, 2018.

8 Richard M. Emerson, »Power-Dependence Relations«, *American Sociological Review* 27, Nr. 1 (Februar 1962): 31–41.

Deine Interessen interagieren mit den Ressourcen, die notwendig sind, um sie zu verwirklichen. Kannst du deine Interessen ausschließlich mit eigenen Ressourcen realisieren, hast du alle Macht, die du brauchst. Benötigst du Zugang zu Ressourcen anderer im gleichen Maß, wie diese zur Verfolgung ihrer Interessen Zugang zu deinen Ressourcen brauchen, kannst du mit ihnen zusammenarbeiten und auf diese Weise deine Macht zur Durchsetzung deiner Ziele mehren.

Im Rahmen meines Kurses an der *Harvard University* nahm ich an einer Vorlesungsreihe von Professor Marshall Ganz teil, dem Architekten der Wahlkampfkampagne von Präsident Obama und Autor von *Why David Sometimes Wins: Leadership, Organization, and Strategy in the California Farm Worker Movement* (deutsch etwa: »Warum David manchmal gewinnt: Führung, Organisation und Strategie in der kalifornischen Landarbeiterbewegung«). Darin veranschaulichte er anhand des Montgomery-Busboykotts, wie Rosa Parks' Weigerung, in einem bestimmten Bereich des Busses Platz zu nehmen, eine Bewegung auslöste – ein Beispiel dafür, wie es Menschen ohne finanzielle Mittel oder wirtschaftliche Macht gelingen konnte, in einer Zeit erheblicher Umbrüche die bestehenden Rassentrennungsgesetze zu Fall zu bringen.

Dein Netzwerk ist deine Macht und dein Wohlstand. Der Zugang zu den vereinten Ressourcen kann dir helfen, deine Ziele zu erreichen (siehe Kapitel 31). Mein Professor formulierte es so: »Gute Strategieentwicklung bedeutet, das Ungleichgewicht zu korrigieren, indem man den Drehpunkt verschiebt, der das System in der Waage hält. So erzielt man eine größere Hebelwirkung aus den gleichen Ressourcen. Gute Strategen lernen, mehr Hebelwirkung aus den VERFÜGBAREN Ressourcen zu gewinnen. Macht ist somit eine Kombination aus Ressourcen und Einfallsreichtum.« Mit anderen Worten: Bei einer Strategie geht es darum, das, was du hast, in das zu verwandeln, was du brauchst, um zu bekommen, was du willst – also die verfügbaren Ressourcen einzusetzen, um deine Ziele unter den gegebenen Umständen einschließlich aller Beschränkungen und Chancen zu erreichen.[9]

Es wird nie den »perfekten Zeitpunkt« geben, um deine Vorhaben umzusetzen. Du hast das Jetzt, und das ist so ziemlich alles, was du brauchst. Umgib dich mit positiven Einflüssen. Verabschiede dich von den Schwarzmalern, die dir mit ihren negativen Botschaften den Elan rauben, und suche dir positive Menschen, die sich für deine Zukunftspläne begeistern. Manche Leute werden dich eben nur in einem bestimmten Abschnitt deiner Reise begleiten. Wenn du sie nicht in die nächste Phase deines Lebens mitnehmen kannst, ist das in Ordnung. Sie haben ihren Zweck erfüllt. Schau nicht zurück und denke nicht allzu viel darüber nach.

Schwarzmaler können nicht verhindern, dass du in der Welt da draußen dein Licht zum Leuchten bringst und dir deine Träume verwirklichst. Es dringt durch Türspalten hindurch wie Wasser, das einen Raum überflutet. Es scheint durch die Fenster herein wie Sonnenstrahlen an einem hellen Sommermorgen. In ihm vereinen sich ganze Galaxien und Konstellationen von Chancen, nach denen du nur zu greifen brauchst. Dein Licht wird erstrahlen, wenn du es am wenigsten erwartest. Du brauchst nur ein Umfeld zu schaffen, in dem es sich entfalten kann. Und dann heißt es dranbleiben und deiner Mission zielstrebig folgen!

Lass nicht zu, dass Schwarzmaler deine Vorhaben sabotieren. Lebe dein Leben wirklich zu deinen eigenen Bedingungen.

Fange jetzt an zu planen und die winzigen Schritte hin zur Verwirklichung deiner Träume zu gehen. Warte nicht ab, um zu

---

9 Marshall Ganz, »Strategy: Notes, Charts, and Questions«, Vorlesung, John F. Kennedy School of Government, Harvard University, Cambridge, Massachusetts, 2015.

sehen, ob irgendeiner der Schwarzmaler sich doch noch ändert. Du kannst dein Leben nicht davon abhängig machen, was diese Leute irgendwann einmal tun oder nicht tun. Es muss dein Leben sein!

Ich kenne das Schuldgefühl, das sich einstellt, wenn du eine alte Freundschaft hinter dir lässt, aber denk einfach so: Du brichst auf, um deine Träume zu verwirklichen. Du brichst in das Leben auf, das du dir wünschst. Du brichst auf, um deiner Bestimmung zu folgen, deinem ewigen Sinn, deiner Zukunft. Also, sprich mir nach: »Hallo, Zukunft, ich komme!«

3
DEIN PERSÖNLICHES LEITBILD

Deine Aufgabe im Leben ist es, deine Bestimmung zu finden und dich ihr mit ganzem Herzen und ganzer Seele hinzugeben.

– *Buddha*

Das Leben hat so eine Art, uns früher oder später mit der Nase auf unsere Sterblichkeit zu stoßen. Es zwingt uns, innezuhalten und darüber nachzudenken, welchen bleibenden Beitrag wir für die Gesellschaft leisten. Das Erbe, das wir hinterlassen, lebt weiter, wenn wir nicht mehr da sind.

Als ich bei der Beisetzung meines Mannes in der vordersten Kirchenbank saß, vor etwa vierhundert Menschen, die gekommen waren, um gemeinsam mit mir Abschied zu nehmen, und als ich hörte, wie Redner um Redner jeweils ähnliche Worte über Garfield fanden, wurde mir eines klar: Ob er, statt mit vierunddreißig, mit vierundfünfzig, ja selbst mit vierundsiebzig oder vierundneunzig gestorben wäre, sein Lebensskript wäre das gleiche gewesen, denn er kannte seine *Werte* und trat auf ganz bewusste, proaktive Weise für sie ein. Und indem er es tat, berührte er viele Leben, und sein Erbe wird weiterwirken, obwohl er von uns gegangen ist. Für mich war dies eine echte Lebenslektion: Wir müssen nicht warten, um uns das Leben zu erschaffen, das wir uns wünschen, oder unsere Rolle in der Gesellschaft zu finden. Garfields Reichtum reichte über den finanziellen Aspekt hinaus. Sein wahrer Reichtum zeigte sich nicht allein in materiellen Werten, sondern in der Vielzahl der Leben, die er berührt und bereichert hatte.

Wärest du bei deiner eigenen Beerdigung zugegen, wie würden deine Freunde und Angehörigen an dich zurückdenken? Welches wären die wichtigsten Themen, die sie in ihren Reden erwähnen sollten? Auf welche Momente wärest du besonders stolz?

Einem persönlichen Leitbild – einer Mission – zu folgen, ist eine gute Möglichkeit, um Einfluss darauf zu nehmen, wie die Antworten auf diese Fragen ausfallen werden. Du gibst deinem Tun und Handeln damit die Richtung vor und legst das Fundament für eine bewusste Lebensgestaltung. Auf einer grundlegenden Ebene muss dein persönliches Leitbild in deiner eigenen Geschichte verwurzelt sein – in der Summe deiner bisherigen Erfahrungen und in dem, was du in Zukunft erreichen möchtest. Sie ist wie eine Blaupause für dein Leben – ein Verzeichnis von Aktivitäten und Themen, die du mit einem Gefühl von Fülle verbindest und die über materielle Ressourcen hinausgehen.

Dein persönliches Leitbild in einem *Personal Mission Statement* schriftlich zu formulieren, hilft dir herauszukristallisieren, was dir deine spirituelle Selbsterneuerung an Positivem bringt und welche Richtung du deinem künftigen Leben geben willst. Es gibt dir Gelegenheit, deine Gedanken konkret auf den Punkt zu bringen und deine Vision und deine Werte zu beschreiben.

Viktor Frankl schreibt in seinem Buch *... trotzdem Ja zum Leben sagen:* »Wir entdecken unsere Lebensmission eher, als dass wir sie erfinden.«

An dieser Stelle kommt die Intuition – unser inneres Navigationssystem – ins Spiel. Jede von uns hat einen solchen internen Kompass oder ein Gespür dafür, was uns so speziell macht und welchen einzigartigen Beitrag wir leisten können. Um es mit

Frankl zu formulieren: »Jeder Mensch hat eine besondere Berufung oder Mission im Leben. Darin kann er nicht ersetzt werden, noch kann sein Leben wiederholt werden. So ist die Aufgabe eines jeden so einzigartig wie seine spezifische Gelegenheit, sie zu verwirklichen.«

Durch die Praxis der Selbstreflexion und spirituellen Selbsterneuerung (siehe Kapitel 19) wird es uns zur Gewohnheit, den Kurs unseres künftigen Weges selbst zu bestimmen. Wir nutzen unser neu entdecktes Selbst-Bewusstsein, um eine Roadmap unseres Lebens zu erstellen und sicherzustellen, dass unsere Ziele korrekt in unserem Leitbild formuliert sind. Da diese Roadmap für jede von uns unterschiedlich ist, ist es notwendig, unser Leitbild und unsere Ziele laufend zu überprüfen und neu in Worte zu fassen.

Mein Onkel Aston Farquharson ist CEO der *NuSpecies Corporation,* einer New Yorker Firma, die rohe, organische, natürliche Nahrungsergänzungsmittel herstellt. Als ausgebildeter Jurist mit Spezialisierung in Unternehmensrecht war er auf bestem Weg, Vizepräsident eines an der Wall Street notierten, multinationalen Konzerns zu werden. Als sein Vater (mein Großvater) an Prostatakrebs starb, hinterfragte er jedoch seine Ziele und beschloss, seinem Leben eine neue Richtung zu geben.

Er wollte gesunde Nahrungsergänzungsmittel zur Heilung und Regeneration des Körpers produzieren, beließ es aber nicht bei der Entwicklung einer entsprechenden Produktpalette. Vielmehr entwarf er ein umfassendes Beratungsprogramm, um den Menschen zu zeigen, dass der Körper, wenn er die richtigen Nährstoffe erhält, sich selbst heilen kann. Er setzte seine Ressourcen ein, um Kunden die Prinzipien einer gesunden Ernährung und Lebensführung nahezubringen. Von Anfang an verfolgte er mit seinem Geschäft eine klare Mission. Heute gehört seine Firma zu den erfolgreichsten Anbietern von Nahrungsergänzungsmitteln in New York City. Er hält mehrere Patente und ist gerade dabei, sein Unternehmen global aufzustellen.

Kerry Wekelo, *Chief Operating Officer* bei *Actualize Consulting,* einem Beratungsunternehmen für Finanzdienstleistungen, formuliert es in ihrem Leitspruch so: »Mach jeden Tag zu einem großartigen Tag!« Sie erklärt: »Dieses Statement bringt meine Art, jeden Tag neu anzugehen, emotional auf den Punkt. Die Idee dazu kam mir, als ich mir vornahm, mir den ganzen Tag über meine positive Haltung zu bewahren. Ich arbeite mit dem, was ich meine sechs Prinzipien nenne: Atmung, Bewegung, Ernährung, Kommunikation, Herausforderung und Routine. Kommen sie alle in meinem Tag zum Tragen, wächst die Wahrscheinlichkeit, dass er großartig wird.«

Auch Josh Hatcher, Gründer von *Hatcher Media* und *Manlihood.com,* einer Persönlichkeitsentwicklungsplattform für Männer, hat in seinem Leitbild seine Prioritäten klar benannt: Gott, Familie, Mentoring und Geld (finanzielle Unabhängigkeit). Beachte, wie er bei der Beschreibung seiner Ziele bestimmte Schlüsselbegriffe wie »Dienst an Gott und der Community«, »Mentoring« und »Aufbau von passiven Einkommensströmen« gebraucht:

- (Warum) Zweck: Ein Leben in Liebe und im Dienst an Gott, meiner Familie und meiner Community.
- (Was) Mission: Meine Talente und Fähigkeiten nutzen, um das Leben meiner Familie, meiner Freunde, meiner Community und aller Menschen in meinem wachsenden Einflussbereich zu bereichern und zu lenken.
- (Wie) Vision: Als Botschafter Christi leben und meine Familie führen, während ich Sinn und Wert in meiner Arbeit finde, passive Einkommensströme aufbaue und Männern sowie Frauen als Mentor diene und sie ermutige.

- Vision in Kurzfassung:
  Repräsentieren – wertschätzen – aufbauen – Mentoring leisten – ermutigen.

Einen anderen Ansatz wählt Kari Howe, ehemalige Mitarbeiterin von *Hulu und Drift,* zurzeit Direktorin Talentmanagement und -entwicklung bei *Zynga,* einem führenden Entwickler von Online Games. In einem schriftlichen Interview beschreibt sie, welche Punkte beim Formulieren des eigenen Leitbilds in einem *Personal Mission Statement* zu beachten sind:

- **Wie gehe ich beim Schreiben meines *Personal Mission Statements* vor?** Ich nehme mir Zeit für umfangreiches Reflektieren zu den unterschiedlichsten Themen. Ich schreibe viele Dinge auf. Ich frage mich: Welche Werte sind mir am wichtigsten? Welche Worte drücken aus, wer ich im kommenden Jahr sein möchte? Was möchte ich privat und beruflich erreichen? Was möchte ich in einem halben Jahr machen, das ich jetzt noch nicht mache? In einem Jahr? Was inspiriert mich? Welches sind meine Superkräfte?
- **Warum sollte ich meine Mission überhaupt in einem schriftlichen Statement formulieren?** Es dient mir als eine Art Anker für das, was ich tue – heute, morgen, diese Woche, nächste Woche. Ich kann darauf zurückkommen, um mich neu zu zentrieren und »auf Kurs« zu bringen und wieder auf die Dinge auszurichten, die mir im Leben wichtig sind. Allein durch den Prozess des Aufschreibens wird mir klar, worauf es mir wirklich ankommt.
- **Was mache ich neben dem Formulieren meines *Personal Mission Statements* noch?** Meine Mission schriftlich festzuhalten, reicht allein nicht aus, um meine Ziele zu verwirklichen. Mich einmal in der Woche oder im Monat zur Reflexion

hinzusetzen, um mir über meine persönlichen Ziele klar zu werden, kann tatsächlich helfen, spezifische Vorhaben umzusetzen, die Teil meines Statements sind oder darin zum Ausdruck kommen.

- **Karis *Personal Mission Statement:*** Dank meiner Stärken – meines Elans, meiner Begeisterungsfähigkeit und Zugewandtheit – bin ich Katalysator für jene, die sich auf den Weg machen, ihr Leben selbst zu gestalten und so zu leben, wie sie gern leben möchten.

Holistischer Wohlstand ist etwas Geplantes. Er ergibt sich aus einer Reihe von strategischen Entscheidungen. Weder ist er ein Produkt des Zufalls, noch ergibt er sich aus blindem Aktivismus oder dem Festhalten an eingefahrenen Gewohnheiten. Das schriftliche Formulieren deines Leitbilds in einem *Personal Mission Statement* ist ein wichtiger Baustein eines bewusst gestalteten Lebens, von Leadership und persönlicher Entwicklung. Es bringt dich dazu, tief über dein Leben nachzudenken, eine klare Vorstellung von seinem Zweck zu gewinnen und herauszufinden, was dir wirklich wichtig ist. Auch wirst du gezwungen, deine höchsten Werte und Ziele so kurz und knapp wie möglich auf den Punkt zu bringen. Auf diese Weise prägen sie sich dir ein und werden Teil von dir. Nimm dir also Zeit, den Leitgedanken deines Lebens niederzuschreiben, und integriere ihn in deine Wochenplanung, damit du deine Vision stets vor Augen hast.

4

KLUG GEWÄHLTE ZIELE

Ein ruhiges und bescheidenes Leben bringt mehr Glück als das Streben nach Erfolg und die damit verbundene ständige Rastlosigkeit.

– *Albert Einstein*

Mit neunundzwanzig war ich dabei, Karriere zu machen. Meine Vorgesetzten hatten mich für eine zukünftige Position als Führungskraft in meinem Unternehmen ausgewählt. In weniger als zwei Jahren sollte ich über ein Schnellverfahren in die Führungsebene aufsteigen. Doch die Tragödie, die mich ereilte, warf mich aus der Spur. Ich musste meine Ambitionen eine Zeit lang auf Eis legen. Ich hatte ein Baby von acht Wochen und brauchte freie Zeit, um all die Dinge zu erledigen, die nach dem Tod meines Mannes zu erledigen waren.

Ich nahm mir eine Auszeit von exakt eineinhalb Jahren. Ab und zu dachte ich an das Führungskräfte-Programm, und wenn ich zusah, wie manche der Frauen, mit denen ich zusammen studiert hatte, einen Posten im Management bekamen, fragte ich mich schon, wie es mit meinem Leben weitergehen sollte. Manche der Frauen hatten es auf der Karriereleiter bis ganz nach oben geschafft. Ich dagegen war nicht mehr als eine junge Witwe mit zwei kleinen Kindern, und wie es schien, ging es nun im Schnellverfahren ins Nirgendwo.

Inzwischen habe ich das Blatt um 180 Grad gewendet, und mir ist klar geworden, dass manche Lebenslektionen sehr viel wichtiger sind, als es mit einunddreißig Jahren in die Chefetage geschafft zu haben. Jede von uns hat einen einzigartigen Lebensverlauf, an dem sich unser Weg orientiert. Nach dem Tod meines Mannes rief mich aus heiterem Himmel eine seiner Bekannten an. Sie bedankte sich bei mir dafür, dass ich ihn auf seinem Weg begleitet hatte, und sie meinte: »Wer hätte besser an seiner Seite sein können als du? Du hast ihm so viel Freude und Glück bereitet.« Mir kamen die Tränen, als ich begriff, worauf sie hinauswollte. Wollte sie etwa sagen, dass das Teil meiner Lebensaufgabe gewesen war? Klare Antwort. Das war es! Es war Teil meiner Lebensaufgabe gewesen, ihm Ehefrau, Gefährtin und größte Unterstützerin zu sein. Sein Leben auf Erden sollte kurz sein, aber es war reich an Freude und Liebe, die er in seiner Familie fand.

Vergleiche deinen Weg nicht mit dem Weg von anderen. Schau nicht auf berufliche Titel, Gehälter oder Boni. Es ist nämlich so: Mittlerweile sind viele Jahre vergangen, seit mein Mann gestorben ist, und ich habe einen Job, den ich als in hohem Maße sinnhaft empfinde und in dem ich dem Gemeinwohl dienen kann. Es stimmt, ich bin nicht in das Programm für Führungskräfte zurückgekehrt, weil man es bei meinem Wiedereinstieg bereits eingestellt hatte. Aber ich wurde ein paar Jahre später für ein anderes Programm ausgewählt, und durch die Kombination aus meiner Lebenserfahrung und dem im Laufe der Jahre erworbenen Fachwissen landete ich schließlich in meinem aktuellen Job.

Wenn du deine Ziele definierst, klammere dich nicht an die unrealistische Erwartung, dass alles nach Plan laufen wird, damit du nicht am Boden zerstört bist, wenn man dich nicht mit fünfunddreißig zum Partner in deiner Kanzlei macht. Sei weise in deinen Gedanken und vertraue auf deinen einzigartigen Lebensweg, sodass du mit deiner Kollegin feiern kannst und dich nicht als Versagerin fühlst, wenn sie an deiner Stelle Partnerin wird. Dein Weg wird immer ein anderer sein – natürlicherweise. Aus der Perspektive des holistischen Wohlstands kommt den Hindernissen, die sich uns bei der Erreichung unserer Ziele in den Weg stellen, außerdem eine besondere Bedeutung zu.

WERDE MEISTERIN DER UMWEGE

Für die meisten von uns führt der Weg ans Ziel über kleine Umwege, die sich mitunter als sehr steinig und verschlungen erweisen. Wie gehst du damit um? Denkst du zwanghaft an den ursprünglichen Weg, den du einmal eingeschlagen hattest? Oder klopfst du dir selbst auf die Schulter, weil du diesen einen Umweg so gut gemeistert hast? Denke daran, dass der Weg, auf dem du einmal warst, genau dort endete, wo er enden sollte. Über verlorene Pläne oder Planänderungen nachzugrübeln, steht dem Aufbau von holistischem Wohlstand im Weg, weil es dich in der Vergangenheit festhält und dich am Vorwärtskommen hindert.

Sage dir: *Ich bin Meisterin im Gehen von Umwegen. Und meine Ziele und Träume existieren nicht in einem Vakuum. Alles und jedes in meinem Leben bereitet mich für etwas Besseres, Größeres vor!*

Wenn du dir deine Ziele setzt, tu es in dem Wissen, dass mit Umwegen zu rechnen ist. Mach dir klar, dass sich manche Dinge deiner Kontrolle entziehen. Alles, was geschieht, geschieht zum perfekten Zeitpunkt in Gottes Plan. Bereite alles vor, was vorzubereiten ist, und wenn du auf ein Hindernis stößt, denk daran, dass du die Meisterin der Umwege bist. Um holistischen Wohlstand zu schaffen, braucht es Entschlossenheit und Biss. Es bedarf der Wendigkeit und Fähigkeit, wenn nötig die Richtung zu wechseln. Und es erfordert eine Stehaufmännchenhaltung selbst im Angesicht der allergrößten Hindernisse.

SETZ DIR ZIELE, DIE SPASS MACHEN

Ich kann gar nicht zählen, wie oft ich mir vorgenommen habe, ins Fitnessstudio zu gehen oder mit einer neuen gesunden Ernährungsweise zu beginnen, ohne dass je etwas daraus geworden wäre. Ich bin sogar so weit gegangen, die Jahresgebühr fürs Fitnessstudio zu bezahlen, dann aber nicht hinzugehen. Ich bin am Gebäude vorbeigefahren, den Blick stur geradeaus gerichtet, als hätte ich den Vorsatz nie gefasst. Die Wahrheit ist: Ich bin kein Mensch, der Fitnessstudios etwas abgewinnen kann. Warum also hörte ich nicht auf, mir vorzunehmen, ausgerechnet dort zu trainieren? Ich war dem Narrativ aufgesessen, demzufolge der Besuch in so einem Studio die beste Möglichkeit sei, um abzunehmen. Erst als ich mir ein Sabbatical gönnte und in meinem Leben einen Paradigmenwechsel vollzog, fing ich an, meine sportlichen Ziele zu erfüllen.

Wenn deine Ziele keine Begeisterung in dir auslösen und keinen Elan bei dir wecken, ist das ein Problem. Wenn du an deine Ziele denkst, aber lieber bei deiner Oma im Altersheim wärest und mit ihr Bingo spielen würdest, ist auch das ein Problem. Schauen wir uns alternativ dazu die gesunden Gerichte an, die ich – ebenfalls während meines Sabbaticals – entwickelt habe. Das Konzept stellt eine Art »Selbsterneuerung durch Essen« dar.

Hätte ich mir nur vorgenommen, gesund zu essen, wäre auch das im Sande verlaufen. Aber ich wollte ein »Komplettsystem« entwickeln, das mein gesamtes Leben umfassen sollte. Es sollte etwas Revolutionäres sein. Ich habe meine Essensrezepte entwickelt, weil ich Gerichte mit Kräutern, Gewürzen und tropischen Zutaten liebe. Hätte ich versucht, mich bloß mit faden Salaten gesund zu ernähren, hätte ich mich nicht an meinen Vorsatz gehalten. Außerdem mag ich Gegrilltes, was du mit Salaten nicht machen kannst. Aber ich liebe gegrillte Ananas! Eines meiner Rezepte für gegrillte Ananas enthält eine Rum-Butter-Soße mit Gewürzen wie Zimt, Piment und Muskatnuss, etwas dunklem Rum und ein wenig Zucker. Wenn das kein tolles Ananas-Rezept ist?! Mir läuft schon jetzt das Wasser im Mund zusammen.

Ich habe mir manchmal Ziele gesetzt, ohne ins Handeln zu kommen, weil ich keine Lust hatte, die Dinge zu tun, die ich hätte tun müssen, um am Ball zu bleiben. Brechen wir ständig die Versprechen, die wir uns selbst geben, trainieren wir unser Gehirn darauf, gewohnheitsmäßig hinter unseren Zielen zurückzubleiben. Hat sich die Gewohnheit erst einmal etabliert, können wir ohne Probleme auch den nächsten und übernächsten Vorsatz schleifen lassen.

Ziele müssen attraktiv gestaltet werden und dürfen nie langweilig sein – und am besten wäre es, wenn sie fest in unserer persönlichen Mission verankert sind.

Stell dir deine Ziele als einen Pfeil vor, der präzise auf einen ganz bestimmten Punkt ausgerichtet ist, wenn du radikal hin zu etwas Neuem starten willst.

Um holistischen Wohlstand zu schaffen, müssen wir aus unserem gewohnten Zyklus ausbrechen. Es gilt, die gewünschten Ziele fokussiert und absichtsvoll anzusteuern. Es braucht eine Revolution, um etwas Neues zu beginnen und unsere aktuelle Realität zum Besseren zu wenden.

5
DEIN UNVERGLEICHLICHES SELBST

Es gibt etwas, das du besser kannst als jeder andere Mensch auf der Welt. ... Wenn du deine Talente zum Ausdruck bringst, um deine Bedürfnisse zu erfüllen, erschaffst du unbegrenzten Wohlstand und Überfluss.

– Deepak Chopra

Uns mit anderen zu vergleichen, ist die Krönung aller emotionalen Leiden. Es lähmt den Geist und trennt uns unweigerlich von anderen. Jeder von uns besteht aus sieben Oktillionen Atomen[10] und 37,2 Billionen Zellen, allesamt von einzigartiger Form, die die Schönheit von etwas Einmaligem offenbaren: unsere natürlichen Fähigkeiten und Talente.

Versuchen wir, in den Fußspuren eines anderen Menschen zu laufen und sein Leben statt unseres eigenen zu führen, verweigern wir dem Universum eine Manifestation, die speziell mit dem Ziel entwickelt wurde, die Menschheit voranzubringen. Wie können wir dem Universum das Geschenk unserer einzigartigen Bei-

---

10 Fiona MacDonald, »Mind-Blowing Facts About Your Body«, ScienceAlert.com, 6. November 2016, https://www.sciencealert.com

träge vorenthalten, die nur wir selbst in dieser Welt ins Sein bringen können? Uns mit anderen zu vergleichen, bringt uns zudem in eine innere Haltung, die auf Mangel und Knappheit ausgerichtet ist. Zielen unsere Vergleiche noch dazu auf Geld ab, errichten wir damit eine der allertoxischsten finanziellen Blockaden.

Dass wir unseren einzigartigen Beitrag mitunter nicht manifestieren oder nicht wirklich im Einklang mit unserem Daseinszweck leben, liegt im Wesentlichen daran, dass wir nicht glauben, es tun zu können. Wir haben das Gefühl, nackt und bloß dazustehen, und wenn wir in die Runde schauen und die anderen Leute sehen, stellen wir uns die bange Frage: »Kann ich das wirklich schaffen?« Unsere Verletzlichkeit generiert Zweifel und Angst, und wenn wir unser frisch geschlüpftes Selbst mit einem anderen vergleichen, der oder die weiter fortgeschritten in dem ist, was wir zu tun vorhaben, schrumpfen wir innerlich und denken: »Das wird nie was!« Uns selbst mit anderen zu vergleichen, ist eines der schädlichsten Dinge, die wir tun können.

Meiyoko Taylor, zweifacher Bestsellerautor und prominenter Coach für Persönlichkeitsentwicklung, stimmt dem zu. Im Interview bezeichnete er Vergleiche als den »Unterdrücker aller Begabungen und Zerstörer unserer wahren Lebensziele«. Und er sagt: »Wenn du anfängst, dich mit anderen zu vergleichen, konzentrierst du dich auf alles um dich herum statt auf das, was wirklich wichtig ist. Dein Leben dreht sich dann darum, was andere Menschen denken und tun und was ihre Erwartungen an dich sind. Als Folge davon beginnst du, in einer Welt zu existieren, in der deine Leidenschaften in dir absterben.«

Meiyoko beschreibt die schwärzeste Zeit in seinem Leben so:

> Ich erinnere mich an den Tiefpunkt in meinem Leben. Weil ich Erfolg bei allen und allem anderen maß, nur nicht in mir selbst, war ich to-

> tal unglücklich. Ich arbeitete in einem Job, den ich hasste, aber alle meinten, ich müsste doch glücklich sein. Es sei doch ein toller Beruf! Mein gesamter Lebensentwurf basierte auf dem Vergleich mit anderen. Es dauerte nicht lange, bis ich stark übergewichtig wurde, meine Gesundheit versagte und ich nicht mehr wusste, wer ich war. Ich erkannte, dass ich durch dieses ständige mich Vergleichen mit andern allmählich meine Identität verlor. Deshalb ist es so gefährlich, das eigene Leben auf dieser Grundlage aufzubauen.

Entwickelst du ein persönliches Leitbild und fokussierst dich ausschließlich auf dessen Umsetzung, hebt dich das über das Vergleichen hinaus. Du setzt dich ganz und gar für deine Mission ein, und weil du auf dem Weg zu deinem Ziel bist, hast du keine Zeit, darüber nachzudenken, was andere tun oder erreichen. Sobald du deinem Leben eine klare Richtung gibst, fängst du an, Geschichte zu schreiben.

Dies ist ein historischer Augenblick. Warum, fragst du vielleicht. Weil es dich eben nur einmal gibt, genau zu diesem Zeitpunkt, an dem du die Räder in Bewegung setzt, um deinen Daseinszweck zu erfüllen. Also, geh los! Steig ein in deine Geschichte und beanspruche deinen Platz! Mach es wie Michelle Obama in ihrem historischen Augenblick, als sie die erste afroamerikanische First Lady wurde, und erstrahle in deinem großen Moment! Es gibt Platz für uns alle in den unendlichen Weiten dieses Universums, und für jede von uns ist ein Stück des Kuchens da, weil wir alle unterschiedlich sind und auf einem individuellen Pfad durchs Leben gehen, der von unseren spezifischen Talenten und Zielen abhängig ist. So wirkt das Gesetz der Fülle!

Nutze die Möglichkeiten der spirituellen Selbsterneuerung,

um dich mit der Person zu verbinden, die du bist, und mit dem, was du im Leben wirklich willst. Bist du mit deinem Leben unglücklich, sei radikal ehrlich mit dir selbst und frage dich, warum. Höre nicht darauf, was andere denken und wie sich dein Leben aus der Außenperspektive darstellen mag. Stehe zu dem, was für dich wahr ist!

Nutze diese Selbstüberprüfung, um dir bewusst zu machen, wo deine Stärken liegen. Welches sind deine Talente und Begabungen? Sobald du sie kennst, kannst du dich auf einen Weg begeben, der auch andere auf ihrem Weg weiterbringt. Bist du im Einklang mit deinem persönlichen Leitbild und deinem Daseinszweck, brauchst du dich nie wieder mit irgendwelchen anderen Menschen zu vergleichen. Begreife, dass dein Weg dein ganz persönlicher ist und du alles hast, was du brauchst, um dir ein eigenes Vermächtnis zu schaffen.

MISS ERFOLG MIT DEINEM EIGENEN MAßSTAB

Definiere, was Erfolg für dich bedeutet. Es kann weit mehr dazu gehören als das Anhäufen von materiellen Reichtümern und finanziellem Wohlstand; mehr als mit den Schmitts von nebenan mithalten zu können.

Es scheint, als würden wir mit Anfang zwanzig alle an der gleichen Startlinie stehen. Wir studieren, machen unseren Abschluss an der Uni und treten mit dem Eifer von gut ausgebildeten Berufsanfängern an, allen zu zeigen, dass wir das Zeug zum Erfolg haben. Mit Anfang dreißig (manchmal schon mit Ende zwanzig) stellen sich uns die ersten Hindernisse in den Weg. Manche werden mit lebensverändernden Rückschlägen konfrontiert wie dem Tod ihrer Partnerin/ihres Partners oder eines Kindes oder auch den Folgen einer komplizierten Scheidung. Anderen von uns scheinen traumatischere Erfahrungen erspart zu bleiben. Sie leiden womöglich an der Eintönigkeit des Berufslebens oder plagen sich mit eher alltäglichen Schwierigkeiten herum.

Es kann leicht geschehen, dass wir im Angesicht von Verlusten und Rückschlägen in Selbstmitleid verfallen, aber jede von uns hat ihre speziellen Herausforderungen zu meistern. Ich für meinen Teil war die Einzige in meiner Peer Group, die mit einunddreißig plötzlich Witwe wurde und allein mit zwei Kindern dastand.

Solltest du dich in einer ähnlichen Situation befinden wie ich damals und die Einzige in deiner Altersgruppe sein, die einen bestimmten Meilenstein nicht erreicht oder eine lebensverändernde Zäsur erlebt, lass dir sagen, dass alles im Leben vorübergeht. Wenn auch du dem einen oder anderen Schwarzmaler begegnest, mach dir klar, dass deine wirklichen Freunde dir nie den Rücken kehren würden, nur weil sich deine persönliche Lebenssituation verändert hat. Tragödien und Rückschläge bringen ans Licht, wer unsere echten Freunde sind. Sollten deine Freunde sich ganz offensichtlich unwohl damit fühlen, dass du nach einer Trennung, Scheidung oder dem Tod deines Partners oder deiner Partnerin auf einmal Single bist, lass dir versichern, dass sie wahrscheinlich ohnehin keine guten Freunde sind.

SCHLUSS MIT MÜTTERLICHEN SCHULDGEFÜHLEN

Schon bald nach dem Tod meines Mannes wurde mir klar, dass es so gut wie unmöglich sein würde, mit den anderen Müttern mitzuhalten, deren Kinder an gefühlt einer Million außerschulischen Aktivitäten teilnahmen, die Vorsitzende des Elternbeirats waren und laufend selbst gebackene Kekse mit in die Schule oder zur Arbeit brachten. Ich musste mich mit dem Gedanken anfreunden, dass ich nie mit ihnen konkurrieren oder gegen sie punkten könnte. Ich hatte schließlich gerade eine Geburt hinter mir und musste den Verlust meines Mannes verkraften. Ich war immer noch in der Phase, in der mein acht Wochen alter Säugling Alex wie von einem Uhrwerk gesteuert nachts alle zwei Stunden aufwachte und Hunger hatte. Vom Schlafmangel und der seelenzehrenden Trauer war ich physisch völlig erschöpft.

Und doch quälte mich der Gedanke, dass ich meinen älteren Sohn mindestens ein Jahr lang nicht zum Schwimmen oder Turnen würde bringen können – zumindest so lange, bis ich es geschafft hätte, wenigstens einigermaßen über diese Tragödie hinwegzukommen. Genau genommen frage ich mich bis heute, ob es nicht doch Dinge gegeben hätte, die ich hätte besser machen können.

Diese Art von mütterlichen Schuldgefühlen lässt uns innerlich ewig um das Gefühl kreisen, dass es – ganz gleich, was wir tun – niemals genug sein kann. Selbst Jahre später, als meine Jungs in der Fußballmannschaft waren und sechsmal pro Woche zu Spielen oder zum Training gefahren werden mussten, fühlte es sich noch immer nicht so an, als würde es reichen. Ich meinte, jederzeit parat stehen zu müssen für den Fall, dass sie Unterstützung bräuchten. Unsere Wochenenden wurden von Fußballspielen und Trainingseinheiten gekapert. Am Montag schleppte ich mich wie ein Zombie zur Arbeit.

Ich war außerdem überzeugt, dass ich den Jungs den verlorenen Vater ersetzen müsste, indem ich alles Menschenmögliche tat – ja, mehr noch: Übermenschliches leistete –, um den Anforderungen gerecht zu werden, was unendlichen Stress bedeutete. Dann kam COVID-19. Ich arbeitete im Homeoffice und übernahm das Homeschooling für drei Kinder. Und schon meldeten sie sich zurück: die mütterlichen Schuldgefühle. In der ersten Phase des Lockdowns fing ein typischer Schultag für mich damit an, etwa vierzig E-Mails von zehn bis vierzehn verschiedenen Lehrern zu sichten – in drei verschiedenen Klassenstufen an drei verschiedenen Schulen. Ihre Schuldgefühle loszulassen, ist für Mütter der Schlüssel, um mit Rückschlägen und Krisen fertigzuwerden.

Jede Frau hat ihre eigene Geschichte, und es stellen sich ihr jeweils ganz eigene Hindernisse in den Weg. Es macht keinen Sinn, deine Schwierigkeiten mit meinen oder denen von irgendwem sonst zu vergleichen. Haben wir lieber Geduld mit uns selbst und vertrauen wir auf die Erkenntnis, dass am Ende alles gut sein wird. Lass dir nicht einreden, dass du überkompensieren müsstest. Konzentriere dich lieber auf das, was du tust und getan hast. Schau auf die kleinen Schritte, die du geschafft hast. Schau, wie weit du schon gekommen bist! Feuere dich selbst an und sage dir, dass du diese Sache mit dem Mama-Sein wirklich super rockst.

DIE DREIFACHSPIRALE

Frauen haben eine Dreifachbelastung an Verantwortlichkeiten zu bewältigen: Beruf, Haushalt und Kinder. Dies ist eine gefährliche Zumutung, und ich erkläre dir, warum. Man hat uns Frauen die Lüge verkauft, dass wir alles sein und haben können: Topjob, Superhausfrau und Mama mit perfekten Kindern. Darum fügen wir uns ins patriarchale System und lassen uns von dem Gedanken leiten, in allen Bereichen nach Perfektion streben zu müssen. Und wenn es manchmal nicht funktioniert, sind wir enttäuscht.

Männern reicht es, auf bloß einem Gebiet spitze zu sein. Es ist okay für sie, kein Super-Daddy zu sein – ihre Väter waren es nicht und ihre Großväter auch nicht. Aber schau dir mal an, wie viele Frauen Super-Mamas hatten. Ich denke, mehr Frauen würden von sich behaupten, eine Super-Mama gehabt zu haben als einen

Super-Daddy. Wir haben unsere Mütter vor Augen und wollen bei uns zu Hause das gleiche Beispiel setzen, wie sie es früher in unserem Elternhaus taten.

Nehmen wir nun an, es käme aufgrund eines traumatischen Erlebnisses von Tod, Scheidung oder Jobverlust zu einer schweren Zäsur. Basiert unsere Identität als Frau auf dieser Lüge, dass wir alles gleichzeitig haben und nahtlos auf allen Gebieten Perfektion liefern können – was passiert dann, wenn wir dem von uns selbst gesetzten gesellschaftlichen Ideal nicht gerecht werden können?

Schämen wir uns und ist es uns peinlich, wenn wir einen Schritt zurücktreten müssen, um die Folgen der Katastrophe zu bewältigen? Glaube mir, wir Frauen tragen in einer solchen Situation die Hauptlast. Für nichtweiße Frauen ist es noch herausfordernder. Sie sind häufiger alleinerziehend und in ihrem Haushalt die Hauptverdienerin, und das bei geringerem Einkommen und schlechteren Berufschancen. In den USA leben fast 39 Prozent der von Frauen geführten schwarzen Familien in Armut.[11]

SCHWARZE FRAUEN UND FRAUEN AUS MINDERHEITENGRUPPEN WÄHREND DER COVID-19-PANDEMIE

Die Auswirkungen der COVID-19-Pandemie haben eine regelrechte Revolution ins Rollen gebracht. Man spricht sowohl vom »großen Erwachen« als auch von der »großen Kündigungswelle«. Als die Volkswirtschaften sich wieder zu öffnen begannen, verzeichnete die Wirtschaft eine Rekordzahl an Menschen, die

11 »Single Mother Statistics«, Single Mother Guide, Update vom 14. Juni 2019, https://singlemotherguide.com/single-mother-statistics/

ihre Stelle kündigten. Im April 2021 belief sich dieser Exodus auf vier Millionen US-Arbeitnehmerinnen und -Arbeitnehmer bzw. 2,7 Prozent aller Beschäftigten in den USA.[12] Noch überraschender ist die Zahl der Schwarzen, die ihrem Job den Rücken kehrten. In einer kürzlich veröffentlichten Studie des *Future Forum* zeigte sich, dass nur 3 Prozent der hoch qualifizierten schwarzen Fachkräfte ganztags ins Büro zurückkehren möchten.[13]

Viele von uns überraschen diese Ergebnisse nicht. Schwarze Frauen leiden am Arbeitsplatz oft unter Mikroaggressionen und Diskriminierung. Viele haben zudem den Eindruck, nicht wirklich zur Belegschaft zu gehören, und fühlen sich gedrängt, einen *Code Switch* vorzunehmen, also ihre Art zu reden, ihr Aussehen und Verhalten ändern zu müssen, um nicht anzuecken. Es fühlt sich so an, als ob sie Stück für Stück von sich aufgeben müssten – ein Tod durch tausend Schnitte. Verschiedentlich wird sogar über Suizidgedanken aufgrund von Rassendiskriminierung am Arbeitsplatz berichtet.

Die Arbeit vieler schwarzer Frauen wird seit allzu langer Zeit unterbewertet und nicht genügend gewürdigt. Wie Celina Caesar-Chavannes, Autorin, im Interview für Folge 12 des *Holistic Wealth*-Podcasts sagte: »Selbst wenn wir einen Platz am Tisch bekommen, steht für uns nichts auf der Karte.«

Im Homeoffice zu arbeiten, half vielen Frauen, mit diesen Problemen besser umzugehen. Zudem bot es ihnen ein sicheres Umfeld, um die nie da gewesenen, historischen Proteste zu verarbeiten, die der Tod von George Floyd im Polizeigewahrsam im

---

12 Lauren Weber, »Forget Going Back to the Office – People Are Just Quitting Instead«, *Wall Street Journal,* 13. Juni 2021, https://www.wsj.com/articles/forget-going-back-to-the-officepeople-are-just-quitting-instead-11623576602

13 Sheela Subramanian, »A New Era of Workplace Inclusion: Moving from Retrofit to Redesign«, Future Forum, 11. März 2021, https://futureforum.com/2021/03/11/dismantling-the-office-moving-from-retrofit-to-redesign/

Sommer 2020 nach sich zog, und die von Kommentatoren mit den in 125 Städten der USA verzeichneten Aufständen nach der Ermordung von Martin Luther King Jr. im Jahr 1968 verglichen wurden.

Leslie Forde, die ich ebenfalls für den *Holistic Wealth*-Podcast interviewt habe, ist Gründerin von *Allies @ Work,* einer Initiative, die Firmen bei der Gestaltung von Diversitätsprogrammen unterstützt. Ihre Pandemie-Umfrage unter 2000 Eltern (97 Prozent davon Mütter) machte deutlich, dass die Rückkehr an den Arbeitsplatz ein emotional aufgeladenes, unglaublich komplexes Thema ist, das den meisten Befragten zu schaffen macht. Viele Frauen möchten nicht einfach zurückkehren – zumindest nicht zu vorpandemischen Bedingungen. Leslie zufolge führte die »aktive Zurschaustellung des Vielbeschäftigtseins« und eine »Kultur der Anwesenheitspflicht« dazu, dass Arbeitnehmende von neun bis fünf in ihren Großraum-Boxen ausharrten – ein Arbeitsumfeld, das für schwarze Mitarbeiterinnen durch fehlende Unterstützungsangebote zusätzlich belastet war.

Wenn Arbeitgeber darangehen, die Arbeitsplätze der Zukunft zu gestalten, ist es entscheidend, den Mitarbeitenden zuzuhören und für sie spürbare Fortschritte in Bezug auf Antirassismus und Diversität zu erzielen. Es ist nicht möglich, in Unternehmen und Teams – und in der Gesellschaft im Allgemeinen – die Kunst einer gelungenen Krisenbewältigung auf breiter Basis zu fördern, solange es keine soziale Gerechtigkeit für alle gibt. Dieses Ziel zu erreichen, leistet einen entscheidenden Beitrag zum holistischen Wohlstand.

Um die Menschheit insgesamt voranzubringen, müssen wir uns alle die Prinzipien des holistischen Wohlstands zu eigen machen und eine andere innere Ausrichtung entwickeln, also in den *Holistic Wealth Mindset* kommen. Feminismus muss für alle Frauen funktionieren, nicht nur für manche. Für Folge 41 des *Ho-*

listic Wealth-Podcasts habe ich Eve Rodsky interviewt, die *New York Times*-Bestsellerautorin von *Auch Männer können bügeln* (Knaur TB 2020). Sie erklärt, wie sie über weißen Feminismus denkt: »Es liegt in der Verantwortung von Frauen, die als weiß wahrgenommen werden, dass wir verstehen, was *Care-Feminismus* ist, dass wir nicht diesen Boss-Feminismus, diesen individualistischen Feminismus vertreten – diese Vorstellung muss verbrannt werden, und wir müssen an den Tisch zurückkehren, um die gelebten Erfahrungen aller anzuerkennen und für die gelebten Erfahrungen anderer Leute zu kämpfen.«

ENTSCHEIDE ÜBER DEINEN GANZ EIGENEN WEG

Im Leben hat jede und jeder einen eigenen Weg zu gehen. Zu unterschiedlichen Zeiten ereilen uns Verluste – manche unter uns werden früher als andere mit lebensverändernden Einschnitten konfrontiert. Eine solche Situation kann uns als Erinnerung daran dienen, dass wir einzigartig und dazu bestimmt sind, der Welt unseren eigenen Stempel aufzudrücken.

Um das Gefühl, verlassen worden zu sein, zu überwinden, hilft die Gewissheit, auf bestem Wege zu sein, holistischen Wohlstand zu erlangen. Dazu ist es wichtig, zum Beispiel die Möglichkeit in Betracht zu ziehen, dass sich dein Leben so entfalten könnte, dass du dich auf einem bestimmten Gebiet spezialisieren, deine Interessen vertiefen, neue Erfahrungen gewinnen oder vielleicht sogar in einen neuen Beruf wechseln kannst.

In jeder Phase unseres Lebens erbringen wir Opfer. Wir tun dies aufgrund von wohlüberlegten Entscheidungen, die es uns erlauben, bestimmten Aspekten Priorität einzuräumen und dafür ganz bewusst manche Lebensziele nach hinten zu schieben, weil es im Augenblick Dringenderes gibt.

Zur Selbstüberprüfung und spirituellen Selbsterneuerung gehört die Erkenntnis, dass wir solche Entscheidungen bewusst treffen. Entscheidend ist die Perspektive. Wenn du zum Beispiel deinen Beruf vorübergehend hintanstellst, um dich um deine Familie zu kümmern, so wie ich es nach dem Tod meines Mannes getan habe, mach dir bewusst, welche Chancen es birgt, für deine Kinder oder etwa auch deine Eltern im Alter zu sorgen. Die Gültigkeit mancher Entscheidungen lässt sich nicht an finanziellen Vorteilen oder der Verheißung von Ruhm und Reichtum bemessen.

Solche Opfer können den Anschein von »Rückschlägen« haben, weil sie nicht zu den Meilensteinen oder Erfolgs- oder Wohlstandsindikatoren gehören, die die Gesellschaft definiert. Der relative Wert eines solchen Dienstes für die Gesundheit und das Wohlergehen unserer Familie ist jedoch bekannt und vielfach mit Gold nicht aufzuwiegen.

Hast du einen vermeintlichen »Rückschlag« erlebt? Nimm eine gründliche Selbstüberprüfung vor. Vielleicht stellst du dabei fest, dass das Ganze in Wirklichkeit gar kein Rückschlag war, sondern zur Entfaltung deines unvergleichlichen Ichs beigetragen hat.

6

EIN SABBATICAL

Und unser Leben, fern vom Trubel der Welt,
Findet Zungen in Bäumen, Bücher in
plätschernden Bächen,
Predigten in Steinen und Gutes in allem.
– *William Shakespeare,* Wie es euch gefällt

Nachdem mein Mann gestorben war, spürte ich, dass ich eine Pause brauchte, um mich nach innen zu wenden. Ich nahm ein unbezahltes Sabbatjahr, lagerte unser Hab und Gut in einem Container ein, packte die Koffer, schnappte die Kinder und brach mit ihnen ins herrliche, sonnige Jamaika auf.

Ich wusste, dass es einer drastischen Veränderung bedurfte, um im Angesicht des Unerklärlichen nach Antworten zu suchen. Ich fühlt mich genötigt, mit einer Situation Frieden zu schließen, die sich komplett meiner Kontrolle entzog. Einer Situation, gegen die anzukämpfen ich keine Chance gehabt hatte und die zu ergründen und zu begreifen ein ganzes Jahr in Anspruch nehmen würde. Einer Situation, im Angesicht derer sich die Ärzte geschlagen geben mussten.

Das Thema, uns mit Dingen abfinden zu müssen, die außerhalb unserer Kontrolle liegen, taucht wiederholt im Werk des Staatsmannes und Dichters Abdur Rahim Khanan aus der Mogulzeit auf, der auch als »Meister des Zweizeilers« bekannt ist.

Diese Kunst besteht darin, ganze Welten von Weisheit und Bedeutung in einem winzigen Gefäß zu verdichten – oder, im Fall des Dichters, in nur ein paar Zeilen oder Strophen. In seinem berühmtesten Werk, dem *Dohavali* (einer »Anordnung von Zweizeilern«), schreibt er: »Der Weg der Wahrheit bedeutet, die Welt aufzugeben.«

Mir war nicht wirklich bewusst, was ich tat, als ich mich zu meinem Sabbatical entschloss. Um zu mir und meiner Wahrheit zu finden, gab ich meine Welt auf! Die meisten Möbel verkaufte ich, mein Auto auch, seines ebenfalls. Ich fand Käufer für die meisten Sachen in meiner Garage, einschließlich des Werkzeugs und aller Geräte. Unser Haus vermietete ich an ein sehr nettes junges Paar. Ich hatte das Gefühl, Antworten auf die mysteriösen Umstände von Garfields Tod finden zu müssen, damit das Leben für mich weitergehen konnte.

Mit dem Antritt meines Sabbaticals wurde mir eine andere Art von Heilung zuteil. Um es mit Shakespeare und dem eingangs zitierten Vers zu sagen: Ich zog mich zurück und lebte »fern vom Trubel der Welt«. Ich fand »Zungen in Bäumen, Bücher in plätschernden Bächen, / [und] Predigten in Steinen«. Beim Betrachten plätschernder Bäche fand ich in meine Lebendigkeit zurück. Wasser, nie gleich, immer in Bewegung, wie es sich an kleinen Felsen bricht und mal hierhin, mal dorthin schwappt; die Bewegung so mühelos, schlicht, erfrischend. Allein bei dem Gedanken, einem plätschernden Bach zuzusehen, mit neuen Augen, mit Neugier, spürte ich, wie in meinem Gehirn neue synaptische Brücken entstanden. Es wurde in den Sog gezogen. Es machte eine Million winziger Aufnahmen aus den verschiedensten Winkeln und fing an, neue Verbindungen zu knüpfen.

Ich fand Trost in den Bergen, wo ich mich inmitten von zerklüfteten Felsen neu erfinden konnte. Ich hatte in Belvedere Heights ein Haus gemietet. Es thronte, an den Hang geschmiegt, zweihundertfünfzig Meter über dem Meer. Wie das Nest eines jamaikanischen Kolibris fügte es sich nahtlos in seine Umgebung ein. Es wurde zu meinem Rückzugsort in den Bergen, mit Blick hinunter auf die Stadt, in der Natur geborgen. Und so wachte ich jeden Morgen an diesem herrlichen Platz auf. Auf dem Hügel hinter dem Haus gab es einen Obstgarten – zur Melodie der sanften Brise schienen die Kirschen und Äpfel im Chor zu singen.

In Jamaika hat man das Gefühl, immer genug Zeit zur Verfügung zu haben. Die Natur beschenkt die Insel mit einem Überfluss an Nahrung. Ursprünglich lebten hier Fischer, Bauern und Jäger. Dies war jedoch nicht die Lebensweise, die die frühen Missionare bei ihrer Ankunft Anfang des 19. Jahrhunderts für die Bewohner im Sinn hatten. Dennoch ist die tief in der Vergangenheit verwurzelte Geschichte und Kultur das, was dem Land sein einzigartiges Flair verleiht. Vom Evangelium nach Bob Marley bis hin zum Essen – den Jerk-Ständen, die über das Land verstreut sind und die Luft im Umkreis von Kilometern mit ihren Aromen erfüllen – dies alles trägt dazu bei, eine tiefenentspannte, tropische Atmosphäre zu schaffen.

Einer meiner Lieblingsorte während dieser Zeit war Port Royal, und vor allem Morgan's Harbour Hotel. Hier und im Jachtklub daneben wurde der James-Bond-Film *Dr. No* gedreht. Es gibt eine große Restaurant-Terrasse mit Bar, und ich saß mittags oder abends zum Essen oft genau auf dem Holzdeck, das in *Dr. No* zu sehen ist. Es reicht direkt in das spektakulär smaragdfarbene Wasser hinein, und es ist, als würde man auf einem Floß sitzen und ein Gourmetmenü einnehmen, während die Wellen einem die Zehen umspülen. In diesem schwimmenden Restaurant wurden die köstlichsten Gerichte mit Fisch und Meeresfrüchten serviert, nicht zu vergessen die weltberühmte Piña Colada.

Mein anderer Lieblingsplatz? Die Blaue Lagune in Portland, Jamaika, die wie eine überdimensionale Teetasse aus *Alice im*

Wunderland aussieht. So intensiv türkises Wasser wie dort findest du sonst nirgends, und ringsum grenzt Regenwald ans Ufer. Du stellst dir vor, du wärest Alice und hättest den Mittelpunkt des Universums gefunden – ein geheimes Fantasialand, das allein den Alices dieser Welt vorbehalten wäre!

Viele große Schriftsteller haben über lebensverändernde Sabbaticals geschrieben. Elizabeth Gilbert bezeichnet in *Eat Pray Love* ihre Zeit des Reisens nicht ausdrücklich als Sabbatical, aber der Begriff trifft dennoch zu, denn sie war frei, zu tun, was sie wollte (auch wenn sie während dieser Zeit an ihren Memoiren schrieb). In ihrem Fall war eine Scheidung zum Katalysator für die Suche nach Antworten und einem tieferen Lebenssinn geworden. Auf ähnliche Weise unternahm Cheryl Strayed in *Wild* eine Wanderung auf dem Pacific Crest Trail, nachdem ihre Mutter gestorben war.

Als ich mein Sabbatical antrat, stand ich an einem Wendepunkt in meinem Leben. Meine Vergangenheit lag hinter, meine Zukunft vor mir, und ich hatte eine Erkenntnis gewonnen: Ich konnte mich entscheiden, mein Leben in den Dienst an anderen zu stellen, statt eigennützigen Zielen zu folgen. Das Konzept von *Motivation from Within* (auf Deutsch: »Motivation von innen«) entstand während dieser Zeit, in der ich allen Lärm ausblenden, mich mit meiner Intuition verbinden und meinen Daseinszweck wiederentdecken konnte.

Ich erinnere mich, wie mein Sohn während meines Sabbaticals übers Wochenende eine Hausaufgabe aufbekommen hatte. Nichts Schwieriges. Er sollte nur an den Strand gehen, Muscheln suchen, sich ihre Beschaffenheit und Farben anschauen und am Montagmorgen möglichst viele verschiedene Arten mit in die Schule bringen. Für mich war diese Aufgabe wie eine Offenbarung. Genauso lernen Kinder in anderen Kulturen und Kontexten. Am Strand entlanglaufen, Muscheln suchen, ihre Besonderheiten studieren und sich an ihrer Einzigartigkeit erfreuen – himmlisch! Die Lektion, die ich aus dieser Hausaufgabe gelernt habe, wirkt bis heute nach.

Das Sabbatical hat uns gelehrt, wirklich im Jetzt zu leben – in der Lage zu sein, die Natur um uns herum zu beobachten und sie zu genießen. Ein besseres Beispiel für das Gesetz der natürlichen Harmonie und Balance lässt sich kaum finden: achtsam im gegenwärtigen Augenblick zu leben.

Während ich am Strand entlanglief, sah ich viele Muscheln im weißen Sand liegen, ganze und zerbrochene waren darunter, manche zeigten das tropische Orange, andere schimmerten in Türkistönen, als hätte jemand mit dem feinsten aller Pinsel sanft ein wenig Farbe auf den weißen Perlmuttgrund getupft.

Als ich am Strand entlangschaute, zog es meinen Blick zu den Felsformationen, an denen die Wellen sich brachen und in Gischt zerstoben – an den Felsen, die einfach da waren und warteten, in die dichte, weiße, schaumige Essenz des Meeres gehüllt zu werden. Wie solide sie dastanden, wie geduldig sie darauf harrten, dass die Wellen ihnen ihre ungezügelte Aufmerksamkeit schenkten – wie diese sich aufbäumten und wieder zurückzogen, bloß um sie abermals lustvoll in ihren dichten, weißen Schaum zu hüllen.

Ich ging auf einige kleinere Formationen zu, und mir fiel auf, wie sich kleine Krebse darauf bewegen – ein Tanz der Natur. Die Felsen waren von einem grünen, moosigen Teppich bedeckt, den die kleinen Tiere nutzten, um sich auszuruhen. Zufrieden lagen sie auf dem weichen Grund, in Dreier- und Vierergrüppchen, wie schwatzende Schulkinder, die sich von ihrem neuesten Schwarm erzählen. Ich spürte bei diesem Anblick ein Glücksgefühl in mir aufsteigen, geboren aus der schlichten Erkenntnis, dass ich die Natur auf eine Weise beobachtete, wie ich es nie zuvor getan hatte.

Meinen beiden Jungs erging es genauso. Während unseres Aufenthalts verbrachten wir zahlreiche Wochenenden am Strand. Dabei haben wir viele verschiedene Lektionen gelernt. Mit ihrem Rhythmus des ewigen Kommens und Gehens sprachen die Wellen zu mir über das Leben, das Wiedergeborenwerden und Neuanfänge. Es heißt, dass Brandungsgeräusche dazu beitragen können, das parasympathische Nervensystem zu aktivieren, sodass wir innerlich ruhiger werden und uns entspannen können.

Es gibt viele Arten, sich ein Sabbatical zu nehmen, um sowohl beruflich als auch emotional davon zu profitieren. (Auf www.instituteonholisticwealth.com findest du einen Online-Kurs – in englischer Sprache –, in dem du lernst, dich auf eine solche Auszeit vorzubereiten.) Für mich war dieses eine Jahr eine Heilungsreise, von der ich viele Lebenslektionen mitgenommen habe. Ich lernte dabei sogar, wie man mit weniger als zehn Dollar pro Tag im hochpreisigen Tropenparadies Jamaika zurechtkommen kann.

Mein Konzept für ein Sabbatical im Ausland lässt sich auch anwenden, wenn du zu Hause bleibst. Auch ein zwei- bis dreiwöchiges Wellness-Sabbatical in den eigenen vier Wänden kann im Genesungs- und Regenerationsprozess unterstützend wirken. Solltest du das Gefühl haben, dass du zusätzliche Unterstützung bei der Heilung von Traumata oder Überwindung von einschneidenden Erfahrungen benötigst, bietet das *Institute on Holistic Wealth* auch einen Kurs mit dem Titel *Holistic Healing* an, den du mit dem Sabbatical-Kurs kombinieren kannst.

Während der Pandemie haben wir uns in meiner erweiterten Familie entschlossen, eine kleine bäuerliche Gemeinde in Jamaika zu unterstützen und ihr über diese schwere Zeit hinwegzuhelfen. Nachdem ich den *Holistic Wealth*-Podcast gestartet hatte, nahm ich Kontakt zu internationalen Geldgebern auf, und inzwischen arbeiten meine Familie und ich (in Partnerschaft mit dem *Institute on Holistic Wealth*) an einem Multimillionen-Dollar-Projekt, um alternative, ganzheitliche Lernzentren für Jugendliche in ganz Jamaika einzurichten, um ihnen Fähigkeiten zu vermitteln, die sie wirtschaftlich stärken und widerstandsfähig machen.

Ein Sabbatical zu nehmen, kann zwar nicht nur Begeisterung, sondern auch Ängste auslösen, aber wenn du die Auszeit gut nutzt, kann sie dir ein unvorstellbares Maß an Selbsterkenntnis bringen: Sie bietet dir die Chance, dich weiterzubilden, alternative Möglichkeiten zu erkunden, zu reisen, neue Fähigkeiten und Fertigkeiten zu erwerben und die Welt zu sehen. Sie kann deine Leidenschaften wecken und dich dabei unterstützen, deinen wahren Daseinszweck zu finden, weil sie dir die notwendige Muße verschafft, deiner Kreativität freien Lauf zu lassen und deine kurz- und mittelfristigen Ziele zu sortieren. Du hast Zeit, sie in einen größeren Kontext einzuordnen, deine Träume und Wünsche zu konkretisieren und einen entsprechenden Aktionsplan zu erstellen.

Ein Sabbatical hilft dir, dein Leben aktiv zu gestalten und ihm eine klare Ausrichtung für die Zukunft zu geben. Es erlaubt dir, deine einzigartigen Talente zu entdecken und im Rahmen der spirituellen Selbsterneuerung nach deinem höheren Selbst zu suchen. Es gibt dir die Zeit, in dein allerauthentischstes Selbst hineinzufinden. Sind deine Passionen erst einmal erwacht, wird es leichter, erfolgreich zu sein – ganz gleich, welches Gebiet du für dich wählst. Diese Zeit, die du dir selbst gönnst, leistet einen unschätzbar wertvollen Beitrag zu einem guten Leben.

7

LEBEN IN JEDEM AUGENBLICK

Zähle jeden Tag als ein eigenes Leben.

– Lucius Annaeus Seneca

Zeit ist ein kostbares Gut; kostbarer als Silber und Gold. Würden wir »jeden Tag als ein eigenes Leben zählen«, wie Lucius Seneca meinte, würden wir womöglich wirklich in jedem Augenblick leben. Nachdem mein Mann starb, entwickelte ich die zwanghafte Neigung, die Ereignisse seines letzten Abends durchzuspielen. Diese Gedanken zehrten mich aus und verfolgten mich. Es war, als würde ich auf einem eigenen Planeten leben.

Ich war nicht wirklich anwesend, dort, wo alle anderen waren, sondern in meiner eigenen Welt, wo ich die Szenen in Technicolor rekonstruierte: wie die Pfleger und -Pflegerinnen in der Notaufnahme herumwuselten, Medikamente ausgaben, Tabellen prüften; der strenge Geruch von Formaldehyd in der Luft. Noch fast ein Jahr roch es für mich überall nach Formaldehyd. Ich hatte mich in der Vergangenheit festgekrallt und war mit meiner Aufmerksamkeit nicht im Jetzt. Wie lernt man, wieder in eine Welt zurückzukehren, in der dein Seelengefährte nicht mehr lebt?

Wenn ich nicht damit beschäftigt war, das Geschehen in der Notaufnahme zu rekonstruieren, fragte ich mich, wo er wohl gerade wäre. Würde er im Himmel ohne mich fröhlich mit den Engeln singen? Ich schaffte den Spagat zwischen zwei Welten: der Vergangenheit und etwas, das nicht wirklich die Zukunft war, sondern die himmlische Version eines Ortes, an dem wir alle irgendwann einmal wieder zusammen sein würden.

C. S. Lewis schrieb in seinem Buch *Über die Trauer:* »Zwischen mir und der Welt steht eine unsichtbare Wand.« War mein Mann wirklich da oben, während ich hier unten allein mit zwei kleinen Kindern zurechtkommen musste? »Das kann doch nicht dein Ernst sein!«, dachte ich. Vielleicht hockte er da oben in seiner himmlischen Werkstadt und schnitzte und feilte an seinen Flügeln herum.

Irgendwann kam der Punkt, an dem ich merkte, dass ich wieder in die Gegenwart zurückkommen und aufhören musste, über dieses Fantasialand nachzugrübeln und mir in Gedanken auszumalen, was Garfield dort gerade machte. Solche Hirngespinste waren doch nur dazu angetan, meine Gefühle der Hilflosigkeit zu verstärken, ohne dass sie mir irgendwelche praktischen oder therapeutischen Vorteile brachten.

Wir Menschen vergeuden zu viele kostbare Momente! Seneca schrieb dazu und zum Leben in der Gegenwart:

> Es ist nicht so, dass wir nur wenig Zeit hätten, sondern dass wir viel davon verschwenden. Das Leben ist lang genug und großzügig bemessen, um die größten Dinge zu erreichen, wenn man es nur gut nutzt. Aber wenn es in Luxus und Nachlässigkeit vergeudet wird, wenn es keinem guten Zweck dient, erkennen wir schließlich unter dem Druck der letzten Notwendigkeit, dass es vergangen ist, bevor wir überhaupt bemerkt haben, dass es vergeht.[14]

---

14 Aus Lucius Annaeus Seneca, »De brevitate vitae« (Von der Kürze des Lebens), das um 49 n. Chr. entstanden ist. Deutsche Übersetzung etwa von Marion Giebel und Fritz-Heiner Mutschler, erschienen im Reclam Verlag.

Ohne spirituelle Selbsterneuerung ist es extrem schwer, in jedem Augenblick präsent zu sein. Ohne sie leben wir mit den Geistern der Vergangenheit und schleppen sie mit in die Zukunft. Auf diese Weise berauben wir uns der Gegenwart und können unser Schicksal und unseren Daseinszweck nie erfüllen.

Während meines Sabbaticals fand ich einen neuen Zugang zu meiner Intuition, und ich lernte, wieder wirklich jeden Moment auszuleben, komplett darin anwesend und zu hundert Prozent bewusst zu sein. Es gab für mich kein Multitasking mehr, und ich hörte auf, darüber nachzudenken, was als Nächstes zu tun sei. In meinem Kopf war nur Platz für die eine Sache, die just in diesem Augenblick geschah.

Es kann leicht passieren, dass unsere Gedanken in die Vergangenheit schweifen oder uns Sorgen vor der Zukunft beschäftigen. Jeden Tag vergeuden wir damit kostbare Sekunden, Minuten, Stunden. Wenn wir aufhören, unsere Erlebnisse zu bewerten, weniger reaktiv zu sein, fällt es uns leichter, Schwierigkeiten zu akzeptieren. Wir werden resilienter – und es gelingt uns eher, uns von schweren Krisen zu erholen. Hattest du schon einmal das Gefühl, in deinem Kopf würde eine Diashow laufen und ein Bild nach dem anderen durchgeschoben? Es gibt keine Pause, keine Ruhe oder Stille. Du springst von einem Gedanken zum nächsten, oft in hektischer Sorge – und manchmal geht es um ganz banale Dinge wie die Frage, was es zum Abendessen geben soll oder ob die Kinder neue Schuhe brauchen. Die Liste ließe sich endlos fortsetzen.

Das folgende Diagramm zeigt, wie ein Zustand mangelnder Bewusstheit in verschiedenen Lebensbereichen das Erreichen von holistischem Wohlstand verhindert und dein Potenzial blockieren kann.

Geraten wir in den Sog der alltäglichen Geschäftigkeit, bleibt uns keine Zeit, um wirklich in jedem Augenblick präsent zu sein. Uns

Abbildung 1: Ein Zustand der Achtlosigkeit verhindert das Erreichen von holistischem Wohlstand

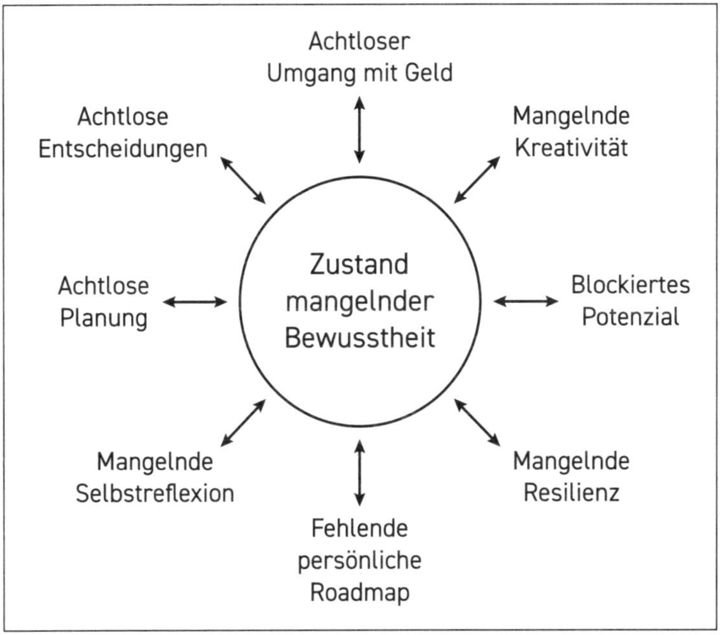

Institute on Holistic Wealth

fehlt die Muße zur Selbstreflexion und spirituellen Selbsterneuerung. Wir nehmen noch nicht einmal die flüchtigen Momente wahr, die einfach so an uns vorüberziehen. In diesem Zustand sind wir nicht in der Lage, nach unserer Wahrheit zu suchen, um unseren Weg in die Zukunft zu planen. Die Zeit, die wir *wirklich auskosten,* ist also minimal. Unser Leben zerrinnt in unseren Wünschen. Wenn wir am Schreibtisch sitzen und arbeiten, wünschen wir uns, in Urlaub zu sein. Wir setzen einen Zeitpunkt fest, an dem wir in Ruhestand gehen und »wirklich leben« wollen, und dann warten wir darauf, dass es endlich so weit ist. Dann werden wir das Leben aber wirklich genießen! Obwohl wir keine Ahnung haben, ob uns diese Zeit je vergönnt sein wird, planen wir erhobenen Hauptes, als würden wir das exakte Datum unseres Todes kennen.

In einem Interview bemerkte Wade Brill, Mitbegründerin von *Centered in the City,* einem auf Achtsamkeit, Selbstentwicklung und Verbundenheit basierenden Coaching-Kollektiv: »Wir verschwenden Momente, wenn wir nicht präsent sind. Wenn wir die Zukunft im Blick haben, lassen wir uns gern von Gedanken vereinnahmen, die mit Planen, Strategieentwicklung, Verhandeln oder Streben verbunden sind. Und wenn wir uns in die Vergangenheit verbeißen, verstricken wir uns oft in Geschichten von Selbstzweifeln oder wünschen uns, dass dieses oder jenes Ereignis anders verlaufen wäre. Sind wir im Kopf entweder in der Vergangenheit oder in der Zukunft, verpassen wir den Reichtum des Lebens in diesem gegenwärtigen Moment – einen Moment, den wir nie zurückbekommen werden.«

Im Augenblick zu leben heißt, uns mit unseren Sinnen zu verbinden und unserem Geist zu erlauben, sich auf das Gefühl des Lebendigseins zu konzentrieren. So können wir uns zum Beispiel jederzeit mit dem Atem verbinden und auf die Länge der Atemzüge achten, auf die Temperatur der Luft. Wir können jeden Bissen Nahrung schmecken. Wir können aufmerksam in die Umgebung hineinlauschen oder in dem Gespräch, das wir gerade führen, ganz und gar anwesend sein. Wir können innehalten und uns anschauen, was uns in unserem Umfeld begegnet, können die Schilder und Werbetafeln an den Hausfassaden betrachten, die Farbe des Mooses an den Bäumen studieren oder die Gesichtszüge der Passanten. Präsent zu sein hilft, unsere Zeiterfahrung zu verlangsamen und die Geschenke zu genießen, nach denen wir jetzt, in diesem Augenblick, greifen können. Das Leben enthält in jedem Moment ein ganzes Universum an Reichtümern.

8

IM EINKLANG MIT DER NATUR SEIN

Die Natur malt mit breiten Pastelltönen,
Doch an diesem Tag spüre ich den Lohn
Von Himmeln und Farben, die jenseits von
Grenzen erblühen.
Für mich bist du die Summe all dieser Dinge,
Wolken, Bäume, Hügel, Täler und flüchtige
Schwingen.

– Das sechste der im Stil von Shakespeare verfassten Sixteen Sonnets in Praise of Beauty, *www.shakespeares-sonnets.com*

Berge, die aufragen wie Götter des Olymps, und Flüsse, die in ihrem eigenen natürlichen Rhythmus durch Landschaften fließen, die zu den schönsten der Welt gehören … Ich weiß nicht, wie wir das Leben wirklich wertschätzen können, ohne die Natur in ihrer ganzen Herrlichkeit erlebt zu haben. Und ich sage dir, die Berge, die auf Jamaika direkt aus der Straße bis in den Himmel zu wachsen scheinen, sind zwar Ehrfurcht gebietend, reichen aber nicht an die im Ka'a'awa Valley auf der Kualoa Ranch, Hawaii, heran. Die Schweizer Alpen oder die North Shore Mountains in Vancouver, British Columbia, mit ihren zerklüfteten, von Wäldern überzogenen Hängen sind wieder ganz anders – ganz zu schweigen von den schneebedeckten Gipfeln im Iran und im Himalaja. Keiner ist wie der andere. Ich habe sie alle gesehen. Sie sind imposanter Teil einer Welt, in der die Natur in ihrer Ehrfurcht gebietenden, erhabenen Größe alles bedeutet.

Sieben Monate bevor mein Mann starb, gingen wir auf Reisen. Es sollte unsere erste und letzte gemeinsame große Europatour werden. Wir besuchten Paris, Stuttgart, Brüssel und Genf. Ich war ungefähr in der zwölften Woche schwanger mit Alex, und wir wollten noch einmal tief durchatmen, bevor wir Eltern von zwei Jungs wurden. Das Einzige, was Garfield auf dieser Reise kaufte, waren ein Paar Puma-Sneaker und ein grünes Golfshirt aus Genf – genau die Sachen, die er am Abend seines Todes im Krankenhaus trug. Ich erinnere mich, wie ich ihn in Genf bat, doch wenigstens eine Kleinigkeit zu kaufen, die ihn an unsere Reise erinnern würde. Darum suchte er in einem Laden diese Schuhe und das Shirt aus. Sie waren mit in der weißen Plastiktüte, die man mir im Krankenhaus übergab.

Meine Trauer schuf ein psychisches Vakuum, das durch nichts gefüllt werden konnte. Wie eine mittelalterliche Stadt stand sie da, ohne Mauern, ohne Festung, ohne Armee – allein und schutzlos. Durch meine Reisen und die viele Zeit, die ich in der Natur verbrachte, konnte ich schließlich sehen, dass die ganze Schöpfung auf meiner Seite war.

Mein Mann starb im Morgengrauen an einem Frühlingstag im April, und in der ersten Zeit danach hatte ich fast das Gefühl, von Mutter Natur betrogen zu werden. Sie schien meinen Schmerz und meine Trauer nicht zur Kenntnis zu nehmen. Ihre Blüten hörten nicht auf zu blühen, und sie schien zum Leben zu erwachen, während meine Seele unter dem tonnenschweren Gewicht einer Schmerzlawine erdrückt zu werden drohte. Mein Herz war in der Eiseskälte des Winters erstarrt, obwohl da draußen Frühling war.

Mein Mann liebte die Natur und hatte vor unserem Haus in Ottawa einen herrlichen Garten mit rosa und weißen Pfingstrosen und allerhand anderen wunderschönen Pflanzen geschaffen. In den Wochen nach seinem Tod fingen sie alle zu blühen an. Ich hatte das Gefühl, mir müsste das Herz zerspringen. Sie blühten auf, und er war weg.

Als ich während meines Sabbaticals in den weltberühmten Blue Mountains wanderte – einer Region, die über achthundert endemische Pflanzen- und über zweihundert heimische und Zugvogelarten beherbergt –, kam ich der Natur ganz nah. Morgens weckten mich die Vögel, und abends sangen sie mich in den Schlaf.

Es heißt, der heilige Franz von Assisi, Schutzpatron der Tiere, habe eine besondere Beziehung zu Vögeln gehabt. Sie gelten oft als Symbol für spirituelle Freiheit und Wachstum. Franz von Assisi ist berühmt für seine Predigt an die Vögel. Hier ein Ausschnitt aus *Fioretti di San Francesco* (Die Blümlein des heiligen Franziskus), basierend auf dem lateinischen Werk *Actus Beati Francisci et Sociorum Ejus* von Ugolino Brunforte:

> Mit jedem Flügelschlag und jeder Note eures Gesangs preist ihn. Er hat euch das größte aller Geschenke gegeben, die Freiheit der Lüfte. Ihr sät nicht und erntet nicht, und doch versorgt euch Gott mit der köstlichsten Nahrung, mit Flüssen und Seen, um euren Durst zu stillen, mit Bergen und Tälern als eure Heimat, mit hohen Bäumen, um eure Nester zu bauen, und mit der schönsten Kleidung: einem Wechsel des Gefieders mit jeder Jahreszeit.

Ich begriff, dass mich die Natur nicht betrog, sondern sie mir im Gegenteil gegeben war, um mein Überleben zu sichern – und sie war auf meiner Seite. Ich brauchte nur hinzuschauen und sie auf eine Weise zu erfahren, wie ich es nie zuvor getan hatte. Ich musste Zeit mit ihr verbringen, an ihrem Busen und unter ihrem Herzen, um ihre Heilkraft und Schönheit in mich einzusaugen.

In dem Maße, wie ich dies tat, erkannte ich, in welch symbiotischer Verbindung wir Menschen mit der Natur leben. Sie war ein Teil von mir, und ich war ein Teil von ihr. Mein Mann war zwar nicht mehr da, aber auch er war Teil dieser größeren Schöpfung. Wie in dem zu Kapitelbeginn zitierten Gedicht spürte ich den Lohn der Natur, deren ganze Schönheit dazu da war, mir zu helfen, aufzuleben und zu blühen. Wie Pflanzen, die wachsen und gedeihen und dann sterben und welken und wieder in die Erde eingehen, die sie hervorgebracht hat, so wachsen und gedeihen auch wir, und dann sterben wir. Wir werden zur Summe all dieser Dinge – zu Wolken, Bäumen, Hügeln, Tälern und flüchtigen Schwingen.

Aus wissenschaftlichen Studien weiß man, dass wir uns umso wohler fühlen, je mehr Zeit wir in beeindruckenden Naturlandschaften verbringen. Die Natur ist dank ihrer schieren Größe und Schönheit der wohl prominenteste Auslöser von Ehrfurchtsgefühlen.

Ich habe mit Summer Allen, PhD, gesprochen. Sie ist Forschungsstipendiatin am *Greater Good Science Center* der *University of California,* Berkeley, an dem bahnbrechende Forschungen zu den Wurzeln von Mitgefühl, Glück und Altruismus durchgeführt wurden. Im September 2018 verfasste sie ein Whitepaper mit dem Titel *The Science of Awe* (auf Deutsch »Die Wissenschaft der Ehrfurcht«), das mit den folgenden Worten beginnt:

> Wenn du schon einmal zwischen riesigen Mammutbäumen gewandert bist, vor dem Taj Mahal gestanden oder eine besonders virtuose musikalische Darbietung erlebt hast, hast du vielleicht die geheimnisvolle und komplexe Emotion gespürt, die man gemeinhin »Ehrfurcht« nennt. Ehrfurchtserfahrungen transzendieren das Selbst. Sie lenken unsere Aufmerksamkeit von uns selbst ab, lassen uns fühlen, dass wir Teil von etwas Größerem sind als wir selbst, und machen uns großzügiger gegenüber anderen.

Summer schickte mir einen weiteren Artikel mit zusätzlichen wissenschaftlichen Erkenntnissen zu diesem Thema, erschienen im Juni 2018[15]. Es ging darin um eine Studie an 124 Militärveteranen und Jugendlichen aus prekären Lebensverhältnissen (38 Prozent davon Mädchen), die auf Einladung von *Sierra Club Outdoors* an ein- oder viertägigen Wildwasser-Raftings teilnahmen. Die Studie kam zu dem Schluss, dass »die Ehrfurcht, die Militärveteranen und Jugendliche […] beim Wildwasser-Rafting empfanden, mehr als alle anderen gemessenen positiven Emotionen herangezogen werden konnte, um Veränderungen im Wohlbefinden und stressbezogenen Symptomen nach Ablauf einer Woche vorherzusagen«.

Ich bin überzeugt, dass die Natur und unsere Umwelt Teil unseres natürlichen Erbes und Reichtums sind. Ich glaube, dass uns die unendlichen Meere, Wälder und Berge gegeben wurden,

---

15 Craig L. Anderson, Maria Monroy und Dacher Keltner, »Awe in Nature Heals: Evidence from Military Veterans, At-Risk Youth, and College Students«, *Emotion* 18, Nr. 8 (Dezember 2018) (auf Deutsch »Ehrfurcht in der Natur heilt: Erkenntnisse von Militärveteranen, gefährdeten Jugendlichen und Studierenden«).

um unser Überleben und Gedeihen zu sichern. Verbringen wir Zeit in der Natur, eröffnen wir uns dank ihrer physischen, spirituellen und emotionalen Vorzüge einen Zugang zu holistischem Wohlstand.

Unsere Umwelt ist unsere Erfolgsgrundlage; die Basis für ein erfolgreiches Leben. Wir stehen in einer symbiotischen Beziehung zur Natur, in der wir Menschen etwas für sie tun, indem wir sie schützen und auf sie achten, so wie sie umgekehrt Gutes für uns tut. Wir tragen Verantwortung und müssen die großen Herausforderungen meistern, vor denen der Umweltschutz steht.

Ein Teil unseres holistischen Wohlstands kann durch Bedrohungen wie den Klimawandel oder die Verschmutzung der Meere zerstört werden. Umweltkatastrophen wie Waldbrände, Überschwemmungen und Wirbelstürme können lebensbedrohliche Folgen für uns haben, ganze Dörfer und Städte zerstören und materiellen Besitz hinwegfegen. Ein kürzlich veröffentlichter Bericht der Vereinten Nationen zur Biodiversität kommt zu dem Schluss: »Die Natur ist jetzt in größeren Schwierigkeiten als je zuvor in der menschlichen Geschichte, wobei über eine Million Pflanzen- und Tierarten vom Aussterben bedroht sind.«[16] Die Biodiversität und unsere natürlichen Lebensräume zu bewahren, ist entscheidend, um dem Klimawandel zu begegnen.

Aktuell formiert sich eine neue Disziplin namens »Planetare Gesundheit«, die die starken Verbindungen zwischen menschlichem Wohlbefinden und ganzen Ökosystemen in den Fokus nimmt.

---

16 IPBES (2019): Global Assessment Report on Biodiversity and Ecosystem Services. UN-Bericht der Intergovernmental Science-Policy Platform on Biodiversity and Ecosystem Services. Zusammenfassung genehmigt in der siebten Plenarsitzung des IPBES vom 29. April bis 4. Mai in Paris, https://www.un.org/sustainabledevelopment/blog/2019/05/nature-decline-unprecedented-report/.

Die *Bank of Canada* erkennt mittlerweile offiziell die Auswirkungen des Klimawandels auf die Wirtschaft an und führt diesen in ihrer Bewertung der finanziellen Stabilität erstmals unter den »größten Schwachpunkten« auf. Er stellt eine Bedrohung für die Infrastruktur und sogar für Rentenfonds dar – ja, sogar die Möglichkeit, gut abgesichert in den Ruhestand gehen zu können, werden möglicherweise von ihm beeinträchtigt. Die Natur spielt also eine wichtige Rolle für die Erlangung von ganzheitlichem Wohlstand. Versäumen wir es, uns den Herausforderungen zur Bewahrung unserer Umwelt zu stellen, kommt dies einer Abhebung von unserem holistischen Bankkonto gleich, mit weitreichenden Folgen: Wir nehmen nicht nur uns selbst, sondern auch nachfolgenden Generationen die Chance, sich ein über alle Bereiche erstreckendes holistisches Vermögen aufzubauen.

9
ROADTRIPS

Einmal im Jahr begib dich auf Reisen.

– Der Dalai-Lama

Durchs Land zu reisen, kann dein Leben verändern. Du lernst dich selbst kennen: wie gut du im Improvisieren bist, wie du in den verschiedensten Situationen reagierst, wie du dich von Schönheit bezaubern lässt, wie du dich auf veränderte Höhenverhältnisse einstellst, wie du mit Menschen umgehst, wenn du nicht gestresst bist – und, und, und. Auf langen Fahrten hast du Zeit, deine Gedanken schweifen zu lassen, zu reflektieren und in einen Zustand der Achtsamkeit zu wechseln. Das sind nur einige der Gründe, warum das Reisen ein Vermögenswert in deinem holistischen Portfolio ist. Wie generell, wenn du unterwegs bist, bereicherst du beim Reisen dein Leben mit Erfahrungen, neuen Eindrücken und dem Gefühl, mehr Muße zu haben, um dir zu überlegen, wohin du dich als Nächstes wendest.

Viele Geschäftsideen und lebensverändernde Augenblicke stellen sich ein, wenn wir beim Durchqueren von Feldern oder Wäldern, von Ozeanen oder Wüsten den Blick auf den weiten Weg gerichtet haben, der noch vor uns liegt. Die offene Straße lädt den Geist ein, über unseren Daseinszweck und unsere Leidenschaften nachzudenken und uns zu fragen, ob sich unser Leben so entfaltet, wie es uns entspricht.

Umherzureisen verbindet uns mit der Natur, mit Wachstum und Innenschau. Verbinden wir uns mit Dörfern und Städten jenseits unserer eigenen Heimat, gewinnen wir an Resilienz, Selbstvertrauen und Empathie für andere; an Verständnis für Diversität; an Offenheit für neue Herangehensweisen, innovative Ideen und Kreativität. Auf Reisen lernen wir, das Unerwartete willkommen zu heißen, Risiken einzugehen und uns aus unserer Komfortzone hinauszubewegen. Die Straße wird zum Praxistest für die metaphorischen Umwege, die wir im Leben so oft gehen müssen – und dafür, wie wir auf sie reagieren. Wir können sehen, wie wir mit Unsicherheiten umgehen.

Erinnerst du dich an die Schwarzmaler aus Kapitel 2? Einer dieser Zeitgenossen warnte mich, dass ich als Frau allein keine langen Strecken mit dem Auto fahren sollte. Ich bin viele Male an einem Wochenende von Ottawa nach Toronto und zurückgefahren. Seit mein Mann gestorben ist, bin ich mehr unterwegs, und gerade auf solch langen Strecken bin ich zu einigen der wichtigsten Entscheidungen in meinem Leben gelangt und habe buchstäblich erkannt, wohin die Reise in meinem Leben gehen soll – ob ich wieder heiraten sollte, wie ich im Beruf geschickt agieren könnte, welche Sparanlagen ich tätigen oder in welche Projekte ich investieren sollte.

Meine Familie und ich haben auf unseren Autofahrten bisher fast fünfzigtausend Kilometer zurückgelegt. Wir sind in verschiedenen Ländern und US-Staaten herumgereist (von Dubai bis Hawaii). Und auch an Wochenenden unternehmen wir Ausflüge mit dem Auto.

Einmal sind wir zum Beispiel von Ottawa nach New York City gefahren. Unterwegs machten wir in Washington, D.C., halt und besuchten verschiedene Museen. Für größere Familien (von fünf oder mehr Personen) ist es oft kostengünstiger, das Auto zu nehmen, statt zu fliegen. Als wir auf einem Roadtrip von Las Vegas zum Grand Canyon einen Zwischenstopp am Hoover-Damm einlegten (den manche als das achte Weltwunder bezeichnen), fasste mein Sohn Matthew den Entschluss, dass er einmal Ingenieur werden wollte. Der Anblick war auch wirklich Ehrfurcht gebietend: Die schiere Höhe der aufragenden Betonmauern und das tiefe Blau des Wassers zu ihren Füßen ließen die Welten, die er bislang mit Legosteinen erschaffen hatte, auf eine für ihn vorher unvorstellbare Weise lebendig werden. Es erwachte in ihm der Traum, Bauten zu entwerfen, die zu den größten der Erde gehörten.

REISEN FÜR MEHR KREATIVITÄT

Tim Ferriss hat sein Buch *Tools der Titanen* während eines Aufenthalts in Paris geschrieben, wo er an einer Romanwerkstatt teilnahm.

Ich weiß von einigen der Unternehmerinnen und Unternehmer, die ich für dieses Buch interviewt habe, dass ihnen die zündende Idee für ihr Geschäftsmodell oder eine lebensverändernde Mission auf Reisen gekommen ist. Allein den Aufenthaltsort zu wechseln, kann erheblichen Einfluss darauf haben, wie kreativ wir sind.

Nach Abschluss seines Studiums unternahm Greg Shepard, CEO der texanischen Reinigungsfirma *Dallas Maids,* eine einmonatige Europareise. Während der langen Zugfahrten von Ort zu Ort las er. Er fragte die drei Mitreisenden, mit denen er auf der Fahrt nach Griechenland das Abteil teilte, nach ihrem absoluten Lieblingsbuch. Er besorgte sich alle drei. So entdeckte er seine Liebe fürs Lesen. Die Literatur eröffnete ihm eine Welt des Wissens, die sein Leben auf völlig unerwartete Weise bereicherte. Seine Leidenschaft für Bücher ermöglichte ihm, das erste seiner vielen Unternehmen zu gründen. Zudem trug sie dazu bei, ein Immobilien-Portfolio aufzubauen. »Der Reise, die meine Eltern mir nach dem Studium ermöglichten, verdanke ich eine bessere Bildung, als ich sie an der Uni bekommen habe.«

Ähnliches berichtet die Musiksäge-Spielerin Natalia »Saw Lady« Paruz. (Sie spielte die Musiksäge in Filmsoundtracks wie *Time Out of Mind* mit Richard Gere und trat im Film *Dummy* mit Adrien Brody auf, um nur einige Beispiele ihres künstlerischen Schaffens zu nennen.) Bei ihr war es eine Reise nach Österreich, die ihr Leben veränderte. Sie war von einem Auto angefahren worden, und der Unfall hatte ihrer bisherigen Karriere als Profitänzerin ein Ende gesetzt. Als ihr klar wurde, dass sie nie wieder würde tanzen können, war sie am Boden zerstört. Sie sei »die Wände hochgegangen«, erzählte sie mir in unserem Gespräch, und habe nicht gewusst, was sie mit ihrem Leben anfangen sollte.

Um sie auf andere Gedanken zu bringen, nahmen ihre Eltern sie mit auf eine Reise nach Österreich, weil ihr Lieblingsfilm während ihrer Kindheit *Meine Lieder – meine Träume* gewesen war. Es funktionierte. Sie gewann eine neue Perspektive, ist jetzt glücklich und zufrieden und lebt das Leben, das sie sich erträumt hat.

Kristi Carlson, Autorin des auf der beliebten TV-Serie *Gilmore Girls* basierenden Amazon-Bestsellers *Eat Like a Gilmore: Das inoffizielle Kochbuch für Fans der Gilmore Girls,* berichtet, dass sie im September 2015 sechs Wochen lang als Tourneemanagerin mit der Band ihres Mannes, *Kicking Harold,* unterwegs war. Während dieser Zeit kündigte sie ihren Bürojob in dem Unternehmen, für das sie sieben Jahre lang gearbeitet hatte. Die vielen Stunden, die sie im Tourneebus unterwegs war, nutzte sie, um zu recherchieren und die Notizen zu machen, die ihr letztlich als Basis für ihr erstes Kochbuch dienten. Die Langeweile, die sie sich während des Roadtrips vertreiben musste, wurde für sie zur Inspiration.

Mach es wie Kirsti und andere, die es ihr gleichgetan haben. Geh auf Reisen. Fahre irgendwo hin, wo deine Kreativität ebenso plötzlich aufblüht wie im Frühling die Kirschbäume in Washington, D.C., und sich dir Welten und Ideen eröffnen, die du dir nie erträumt hättest.

10

LEBENSLANGES LERNEN (EINSCHLIESSLICH ANTI-RASSISMUS UND GENDER-GLEICHSTELLUNG)

Eine Investition in Wissen bringt noch immer die besten Zinsen.

– Benjamin Franklin

Für uns Frauen, die wir am Aufbau unseres holistischen Wohlstands arbeiten, ist lebenslanges Lernen sowohl auf der individuellen als auch auf der kollektiven Ebene von Gewinn: Wir werden stärker, gesünder, wohlhabender und wachsen ganzheitlicher. Voraussetzung dafür ist, dass *alle* Frauen Zugang zu Chancen und Bildung haben. Das Fundament dieses Kapitels und der Weg zu ganzheitlichem Wohlstand ruht auf dem Prinzip des lebenslangen Lernens. Um dieses Konzept optimal in die Praxis umzusetzen, ist es sowohl für Individuen als auch für Unternehmen entscheidend, Bildung als fortwährende Aufgabe zu begreifen. Eine solide Anti-Rassismus-Schulung sollte darin einen festen Platz haben, um Hass und Unterdrückung ein für alle Mal ein Ende zu bereiten.

Auch das Gesetz der Fülle spielt in das Konzept des lebenslangen Lernens hinein. Die Gesellschaft neigt dazu, der menschlichen Weiterentwicklung aus einer Haltung des Mangels heraus zu begegnen. Mit dem Glauben an die Begrenztheit der Ressourcen geht ein Glaube an Entropie einher – an das Zusammenbrechen, die Auflösung oder allmähliche Auszehrung des jeweils Vorhandenen. Kehren Frauen nach ihrem Mutterschaftsurlaub oder einer Zeit, in der sie häusliche Pflege geleistet haben, wieder ins Arbeitsleben zurück, drückt man ihnen den Stempel des »Fähigkeitsschwunds« auf. Dementsprechend überträgt man ihnen Aufgaben, die man für weniger wichtig hält, entzieht ihnen die direkten Zuständigkeiten und missachtet und negiert ihre frühere Berufserfahrung, was sich im Laufe der Zeit in weniger Beförderungen und einem geringeren Lohn- oder Gehaltszuwachs äußert.

Sandra Florian, Postdoktorandin in der Abteilung für Soziologie und dem Zentrum für Bevölkerungsstudien der *University of Pennsylvania,* hat in einer Studie nachgewiesen, dass Frauen für jedes Kind, das sie zur Welt bringen, 5 bis 10 Prozent ihres Einkommens einbüßen.[17]

Ihre Erfahrungen nach der Rückkehr aus dem Mutterschaftsurlaub beschreibt die Bestsellerautorin Eve Rodsky so:

> Während meines Mutterschaftsurlaubs nahm man mir die Verantwortung für meine direkten Untergebenen weg. Das Gefühl, dass an meiner Position gesägt wurde, verstärkte sich: War ich

17 Jacob Williamson-Rea, »Becoming a Mother Reduces a Woman's Earning Potential by up to 10 Percent per Child«, Penn Today, 20. November 2018, https://penntoday.upenn.edu/news/becoming-mother-reduces-womans-earning-potential-10-percent-child.

> im Büro, wurde ich überwacht, war ich es nicht, weil ich mutterschaftsbedingt zu Hause blieb, fühlte ich mich bestraft, weil mir meine Mitarbeiterinnen weggenommen wurden. Mit der Zeit fühlte es sich an wie ein Tod durch tausend Schnitte, bis zu dem Punkt, an dem man hinausgedrängt wird, wegen dieser ... groben Voreingenommenheit, die man nicht wirklich fassen kann; und für farbige Frauen ist es offensichtlich noch viel schlimmer.

Die »Care-Ökonomie« wurde 2019 mit 648 Milliarden Dollar beziffert (laut einem neuen Bericht von *The Holding Co.*).[18] Trotzdem wird der von Frauen geleistete Beitrag noch immer weder am Arbeitsplatz noch beim Einkommen adäquat berücksichtigt oder anerkannt. Die innere Ausrichtung auf holistischen Wohlstand muss in unseren Institutionen und Unternehmen Fuß fassen, damit sich etwas systemisch verändern kann.

Was fehlt, ist die allgemeine Anerkennung der Tatsache, dass wir das menschliche Gehirn selbst dann bereichern, wenn wir nicht am Schreibtisch sitzen. Dabei ist alles im Leben intelligent, inklusive der Natur, die die ureigene Basis unserer Existenz bildet. Das Universum entwickelt sich ständig weiter. Wenn Frauen Leben schöpfen und aus ihrem Körper neue Menschen hervorbringen, wird ihnen ein Zuwachs an Zellen zuteil, wie es dem Wesen der Natur entspricht. Alles wirkt symbiotisch ineinander. Aber das Etikett des »Fähigkeitsschwunds« erlaubt bestimmten Personen, Kontrolle auszuüben. Es handelt sich hierbei um eine

---

18 »Care Economy Sized at $648 Billion and Poised to Grow Rapidly«, PR Newswire, 14. Juli 2021, https://www.prnewswire.com/news-releases/care-economy-sized-at-648-billion-and-poised-to-grow-rapidly-301333403.html.

sozial konstruierte Einstellung, die zu Ungleichheit und Armut führt. Sie resultiert aus einer Mentalität des Mangels, die sich für bestimmte Gruppen als in hohem Maße diskriminierend erweist.

In meinen Augen sind die weltweite Ungleichverteilung des Wohlstands und die existierenden Unausgewogenheiten die größte Bedrohung unserer wirtschaftlichen Stabilität. Eine weitere große Bedrohung ist nach meiner Überzeugung das Problem des Rassismus und der systemischen Unterdrückung.

Wir befinden uns an einem wichtigen Punkt unserer Geschichte, insbesondere wenn es um Frauen, Gender-Gleichheit, Rassismus und soziale Gerechtigkeit geht. Studien zeigen, dass Frauen generell unverhältnismäßig hart von wirtschaftlicher Unsicherheit betroffen sind. Laut *UN Women* erhalten Frauen weltweit eine um durchschnittlich 16 Prozent geringere Bezahlung als Männer.[19]

Nimmt man Frauen aller Rassen zusammen, liegt ihr Verdienst bei 82 US-Cent für jeden Dollar, den ein männlicher Kollege kassiert. Bei schwarzen Frauen sind es nur 63 US-Cent. Mit anderen Worten, eine schwarze Frau müsste bis zum Alter von 86 Jahren arbeiten, um das Geld zu bekommen, das ein Mann bis zum Alter von 60 Jahren verdient. Und für schwarze berufstätige Mütter verschärft sich die Lage noch einmal: Sie erhalten nur 52 Cent für jeden Dollar, den ein Mann verdient.[20]

Auch ich habe als schwarze Frau im Beruf Erfahrungen mit Rassismus gemacht. Ich erinnere mich, wie ich in einer beruflichen Mission auf höchstem Niveau um den halben Globus

---

19 »Everything You Need to Know About Pushing for Equal Pay«, UN Women, 14. September 2020, https://www.unwomen.org/en/news/stories/2020/9/explainer-everything-you-need-to-know-about-equal-pay.

20 Sharon Epperson, »Black Women Make Nearly $ 1 Million Less than White Men during Their Careers«, CNBC, 3. August 2021, https://www.cnbc.com/2021/08/03/black-women-make-1-million-less-than-white-men-during-their-careers.html.

reiste – einer Mission, bei der meine Anwesenheit als einzige schwarze Frau in einer Gruppe von überwiegend weißen Männern als historisch gelten konnte. An dem Nachmittag, an dem wir den zweiten Abschnitt unserer Reise antreten sollten, standen wir neben unseren gepackten Koffern in der Lobby des Hotels und nutzten die Wartezeit für ein spontanes Meeting. Als es vorbei war, schaute mich einer der Männer – er hatte eine leitende Funktion – mit prüfendem Blick an und fragte vor versammelter Mannschaft: »Sind Sie hier, um sich um das Gepäck zu kümmern?«

Natürlich wusste er genau, welche Position ich hatte – wir waren im Flugzeug zusammen um den halben Globus gereist. Wir hatten bis zu diesem Moment gemeinsam an einer strategisch wichtigen Initiative gearbeitet, die ich mit meinen Ideen und meiner *Brainpower* aus dem Nichts gestaltet hatte. Und doch wurden mein Beitrag und meine Rolle innerhalb von Sekundenbruchteilen auf das Handling des Gepäcks reduziert.

Die anderen in der Gruppe starrten mich an. Ihr Schweigen war absolut, die Stille ohrenbetäubend. In diesem Moment wurde mir klar, dass sich mein Wert als Mensch in den Augen anderer einzig an meiner Hautfarbe bemaß, ganz gleich, wie es um meinen Intellekt bestellt oder ob meine Anwesenheit als Meilenstein in der Geschichte zu betrachten war. Es erinnerte mich an den Film und das Buch *Hidden Figures – Unerkannte Heldinnen*, wo gezeigt wird, wie schwarze Frauen, die an der vordersten Front von Innovation und Geschichte gestanden und neue Horizonte erschlossen hatten, dennoch im Hintergrund bleiben mussten – gedemütigt und beschämt, ihr Wissen und ihre geistige Leistung gestohlen, ihr Beitrag und ihre Rolle verleugnet.

An jenem Tag versuchte mein Kollege, die Geschichte auszulöschen, indem er meine Rolle und Funktion umformulierte. Im Interesse der Generationen, die mir nachfolgen, werde ich dies nicht zulassen. Ich trage das Gewicht der Generationen vor und nach mir auf den Schultern – Generationen von schwarzen Frauen und Männern, die systematischer Unterdrückung und Rassismus ausgesetzt waren.

Ich habe erkannt, dass du die Welt nicht verändern kannst, indem du schweigst. Den Mund zu halten, bringt keinen Fortschritt für die Zukunft unserer Kinder. Wenn ich diese Geschichte teile, so nicht, um jemanden zu verurteilen, sondern um alle einzuladen, sich in die Erfahrungswelt von Minderheiten einzufühlen, damit wir alle etwas lernen und Heilung geschehen kann. Es kann keine ganzheitliche Heilung für manche gesellschaftlichen Gruppen geben, wenn es an dauerhaftem Engagement und fortwährender Versöhnung fehlt.

Nach den vom Tod von George Floyd ausgelösten Protesten bekannten sich viele Organisationen dazu, sich auf der Basis antirassistischer Ideale radikal zu transformieren. Wir hatten große Hoffnungen, den Aufbruch in eine neue Ära – eine Art Rassenrevolution – zu erleben, die frischen Wind in die Arbeitswelt bringen würde. Einer neueren Studie zufolge sind von den von Unternehmen zur Förderung der Rassengleichheit zugesagten 50 Milliarden US-Dollar bisher nur 250 Millionen Dollar ausgegeben worden.[21] Wieder eine öffentlichkeitswirksame Demonstration von Unterstützertum, die im Sande verlaufen ist.

Wir müssen uns mit den Fragen von Rassismus und wirtschaftlicher Gender-Ungleichheit auseinandersetzen, um die Voraussetzungen für eine bessere Zukunft zu schaffen. Gehen wir diese Herausforderung nicht beherzt und mit Dringlichkeit an, verschleppen wir eine Krise massiven Ausmaßes, die sich durch den technologischen Fortschritt und Wandel noch zusätzlich

---

21 Michael Harriot, »It Turns Out, All Those ›Woke‹ White Allies Were Lying«, *The Root,* 24. Mai 2021, https://www.google.ca/amp/s/www.theroot.com/it-turns-out-all-those-woke-white-allies-were-lying-1846959017/amp.

verstärken wird. Die vulnerablen gesellschaftlichen Gruppen werden zurückgelassen. Insbesondere Frauen und Kinder werden leiden. Wir brauchen signifikante, transformatorische Anti-Rassismus-Initiativen in unseren Organisationen und am Arbeitsplatz, gepaart mit Maßnahmen, um Täter zur Rechenschaft zu ziehen und mit aller Härte gegen Verstöße von Leuten vorzugehen, die rassistische Ideale hochhalten und bestimmte Gruppen vom Erreichen von Wohlstand auszuschließen versuchen. Frauen brauchen flexible Arbeitsbedingungen, Unterstützung am Arbeitsplatz und gleiche Bezahlung.

Wir bieten am *Institute on Holistic Wealth* ein komplettes Modul zu Anti-Rassismus und Gender-Gleichheit an. Weltweit engagieren sich zertifizierte *Holistic Wealth™ Consultants* in Bildungsprojekten vor Ort und unterstützen lokale Einrichtungen und Organisationen, die mit Kindern und Jugendlichen arbeiten, etwa die *Girl Guides* und andere Gruppen, sowie Institutionen, die Unternehmen Wege bei der Weiterentwicklung und Expansion ihres Geschäftsmodells aufzeigen. *Holistic Wealth™ Consultants* kommen aus allen Bereichen und Branchen und wenden ihre Fähigkeiten und Erfahrungen an, um ihre Klienten bei der Umsetzung von holistischen Zielen zu unterstützen und auch zukünftige Generationen auszubilden. Jede Organisation sollte in ihren Teams und ihren Führungsstrukturen eingebettete *Holistic Wealth™ Consultants* haben. Mit genau diesem Ziel vor Augen arbeitet das *Institute on Holistic Wealth* mit vielen Organisationen zusammen.

Unsere Zukunft hängt von einer Generation ab, die über die Fähigkeit verfügt, sich von einschneidenden Rückschlägen zu erholen. Das Weltwirtschaftsforum nennt als wichtigste Fähigkeiten, die von Arbeitnehmern im Jahr 2025 gefordert werden, Dinge wie analytisches Denken und Innovationsgabe, aktives Lernen, komplexe Problemlösungsfähigkeiten, kritisches Denken, Kreativität, Führungsqualitäten, Skills in Technologienutzung und -gestaltung, Stresstoleranz und Flexibilität – genau jene Fähigkeiten also, die gestärkt werden, wenn wir durch Zäsuren in unserem Leben gezwungen werden, uns neu zu erfinden. Um sie zu stärken, müssen wir sicherstellen, dass unser Bildungssystem bereits im Vorfeld von Krisen die passende Toolbox zur Verfügung stellt.

Die innere Ausrichtung auf holistischen Wohlstand – das, was ich *Holistic Wealth Mindset* nenne – erlaubt uns, einschneidende Lebensereignisse als ultimative Chance zu nutzen. Es handelt sich hier um ein Konzept zum Umgang mit Herausforderungen, das in Schulen erfolgreich gelehrt werden könnte. Es wird immer wichtiger, komplexen oder unklar umrissenen, mehrdeutigen Problemstellungen oder Thematiken auf den Grund zu gehen, für die es nur vage Lösungsansätze und keinen eindeutigen Weg in die Zukunft zu geben scheint.

Es gilt, neue Ansätze zu finden, um im konventionellen Unterricht besonders Mädchen zu erreichen, die vor MINT-Fächern und der Suche nach Problemlösungen eher zurückschrecken. Im März 2019 wurde in einem Artikel auf der Website der Vereinten Nationen darauf hingewiesen, dass trotz intensiver Bemühungen um Geschlechtergleichstellung nur 13 Prozent der Mädchen in MINT-Fächern eingeschrieben sind.[22] Es ist dringend notwendig, die Verhandlungs- und Entscheidungsfähigkeiten von Mädchen zu stärken.

Frauen werden in der Arbeitswelt aufgrund von Schwangerschaft und Mutterschaft massiv benachteiligt. Es ist wie ein Teufelskreis, der niemals endet. Wenn das kleine Mädchen, das da aufwächst, als junge Frau auch noch ihren Mann verliert und sich eine Auszeit nehmen muss, um sich um ihre kleinen Kinder zu

22 »Despite Progress, Companies Face Gender Equality ›Backlash‹« *UN News*, 18. März 2019, https://news.un.org/en/story/2019/03/1034891.

kümmern, macht man ihr dann bei ihrer Rückkehr in den Beruf noch zusätzlich das Leben schwer? Schiebt man sie ins Abseits und überträgt ihr Aufgaben, die weder ihrem Ausbildungsniveau noch ihrer Erfahrung entsprechen, um sie für ein Verbrechen zu bestrafen, das sie nicht begangen hat? Wird sie als alleinerziehende Mutter eine Chance zum Aufstieg bekommen? Lebenslanges Lernen ist immer entscheidend – insbesondere für Frauen und Mädchen –, denn es öffnet Türen und schafft Optionen zur beruflichen Veränderung, für Mobilität und Wachstum.

Vor diesem Wissenshintergrund und angesichts meiner persönlichen Erfahrungen werde ich meiner Tochter nie sagen, dass man nur eine Art von Frau sein kann. Während die Gesellschaft Jungen beibringt, dass sie endlose Möglichkeiten haben, wird Mädchen in den Medien – sowie von jenen Firmen, in denen immer noch kein Wert auf Gender- und Rassendiversität gelegt wird – weiterhin die Botschaft vermittelt, dass ihre Welt begrenzt sei.

Ich werde meine Tochter lehren, dass sie über ein grenzenloses Potenzial verfügt, und sie anleiten, selbstbewusst und mutig durchs Leben zu gehen. Auch werde ich ihr sagen, dass sie den Respekt einfordern soll, den sie zu verdienen glaubt. Ich werde ihr sagen, dass ihr Selbstwert nicht zur Disposition steht. Es steht ihr zu, für gleiche Arbeit den gleichen Lohn wie ein Mann zu bekommen. Es steht ihr zu, dass man ihr geeignete Schulungs- und Fortbildungsmöglichkeiten anbietet, damit sie beruflich aufsteigen kann. Sie hat es verdient, dass man ihr keine »Mutter-Strafe« auferlegt, wenn sie nach der Geburt eines Kindes an den Arbeitsplatz zurückkehrt. Und weißt du, warum? Weil sie diejenige sein wird, die für ihre Familie – und kumulativ die Gesellschaft – sorgen wird, falls ihr Mann sterben sollte oder sie geschieden wird. Macht die Gesellschaft ihre kleinen Mädchen stark genug? Ich glaube nicht.

Auch meine beiden Jungs betrachte ich heute mit anderen Augen. Ich werde ihnen beibringen, Mädchen – und später Frauen – als echte Partner zu behandeln. Ich werde ihnen sagen, dass die Frau, die sie einmal heiraten, eines Tages vielleicht ihre Kinder allein wird großziehen müssen. Ist sie stark genug, um diese Aufgabe zu stemmen? Ist ausreichend für ihre Familie vorgesorgt, falls etwas Derartiges passiert?

Im Reich des holistischen Wohlstands ist lebenslanges Lernen die Währung, mit der wir sicherstellen, relevant zu bleiben. Und hier ist nicht das Lernen im Klassenzimmer gemeint (obwohl dieses von entscheidender Wichtigkeit ist). Es geht darum, uns und unsere Kinder auf radikal neue Weise weiterzubilden, um auf der Ebene des Einzelnen, von Unternehmen und anderen Organisationen sowie der Gesellschaft im Allgemeinen das Ziel von Rassen- und Gender-Gerechtigkeit zu erreichen. Es ist ein Resilienz-Werkzeug, das wir für den Umgang mit Schwierigkeiten im Leben brauchen.

Um deinen eigenen holistischen Wohlstand zu mehren, überlege dir, was du lernen solltest, um deine Resilienz im unvermeidbaren Auf und Ab des Lebens zu stärken. Frage dich auch, welche Weiterbildungsmöglichkeiten du zur Förderung des Allgemeinwohls anderen empfehlen oder anbieten könntest.

11

DAS WORT *NEIN*

Es ist leicht, »Nein« zu sagen, wenn ein tiefes »Ja« in dir brennt.

– Stephen Covey

An dem Tag, an dem mein Mann starb, ging er noch zur Arbeit. Er blieb den ganzen Tag dort, bis fünf Uhr abends. Während dieser ganzen Zeit blutete der Tumor. Er blutete und blutete. Nach Aussage der Ärzte dürfte er infolgedessen zwar einen Druck im Bauchbereich gespürt haben, aber keine starken Schmerzen, denn anfangs sickerte nur wenig Blut heraus. Es war noch kein Sturzbach. Dies wäre ein guter Moment gewesen, um den Job Job sein zu lassen, zum Arzt – oder in die Notaufnahme – zu gehen und nachschauen zu lassen, was es mit dem Druckgefühl in seinem Bauch auf sich hatte.

Er aber tat nichts dergleichen und wartete den Feierabend ab. Da hatte der Sturzbach bereits eingesetzt, und die Zeit arbeitete gegen ihn. Als ich an jenem Tag mit ihm telefonierte, wartete eine Schlange von Kollegen vor seiner Tür, die alle wollten, dass er einen Blick auf ihre Arbeit warf. Dass sie alle zu ihm kamen, war in den letzten Wochen und Monaten allmählich zur Routine geworden. Er war Finanzmanager und genial im Zahlenjonglieren, und so verließen sich seine Kolleginnen und Kollegen gern auf sein Urteil. Manche derjenigen, die bei ihm Schlange standen, waren erfahrene Leute, die auf der Hierarchieleiter über ihm standen.

Er hatte mir gegenüber erwähnt, dass er sich gestresst fühlte und erschöpft war. Ich würde meinen Mann nicht als Workaholic bezeichnen, aber es war ihm wichtig, für seinen Arbeitgeber unentbehrlich zu sein. Es war etwas, worauf er stolz war und was er während seiner kurzen, aber hoch erfolgreichen Karriere immer wieder erwähnte.

Die Präsenz am Arbeitsplatz um jeden Preis, die in einer »Gefängniskultur« (wie Leslie Forde es nannte) münden, bei der Beschäftigte von neun bis fünf in ihren Büros eingesperrt sind, wurde durch die COVID-19-Pandemie etwas aufgeweicht. Doch es ist nach wie vor ein Problem, wenn Maßnahmen zur Selbstfürsorge im Unternehmen nicht unterstützt werden und man nicht flexibel genug ist, um aufstehen und losrennen zu können, wenn man spürt, dass es im wahrsten Sinn des Wortes ums eigene Überleben geht. Nein zu sagen, ist ein lebenswichtiges Werkzeug.

Hätte mein Mann Nein zu den wartenden Kolleginnen und Kollegen gesagt, wäre ihm vielleicht mehr Zeit geblieben. Stattdessen traf er während der Arbeitszeit unter großem Stress und in einem Zustand der geistigen Erschöpfung in einer Frage um Leben und Tod eine Entscheidung. Viele von uns treffen während der Arbeitszeit, ohne es zu wissen, solche existenziellen Entscheidungen – unter einem extremen Maß an mentalem Stress und in Panik. Wenn man derart unter Druck steht, ist es schwierig, sich beherzt für die eigenen Belange einzusetzen. Nein zu sagen, ist kein Zeichen von Schwäche. Manchmal ist es ein Zeichen von Stärke. Mein Mann war einer der stärksten Menschen, die ich kannte, aber manchmal meinen wir eben, die Zeit auf unserer Seite zu haben. Je nach Kontext kann in manchen Situationen ein Nein deine Familie retten, deine Ehe, dein Leben.

Während COVID-19 haben viele Arbeitnehmer begonnen,

ihre Stimme zu erheben, um Nein zu repressiven Arbeitsbedingungen zu sagen. Es ist kein Wunder, dass wir nach der Pandemie eine massive Kündigungswelle erlebt haben. Vielen Beschäftigten graute davor, wieder ganztags ins Büro zu gehen und das flexiblere Arbeiten im Homeoffice aufzugeben. Wie ich im *Holistic Wealth*-Podcast im Gespräch mit Bestsellerautorin Eve Rodsky besprochen habe, ist für viele die freie Wahl des Arbeitsortes – und die freie Zeiteinteilung – zum holistischen Vermögenswert geworden. Dies ist einer der Hauptgründe, warum ich das *Institute on Holistic Wealth* gegründet habe. Es bietet verschiedene Kurse wie die Ausbildung zum *Certified Holistic Wealth™ Consultant* an, in denen die Teilnehmenden lernen, die Kontrolle über ihre Zeit und ihr Geld zu erlangen. Eine eigene Online-Plattform unterstützt Mitglieder zudem, sich ein im holistischen Sinne reiches Leben aufzubauen.

Wie oft hast du Ja gesagt, wenn du eigentlich lieber Nein gesagt hättest? Was war der Preis für dieses Ja? Wie viel Energie, Geld, Zeit oder mentalen Stress hat es dich gekostet? In einer Welt, in der Authentizität immer unverzichtbarer wird, muss es unser Ziel sein, uns selbst treu zu bleiben. Solange wir uns die Meinung anderer zum Maßstab machen und in der Rolle von *People-Pleasern* bleiben, schneiden wir uns von unserem Selbstempfinden ab und müssen uns bei anderen Bestätigung holen. Es beraubt uns des Gefühls, wirklich unabhängig zu sein. Das Wort *Nein* ist ein Habenposten auf unserem holistischen Konto, denn es mehrt unser Guthaben an Lebensenergie. Setz es ein, um ein stärkeres Gefühl für dich selbst zu gewinnen – dafür, was dir wichtig ist und wo du deine Zeit und Energie investieren möchtest.

Wenn du dir selbst im Leben treu sein und mutig zu deinen Gefühlen stehen willst, kommst du nicht umhin, die Kunst des Neinsagens zu erlernen. Dies wird in dem Buch *Die fünf Dinge, die Sterbende am meisten bereuen* der australischen Palliativpflegerin Bronnie Ware bestätigt. Sie schreibt: »Die Dinge, die Sterbende am meisten bedauern, betreffen den Wunsch, authentischer zu sein, nicht so viel zu arbeiten, die eigenen wahren Gefühle auszudrücken, den Kontakt zu Freunden zu halten und mehr Freude im Leben zu finden.«

Holistischer Wohlstand heißt, das eigene Leben absichtsvoll zu gestalteten, und dazu gehört, authentischer zu sein und der Vision, die du von dir und deiner Zukunft hast, treu zu folgen. Nein zu sagen, kann sich auf diesem Weg in den verschiedensten Situationen als notwendig erweisen. Es ist wichtig, zu Ansinnen und Forderungen, die nicht im Rahmen deiner Vision liegen oder dir physisch, mental oder auch finanziell schaden können, Nein zu sagen. Viele der von Bronnie Ware beschriebenen Dinge, die Sterbende bedauern, haben eines gemeinsam: ein Element des Neinsagens. Nein zu den Forderungen der Gesellschaft; Nein dazu, sich nicht zu trauen, die eigenen Gefühle zum Ausdruck zu bringen, Nein zu Entscheidungen, die finanzielle Gefahren bergen.

NEIN SAGEN IM JOB

Nein sagen im Job kann eine heikle Sache sein. Wenn du dir ein gewisses Image aufgebaut hast, dir mit diversen Projekten einen guten Ruf geschaffen und dich als fähige Führungskraft erwiesen hast, kann der Druck noch größer sein. Hier geht es darum, einen eleganten Ausweg zu finden.

Noch nie gab es so viele Fälle von Burn-out, der in Angstzuständen und Depressionen münden kann. Laut Weltgesundheitsorganisation (WHO) belaufen sich die jährlichen Kosten für Depressionen und Angstzustände am Arbeitsplatz weltweit auf eine Billion US-Dollar. Schätzungen des Weltwirtschaftsforums zufolge könnte die globale psychische Gesundheitskrise bis 2030 die Weltwirtschaft 16 Billionen US-Dollar kosten.

Wir müssen sichere Umgebungen schaffen, in denen Menschen Pausen einlegen können. Bei der Auswahl künftiger Führungskräfte und im bestehenden Management sollten Fähigkeiten wie Empathie, aktives Zuhören, emotionale Intelligenz und Resilienz zu Kernkompetenzen erhoben werden. Solltest du dich an deinem Arbeitsplatz nicht sicher genug fühlen, um zu sagen, dass du dich krank fühlst und deine persönliche Leistungsgrenze erreicht hast – welche Tools und Unterstützung brauchst du dann, um den Mut zum Neinsagen aufzubringen?

Tammy Gooler von *Loeb Coaching & Consulting* empfiehlt: »Damit ein Nein auf positive Resonanz stößt, muss es so formuliert werden, dass dabei gleichzeitig etwas Positives oder Zukunftsorientiertes angeboten wird. Grenzen zu setzen und anderen damit ein Beispiel zu geben, kann eine wirkungsvolle Art des Neinsagens sein, um gehört zu werden oder andere zu inspirieren. Ich bin ein großer Fan des »Yes, and!«-Prinzips. Sagst du »Ja und!«, schaffst du eine Situation, in der sich Menschen gehört fühlen und eher bereit sind zuzuhören.«

Keli Hammond, Unternehmerin und Autorin, berichtet:

> Ich als weibliche Führungskraft tat mich echt schwer, Nein zu sagen. Ich hatte das Gefühl, mich der Position, in die man mich befördert hatte, würdig erweisen zu müssen. Als schwarze Frau fühlte ich mich umso mehr unter Druck, andauernd beweisen zu müssen, dass ich in der ersten Liga spielte. Schließlich hatte ich selbst erlebt, wie Kollegen nach anderen Frauen aus Minderheiten ausgekeilt und sie gemobbt hatten, nachdem sie bestimmte Aufgaben nicht unhinterfragt

übernehmen wollten. Neunzig Prozent der Zeit war ich die einzige schwarze Frau im Raum, und ich meinte, all die repräsentieren zu müssen, die mir irgendwann einmal nachfolgen würden. Darum nahm ich alles an, bis ich irgendwann mental und physisch so erschöpft war, dass ich kaum noch wusste, welcher Wochentag war. Meine Produktivität litt, weil es mich ständig in so viele verschiedene Richtungen zog, und der Stress schadete meiner Gesundheit.

Heute bin ich selbst Unternehmerin und sage mir ständig, dass es okay ist, Nein zu sagen. Ich bin sehr wählerisch, was die Auswahl neuer Klienten betrifft. In einer Leitungsposition ist es ganz normal, verschiedene Hüte aufzuhaben. Nein zu sagen, ist unvermeidbar, sonst wirst du verrückt. Ich habe gelernt, dass Neinsagen echte Vorteile bringt und notwendig ist, um erfolgreich zu sein.

IN DER POST-PANDEMISCHEN ÄRA NEUE GRENZEN SETZEN

COVID-19 hat eine Ära eingeläutet, in der Selbstfürsorge und das Bedürfnis nach einer absichtsvolleren Lebensgestaltung einen immer höheren Stellenwert genießen. Viele von uns haben während der Pandemie neue Grenzen gezogen. Manche mussten Homeschooling, Homeoffice und Haushaltspflichten unter einen Hut bringen.

Wir alle brauchen mehr Planungssicherheit, Flexibilität und Eigenständigkeit in der Frage, wie, wo und wann wir arbeiten.

Frauen müssen zu Anwältinnen in eigener Sache werden und fordern, was sie brauchen, um sich ein für sie passendes Umfeld zu schaffen. Bietet ein Arbeitsplatz diese wichtigen Supportfunktionen nicht, musst du dir selbst dein Leben so gestalten, dass du dich darin authentisch entfalten kannst.

Lernen wir, im Job und auf anderen Gebieten unseres Lebens Nein zu sagen, fördern wir damit eine Kultur, in der Werte wie Gesundheit und Wohlbefinden endlich den ihnen gebührenden Stellenwert bekommen. Gib dem Wort *Nein* mehr Raum in deinem Vokabular, und du wirst erleben, wie sich deine Reserven aufzufüllen beginnen.

DEIN PORTFOLIO: LEBENSZIELE

In Teil I habe ich dir elf Lektionen vorgestellt, in denen du lernst, wie du dir mit einer absichtsvollen Lebensgestaltung holistischen Wohlstand aufbauen kannst:

1. Gut leben
2. Zu deinen eigenen Bedingungen leben
3. Dein persönliches Leitbild
4. Klug gewählte Ziele
5. Dein unvergleichliches Selbst
6. Ein Sabbatical
7. Leben in jedem Augenblick
8. Im Einklang mit der Natur sein
9. Roadtrips
10. Lebenslanges Lernen (einschließlich Anti-Rassismus und Gender-Gleichstellung)
11. Das Wort *Nein*

Im Folgenden sind elf Dinge aufgelistet, die du tun kannst, um deinen holistischen Wohlstand zu mehren und deine Verbindung zu dir selbst und der Essenz deines Lebens zu vertiefen und an Resilienz für den Umgang mit Lebenskrisen zu gewinnen. Bei manchen Punkten handelt es sich einfach um Fragen, über die es sich nachzudenken lohnt. Bedenke, dass nach innen zu schauen und dich selbst besser kennenzulernen, die ersten Schritte hin zu einem absichtsvoll gestalteten Leben sind. Mach eines – oder alles –, was auf dieser Liste steht:

1. Denke darüber nach, was ein gut gelebtes Leben für dich bedeuten könnte. Schreibe es auf und verwende deine Notizen, um dein persönliches Leitbild – dein *Personal Mission Statement* – zu formulieren.
2. Denke darüber nach, was es an Negativität in deinem Leben gibt, ob durch den Einfluss anderer (Schwarzmaler) oder woher auch immer. Formuliere eine Affirmation, die dir hilft, negative Kommentare und Emotionen zu überwinden.
3. Formuliere dein persönliches Leitbild – dein *Personal Mission Statement*. Führe darin die Werte auf, die dir am meisten am Herzen liegen, und entwirf eine Vision des Vermächtnisses, das du einmal hinterlassen möchtest.
4. Bringe die kurz- und langfristigen Ziele zu Papier, die dir helfen, deine Träume zu verwirklichen.
5. Denke nach, in welchen Punkten du dich mit anderen vergleichst. Analysiere die dahinterliegenden Gedankenmuster. Welche Sätze könntest du dir stattdessen sagen? Schreibe sie auf und nutze sie einen Tag oder eine Woche lang als Affirmation.
6. Was wäre dein Traum-Sabbatical? Nimm dir zwanzig Minuten Zeit, um es zu beschreiben.
7. Nimm an einem Kurs in Achtsamkeitsmeditation teil oder arbeite zu Hause mit einer geführten Meditation. (Eine große Auswahl von geführten Meditationen findest du auf Plattformen wie Apple Music.)
8. Mach einen Spaziergang draußen in der Natur, lehne dich an einen Baum, ob im Park oder im eigenen Garten, oder schau dir schöne Landschaftsbilder an.
9. Unternimm einen Roadtrip quer durchs Land oder fahre ein-

fach eine x-beliebige Landstraße irgendwo in deiner Nähe entlang.

10. Wähle ein Wissensgebiet, in dem du dich weiterbilden kannst, um deine finanzielle oder berufliche Situation zu verbessern oder etwas für dein geistiges Wohl zu tun.
11. Übe »Ja, und!« oder »Nein« zu sagen, um im Job – oder anderswo – eine Grenze zu setzen.

TEIL II

FINANZIELLE UNABHÄNGIGKEIT

12

DEINE PERSÖNLICHE FINANZIELLE IDENTITÄT

Deine ganzen Muster und Programmierungen und die Dinge, die du in der Gesellschaft oder durch die elterliche Erziehung aufgeschnappt hast – all diese Dinge schaffen eine Wahrnehmung von dem, was du tun kannst und was du nicht tun kannst.

– Jena Sophia, im Gespräch mit Keisha Blair für den Holistic Wealth*-Podcast*

Um die Herausforderungen des Lebens meistern zu lernen, kommt es entscheidend darauf an, deine eigene finanzielle Identität zu kennen. Ohne dieses Wissen weißt du nicht, wie du ihre Stärken für dich nutzen kannst, und könntest darum mit deinem Einkommen sehr leicht an eine Decke stoßen. Als in der Phase des ersten COVID-19-Lockdowns die erste Ausgabe von *Holistic Wealth* erschienen war, bekam ich viele Anfragen von Leserinnen, die mich baten, ihnen beim Herausfinden ihrer finanziellen Identität zu helfen. Sie wollten eine klarere Vorstellung von ihrer finanziellen Situation gewinnen, zumal sich viele während der Pandemie Geldsorgen machten und nach Möglichkeiten suchten, ihr Geld für sich arbeiten zu lassen – also zu schauen, wie sie investieren, ihr Erspartes mehren und finanzielle Rückschläge besser verkraften könnten.

Um diesem Bedürfnis Rechnung zu tragen, habe ich eine Typologie der persönlichen finanziellen Identitäten entwickelt, zu der ich auch einen kostenlosen Test anbiete. Beides findest du auf der Webseite des *Institute on Holistic Wealth*. Siehe *Personal Financial Identity Framework* und *Personal Financial Identities Quiz* (in englischer Sprache). Sich die eigenen Daten einmal auf diese Weise anzuschauen, führte zu erstaunlichen Einsichten, insbesondere in Kombination mit den Interviews im *Holistic Wealth*-Podcast, wo meine Gäste auf der Basis ihrer eigenen Testergebnisse darüber sprachen, wie sich ihre finanzielle Identität auf ihre Investitions- und Ausgabenphilosophie ausgewirkt hat.

Inzwischen haben über tausend Nutzer den Test gemacht. Zu Pandemiezeiten hat sich gezeigt, dass die meisten sich als »minimalistisch« einstuften und ihre Ausgaben in hohem Maß in Einklang mit ihren Werten standen. Viele ordneten sich aber auch als »risikofreudig« bzw. »ängstlich« ein. Als »maximalistisch« bezeichneten sich nur wenige.

Während ich an dem Tool arbeitete, hatte ich einen Aha-Moment: Ich hatte bereits mit einunddreißig meine finanzielle Unabhängigkeit erlangt und mir ein Multimillionen-Dollar-Portfolio aufgebaut, weil ich mich mit meiner persönlichen finanziellen Identität voll im Einklang befand. Ich nutzte ihre Stärken, um Selbstbewusstheit zu entwickeln, für mich selbst einzustehen und meine Kräfte zu schonen. Schon als ich direkt nach dem Abschluss meines Studiums meinen ersten Job antrat, war mir unwohl bei dem Gedanken, beim Einkommen alles auf eine Karte zu setzen. Es schien mir einfach zu riskant. Ich hatte ein tief sitzendes, nagendes Gefühl, dass mein Leben am seidenen Faden hing, weil ich mein Geld komplett aus einer Quelle bezog: von meinem Gehalt.

Um authentisch leben und mir selbst wirklich treu sein zu können, musste ich dieser inneren Stimme folgen und eine Möglichkeit finden, mir mit entsprechenden Investitionen passive Einkommensquellen zu erschließen. Wie sich herausstellte, gehöre ich zu den Risikofreudigen. Die ticken in Bezug auf vorausschauendes Planen anders. Sie fühlen sich unwohl mit nur einer Einkommensquelle, denn es macht anfällig für einen wirtschaftlichen Totalausfall.

Später erkannte ich, dass meine persönliche finanzielle Identität mich nach dem Tod meines Mannes vor dem Ruin bewahrte. Dass ich zu dieser Identität stand – was eine der Säulen meines Portfolios zur persönlichen finanziellen Unabhängigkeit ist (siehe Ende dieses Kapitels) –, ermöglichte es mir, die Auszeit zu nehmen, die ich brauchte, um über das Trauma des Verlusts und meine Trauer hinwegzukommen. Mit einem solchen Polster im Rücken konnte ich die Angst überwinden, vorübergehend aus dem Job auszusteigen, auf Rang und Titel zu verzichten und ein unbezahltes Sabbatjahr anzutreten. Während ich mich meiner ganzheitlichen Heilung widmete, konnte ich davon zehren.

Als ich später Probleme mit meinem Rücken bekam und wieder Zeit zur Genesung brauchte, wurde mir noch einmal vor Augen geführt, wie entscheidend es ist, nicht nur über die finanziellen Mittel, sondern auch die richtigen Tools zu verfügen, um Rückschläge gleich welcher Größenordnung verkraften zu können. Genau diese findest du in der Beschäftigung mit deiner persönlichen finanziellen Identität (die die Basis deines Portfolios zur finanziellen Unabhängigkeit bildet).

In den Interviews, die ich für den *Holistic Wealth*-Podcast oder in anderem Zusammenhang geführt habe, berichteten mir Frauen immer wieder, dass ihnen von der Gesellschaft beigebracht worden sei, stets auf der sicheren Seite zu bleiben, um

Verluste zu vermeiden. Das Gesetz der Fülle besagt jedoch, dass es einen unbegrenzten Vorrat an Energie gibt und für stetigen Nachschub gesorgt ist. Willst du Erfolge in einer Größenordnung erzielen, die dir bisher verwehrt geblieben ist, musst du im Einklang mit deiner persönlichen finanziellen Identität sein. Um dein Leben zu deinen Bedingungen absichtsvoll zu gestalten, kommst du nicht umhin, sie zu ermitteln und ihre Stärken für dich zu nutzen.

DIE TYPOLOGIE DER PERSÖNLICHEN FINANZIELLEN IDENTITÄTEN

Die vier persönlichen finanziellen Identitäten (Vier Arten, über Geld zu reden)

Wie beeinflussen wir mit unserem Handeln unsere Fähigkeit, ganzheitlichen Wohlstand aufzubauen? Selbsterkenntnis ist hier der entscheidende Faktor! Kennen wir unsere finanzielle Identität, können wir vermeiden, in Gelddingen die Fehler von anderen zu wiederholen, und herausfinden, was uns in einer bestimmten Situation zum Erfolg führt oder scheitern lässt. Um erfolgreich zu sein, sind maximalistisch Veranlagte zum Beispiel stärker auf externe Kontrollmechanismen angewiesen, zeichnen sich aber gleichzeitig durch hervorragende soziale Interaktionen und die Fähigkeit aus, andere zu motivieren. Die Ängstlichen hingegen brauchen möglicherweise stärkere Booster für ihr Selbstvertrauen, positive Verstärker, vertieftes Wissen über die verschiedenen Investitionsmöglichkeiten sowie ein klar formuliertes persönliches Leitbild.

WARUM ES SICH LOHNT, DIE EIGENE FINANZIELLE IDENTITÄT ZU KENNEN

So etwas wie eine »beste« finanzielle Identität gibt es nicht. Welcher Typ wir sind, ist in unserer Persönlichkeit angelegt. Es geht in dieser Übung also nicht um »besser« oder »schlechter«. Die erfolgreichsten, wohlhabendsten, glücklichsten, gesündesten oder produktivsten Leute sind nicht die, die über diese oder jene finanzielle Identität verfügen; vielmehr haben sie gelernt, wie sie deren Stärken für sich nutzen und deren Schwächen ausgleichen können, um sich ein im ganzheitlichen Sinne reiches Leben aufzubauen.

Die Erkenntnisse, die wir durch die Arbeit mit den vier persönlichen finanziellen Identitäten gewinnen, lassen uns bessere Entscheidungen treffen, helfen uns, unsere Motivationen besser zu verstehen, zu unseren Stärken zu stehen, unsere Zeit produktiver zu nutzen und den Stress zu minimieren.

Die Typologie der persönlichen finanziellen Identitäten bietet uns die Möglichkeit, uns besser kennenzulernen. Keinesfalls soll es uns in unserem Identitätsgefühl oder Handlungsspielraum beschneiden. Es hilft uns zu begreifen, welches Verhältnis wir zu Geld haben und wie wir unsere Finanzentscheidungen treffen. Es soll uns also in keiner Weise einschränken oder ein Label aufdrücken, das uns ein für alle Mal auf einen bestimmten Typus festnagelt. Ziel ist vielmehr, uns auf verborgene Aspekte unserer Persönlichkeitsstruktur hinzuweisen. Es bietet Raum für Heilung, Empathie und auch tiefere Beziehungen, wenn wir es im Familienkontext, im Freundeskreis oder im Zusammensein mit einer Partnerin/einem Partner oder mit Kollegen/Kolleginnen anwenden.

Darüber hinaus ist es ein überaus hilfreiches Instrument, um unseren finanziellen *Mindset* zu heilen und innere Blockaden (einschließlich der familiär überlieferten) zu lösen, sodass wir in Gelddingen unser eigenes Drehbuch – unsere persönliche *Money-Story* – schreiben können.

Die Typologie der persönlichen finanziellen Identitäten basiert auf vier Hauptkriterien:

- **Gesamtschuldentoleranz:** Bereitschaft, beim Treffen von Finanzentscheidungen eine Kreditfinanzierung in Betracht zu ziehen.
- **Risikoprofil:** Bereitschaft, beim Treffen von Finanzentscheidungen zusätzliche Risiken einzugehen.
- **Erwartungen an andere:** Bereitschaft, die Erwartungen anderer zu erfüllen, z. B. Geld auszugeben, um beim Ausgehen mit Freunden mithalten zu können.
- **Erwartungen an uns selbst:** Was wir von uns selbst erwarten, zum Beispiel dass wir unsere Neujahrsvorsätze einhalten.

DIE MINIMALISTISCHEN (DIE »FRUGALISTISCHEN«)

Motto: Wähle das Einfache!

Minimalistisch Veranlagte mögen es im Leben gerne schlicht. Sie haben nicht das Gefühl, mit ihren Konsumausgaben oder Investitionsgewohnheiten der Mehrheit hinterherlaufen zu müssen. Ihre Bereitschaft, (bei der Anschaffung von Konsumgütern) Risiken einzugehen, ist gering, denn ihr Leitmotiv ist das Streben nach Einfachheit. Der minimalistische Typ erfüllt die Erwartungen, die er an sich selbst hat, nicht jedoch die von anderen, weder im Hinblick auf ihr Konsum- noch ihr Investitionsverhalten. Dieser Typus ist frugal und neigt dazu, über seine Ausgaben akribisch Buch zu führen und sie genau zu budgetieren. Menschen

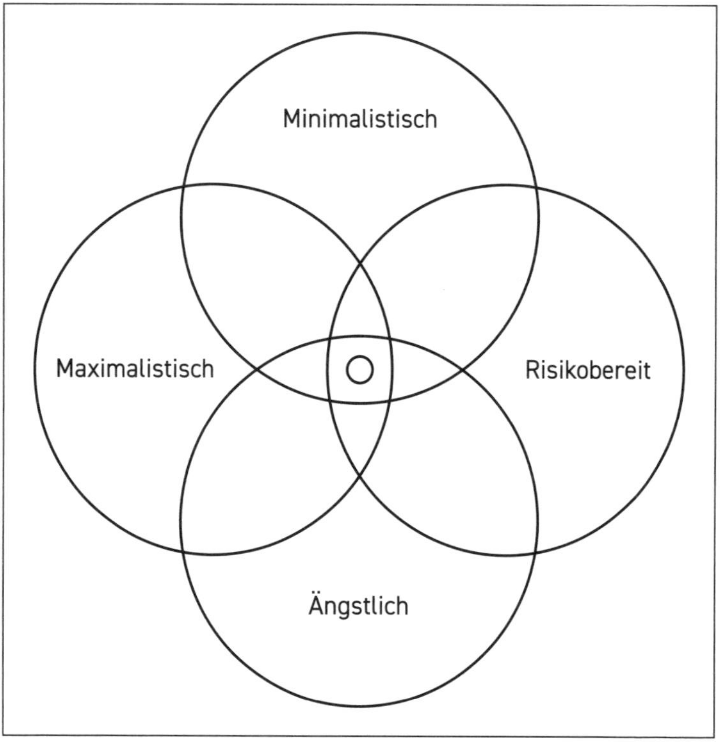

Institute on Holistic Wealth

mit dieser Veranlagung machen keine Schulden, und wenn doch, leihen sie sich nur so viel, wie unbedingt nötig ist, und zahlen es so schnell wie möglich komplett zurück. Ihre Bereitschaft, Geld für Luxusgüter oder Statussymbole auszugeben, ist sehr gering. Wenn ich an einen prominenten Vertreter dieses Typus denke, fällt mir Warren Buffett ein, aber es sind wohlgemerkt nicht alle minimalistisch Veranlagten so wie er. Mit einem Nettovermögen von über 90 Milliarden US-Dollar braucht er sich um die Solidität seiner Kreditaufnahme- und Investitionsstrategien keine Sorgen zu machen. Eines seiner Prinzipien lautet: Mach keine Schulden, es sei denn, es lohnt sich.

Der minimalistische Typus gibt kein Geld aus, nur um in seinem Umfeld oder Freundes- und Bekanntenkreis gut dazustehen. Selbst wenn er Karriere macht oder geschäftlich erfolgreich ist, lebt er nie über seine Verhältnisse. Er braucht keine ausgefallene Kleidung oder teuren Autos, um sich vor anderen zu beweisen. Die Lust, sich exklusive Urlaubsreisen zu gönnen, ist wenig ausgeprägt. Diesem Typus reicht es, die Natur ringsum zu genießen oder einem Hobby nachzugehen, das ihm Freude macht. Um Spaß zu haben, braucht man kein extra Geld auszugeben, findet er. Er ist zufrieden und glücklich mit dem, was er hat, und wenn er ein neues Gericht oder Restaurant probiert und es ihm schmeckt, geht er immer wieder gern dorthin – weil er weiß, was ihn erwartet, was es kosten wird und dass es ihm schmeckt.

Verabredet er sich zu einem Date, braucht er keinen Luxus und erwartet auch keinen Luxus von seinem Gegenüber. Minimalistische Menschen sind in hohem Maße kontrolliert in ihren Entscheidungen und brauchen keine zusätzlichen Kontrollmechanismen, um sich in ihrem Handeln abzusichern. Sie geben Geld für Dinge aus, die absolut notwendig sind und ihnen beim Erreichen ihrer Ziele nützen. Sie haben eine Neigung zur starken Impulskontrolle und sind von allen vier finanziellen Identitäten die am wenigsten spontanen.

Daran erkennst du, dass du minimalistisch veranlagt bist:

- Du bevorzugst stets das Einfache.
- Du hast nicht das Bedürfnis, im Hinblick auf deine Ausgaben oder dein Investitionsverhalten der Mehrheit hinterherzulaufen.
- Du gehst bei deinen Ausgaben nur minimale Risiken ein.

Stärken

Minimalistisch Veranlagte machen nur sehr wenig Schulden, leben unter ihren Verhältnissen, übernehmen sich nicht, sind in hohem Maß organisiert, haben eine starke Impulskontrolle und sind besonnen in ihren Entscheidungen. Sie haben einen klaren Überblick über ihre Finanzen und führen Buch über ihre Ausgaben.

Schwächen

Aufgrund seiner eher konservativen Haltung geht der minimalistische Typus weniger Risiken ein, was zwar die Gefahr von Verlusten, aber auch die Gewinnchancen verringert. Andere mögen ihn für wenig spontan halten (besonders in der Kennenlernphase neuer Beziehungen oder in der Partnerschaft), weil er über alle Ausgaben Buch führt und in der Regel nichts für außerplanmäßige Ausgaben übrighat. Es fällt ihm schwer, Geld für sich selbst oder ihm nahestehende Menschen auszugeben.

DIE RISIKOFREUDIGEN (DIE ZIELORIENTIERTEN)

Motto: Das Ziel fest im Blick!

Um ein Maximum an Vermögen und Anlagen aufzubauen, bestimmte finanzielle Ziele zu erreichen und sich den von ihnen angestrebten Lifestyle leisten zu können, sind Menschen dieses Typus bereit, mehr zu riskieren. Für wichtige finanzielle Meilensteine wie den Ruhestand oder die Geburt eines Kindes planen sie sorgfältig voraus. Ihr Risikoverhalten ist kein Zeichen von Selbstgefälligkeit, sondern von Zielorientiertheit. Sie legen Wert darauf, bis zu einem bestimmten Alter oder Lebensabschnitt die von ihnen geplanten finanziellen Meilensteine erreicht zu haben.

Erwartungen, die sie an sich selbst und ihr Leben stellen, erfüllen sie; über die von anderen setzen sie sich eher hinweg, wenn diese ihrem Streben nach Vermögens- und Investitionszielen im Weg stehen.

Dieser Persönlichkeitstyp plant gern voraus und sorgt gut vor. Risikofreudige haben oft eine bevorzugte Sparte, in die sie investieren, ob in Immobilien, Aktien oder was auch immer, und sie kanalisieren ihre Energien so, dass ihre Investitionen ihnen eine gute Altersvorsorge sichern oder die notwendige Rendite zur Realisierung eines Geschäftsprojekts abwerfen.

Daran erkennst du, dass du zu den Risikofreudigen gehörst:

- Du planst sorgfältig auf große finanzielle Meilensteine wie die Gründung eines Unternehmens oder deinen Ruhestand hin.
- Beim Eingehen von Risiken gehst du zielorientiert vor.
- Es ist dir wichtig, die von dir anvisierten finanziellen Meilensteine bis zu einem bestimmten Alter oder Lebensabschnitt erreicht zu haben.

Stärken

Risikofreudige sind motiviert, neue Fähigkeiten zu erlernen, und gehen in finanziellen Angelegenheiten oft sehr kreativ vor. Beim Eingehen von Risiken trauen sie sich, auch selbst auferlegte rote Linien zu überschreiten.

Schwächen

Risikofreudige sollten sich vor ihrer Neigung hüten, sich finanziell zu übernehmen – sei es durch private, geschäftliche oder Investitionskredite – und sich in größerem Maße zu verschulden.

DIE MAXIMALISTISCHEN (TYP »BIG SPENDER«)

Motto: Alles oder nichts!

Maximalistisch Veranlagte sind verschwenderische Genießer mit teurem Geschmack, aber sie haben auch das weiteste Herz von uns allen. Sie genießen alles Schöne und streben nach immer mehr und immer Größerem. Lädt dieser Typus dich zu einer Party ein, freue dich auf etwas Spektakuläres – als Gastgeber geht er keine Kompromisse ein. Ich habe für den *Holistic Wealth*-Podcast mit vielen Maximalistinnen gesprochen, und sie scheuen keine Mühe, um anderen das Gefühl zu geben, etwas Besonderes zu sein.

Maximalistisch veranlagte Menschen sind getrieben von dem Wunsch, immer und überall Spaß zu haben. Sie genießen die schönen Dinge des Lebens und gönnen sich selbst jeden Tag ein wenig Luxus. Sie sind extrovertiert und möchten nicht damit belastet werden, die eigenen Ausgaben bis ins letzte Detail zu kontrollieren.

Dieser Typus neigt dazu, zu viel Geld auszugeben, was sich (durch Überschuldung) negativ auf seine finanzielle Zukunft auswirken kann. Er ist daher auf starke externe Kontrollmechanismen angewiesen.

Daran erkennst du, dass du zum maximalistischen Typus gehörst:

- Du bist der Mittelpunkt jeder Party und bist glücklich, wenn du andere glücklich machen kannst – selbst wenn das heißt, dass du dadurch dein Budget (manchmal sogar ziemlich) überziehst.
- Du hast ein Faible für das Allerbeste und Luxuriöseste (wie Designerschuhe), fährst ein teures Auto, und deine Innenein-

richtung wäre eine Homestory in einer Zeitschrift für Inneneinrichtung und Design wert.

- Deinem Instagram-Feed ist der Neid deiner *Social Media Community* sicher, und deine Urlaube sind purer Luxus.

Stärken

Maximalistisch veranlagte Menschen sind furchtlos und sprühen nur so vor Ideen. Sie sind großzügig, begeisterungsfähig, genießen das Leben und lieben Partys. Sie haben ein sehr aktives soziales Leben und sind gesellschaftlich hervorragend vernetzt.

Schwächen

Der maximalistische Typus ist oft impulsiv und neigt dazu, dem Glanz des Neuen zu erliegen. Er hasst es, über seine Ausgaben Buch zu führen. Risikofreudig, wie er ist, neigt er dazu, sich im Laufe der Zeit zunehmend zu verschulden und finanziell zu übernehmen, zumal er sich leicht zu Ausgaben verleiten lässt, um andere zu beeindrucken. Auch investiert er in Luxusgüter, die mit der Zeit an Wert verlieren, statt sich für längerfristige, lukrative Investitionen zu entscheiden. Er vergisst, für finanzielle Meilensteine wie den Ruhestand vorzusorgen, und hat Probleme damit, den Überblick über seine Ausgaben zu behalten. Wer zu maximalistischem Verhalten neigt, braucht starke Kontrollmechanismen.

DIE ÄNGSTLICHEN (DIE »HASENFÜSSE«)

Motto: Das Thema Geld macht Stress und Angst.

Wie der Name vermuten lässt, ist der ängstliche Typus konservativ und risikoscheu. Hinzu kommt die Tatsache, dass ihm das Thema Geld insgesamt Angst macht, sodass es ihm schwerfällt, Finanzentscheidungen zu treffen. Menschen dieses Typus leben in der ständigen Sorge, dass ihnen das Geld ausgehen könnte, wenn sie in schwieriges Fahrwasser geraten. Sie grübeln andauernd und fühlen sich in Finanzfragen inkompetent.

Ängstlich veranlagte Menschen können dem Syndrom der »Analyse-Lähmung« erliegen: endloses Recherchieren, gepaart mit Befürchtungen und Sorgen vor jeder Entscheidung. Um dieses Problem zu überwinden, können sie sich einen Termin oder bestimmte Limits setzen. Eine weitere Taktik wäre, sich für Finanzentscheidungen einen Partner zu suchen. Der Typus des Risikofreudigen könnte mit seiner forschen, mutigen Art ein guter Partner für die Ängstlichen sein.

Aus den für den *Holistic Wealth*-Podcast mit Ängstlichen geführten Interviews weiß ich, dass Ehepartner, Lebensgefährten oder Freunde eine wichtige Hilfe sein können, um Ängste zu überwinden.

Daran erkennst du, dass du zu den Ängstlichen gehörst:

- Du sorgst dich vor jeder Entscheidung, dass du irgendwann verarmen könntest oder dir in schwierigen Lebenssituationen das Geld ausgehen könnte.
- Du hinterfragst laufend deine Finanzentscheidungen und fühlst dich inkompetent.
- Deine größte Sorge im Leben gilt dem Geld.

Stärken

Der ängstliche Typus neigt weniger zum Schuldenmachen, und so ist es unwahrscheinlich, dass er sich finanziell übernimmt. Er legt viel Wert aufs Sparen und gibt kein Geld für unnütze Einkäufe aus. Diese innere Haltung verschafft ihm die Zeit, sein ganzes Potenzial zu entdecken.

Schwächen

Ängstlich veranlagte Menschen sorgen sich um ihre finanzielle Zukunft. Sie machen sich Gedanken, dass ihnen das Geschick fehlt, um gute Investitionsentscheidungen zu treffen. Um möglichst keine Fehler zu machen, neigen sie dazu, erst gar keine Risiken einzugehen. Aufgrund dieser Enthaltsamkeit lassen sie sich womöglich so manche der sich bietenden Geschäfts- und Investitionschancen entgehen.

MINDSET UND BLOCKADEN

In diesem Buch habe ich verschiedentlich auf Blockaden hingewiesen, die uns hindern, finanziellen Wohlstand aufzubauen und in Gelddingen erfolgreich zu sein. Einer der wichtigsten Faktoren ist dabei unser Mindset, also die innere Haltung, mit der wir uns dem Thema nähern. Wir haben bereits einige der wichtigsten Stolpersteine auf dem Weg in die finanzielle Unabhängigkeit kennengelernt, etwa sich mit anderen zu vergleichen, den Kontostand mit dem Selbstwert gleichzusetzen und mit einer Mentalität des Mangels an die Dinge heranzugehen.

Familiär überlieferte Blockaden können ebenfalls einen Einfluss auf unseren Mindset haben. Dabei handelt es sich im Wesentlichen um falsche Glaubenssätze, die von Generation zu Generation weitervererbt wurden und uns noch heute daran hindern, finanziell erfolgreich zu sein.

In Folge 20 des *Holistic Wealth*-Podcasts habe ich mit Jena Sophia darüber gesprochen, wie sich solche familiär überlieferten Blockaden auflösen lassen. Die weltweit renommierte Heilerin und Expertin für Fragen des Unterbewusstseins hat mit Prominenten, CEOs von Fortune-500-Unternehmen, Sportlern und Top-Performern gearbeitet. Sie ist überzeugt, dass wir »alle auf energetischer Ebene eng mit unseren Vorfahren verbunden sind«. Und sie führt aus:

> Nehmen wir zum Beispiel die Eizellen, die deine Mutter im Bauch trug – das darin enthaltene Leben war schon in ihr, bevor du zur Welt gekommen bist. Du wurdest also tatsächlich von Traumata, Wahrnehmungen, Programmierungen und Mustern geprägt, die vor dir da waren. Um herauszufinden, welche familiär überlieferten Geldblockaden du hast, ist es also ein guter Ausgangspunkt, dir anzuschauen, welche Einstellung deine Eltern oder Erziehungspersonen zu dem Thema hatten. Und was sagte die Generation, die vor ihnen da war, zu diesem Thema? Schau dir genau an, welche Einstellung zu Geld über Generationen hinweg in deiner Familie präsent war und welchen Einfluss diese auf dein Gefühl hat, was dir zusteht oder was du meinst, tun oder nicht tun zu können.

Jena ging auch auf die Rolle des Unterbewusstseins ein, um zu erklären, wie solche familiären Blockaden von Generation zu Generation weitergegeben werden.

Stell dir einen Eisberg vor. Die Spitze, die herausragt und die du sehen kannst, symbolisiert deine bewussten Anteile, und die machen ungefähr fünf Prozent aus. Darunter ist dieser riesige Eisberg: das Unterbewusstsein, in dem deine ganzen Muster und Programmierungen gespeichert sind; die Dinge, die du aus der Gesellschaft ringsum oder von deinen Eltern aufgeschnappt hast – all diese Dinge, die deine Wahrnehmung dafür bestimmen, was du tun und nicht tun kannst. Zwischen dem dritten Schwangerschaftstrimester und dem Alter von sieben Jahren verfestigt sich dein Unterbewusstsein.

DEINE PERSÖNLICHE *MONEY STORY*

Nachdem du deine Blockaden aufgelöst und dein persönliches Verhältnis zu Geld kennengelernt hast, kannst du anfangen, dir dein eigenes Drehbuch – deine persönliche *Money Story* – zu schreiben. Am Anfang dieses Prozesses steht, dir zunächst deiner persönlichen finanziellen Identität bewusst zu werden. Die für dieses Buch entwickelte Typologie der persönlichen finanziellen Identitäten und der kostenlose Test (*Personal Financial Identities Framework* und *Personal Financial Identities Quiz*) helfen dir dabei. Du findest sie im Internet unter www.instituteonholisticwealth.com und dann auf der Webseite unter »Personal Fancial Identity Quiz«.

Damit legst du das Fundament, um in finanziellen Dingen auf eigene Füße zu kommen und die Blockaden (einschließlich der familiär überlieferten) zu identifizieren, die dir den Zugang zur Fülle verwehren. Machst du dir klar, welche falschen Vorstellungen in dir wirken, kannst du herausfinden, was dich ausbremst. Dabei kannst du dich auch von einem Coach oder Therapeuten unterstützen lassen. So verhinderst du letztlich, dass du im Leben immer wieder in die gleiche Schleife gerätst.

Wenn Geld für dich bisher immer mit Gefühlen von Trauma, Schuld, geringem Selbstwert, Schwierigkeiten und Herausforderungen sowie einem allgemeinen Gefühl von Furcht oder gar Panik assoziiert war, schreibe auf, welches die Trigger für diese Emotionen sind. Führe ein Tagebuch, denn das unterstützt dich dabei, zu reflektieren und deine finanzielle Zukunft zu planen.

Lebst du im Einklang mit deiner finanziellen Identität, wirst du selbstbewusster, kannst dich selbst besser schützen, und es fällt dir leichter, Entscheidungen selbstbestimmt zu fällen. Wann immer dir eine Finanzentscheidung Angst, Sorge oder Stress bereitet, wende die *Holistic Wealth*-Methode an: Frage dich, ob sie auf deinem ganzheitlichen Bankkonto als Soll- oder Habenposten zu Buche schlagen wird. Nutze deine persönliche finanzielle Identität als Basis, um deine eigene *Money Story* zu schreiben. Du wirst sofort spüren, wie sich deine Energie verändert und sich ein neues Gefühl von Fülle einstellt.

13

FINANZIELLE RESILIENZ UND KREATIVITÄT

Wir müssen die Verantwortung für unser eigenes Leben übernehmen.

– *Eve Rodsky im Interview mit Keisha Blair,* Holistic Wealth-*Podcast*

Finanzielle Resilienz und Kreativität gehören zu den wichtigsten Eigenschaften, die wir brauchen, um uns von lebensverändernden Einschnitten zu erholen. Mit finanzieller Resilienz ist die Geschwindigkeit gemeint, mit der wir nach finanziellen Rückschlägen wieder auf die Beine kommen. Finanzielle Kreativität beschreibt, mit wie viel Einfallsreichtum wir Wege finden, mit herben Verlusten umzugehen und die vorhandenen Ressourcen bestmöglich zu nutzen.

Wie geschickt wir unsere Ressourcen in schwierigen Zeiten und Krisen zu mobilisieren und einzusetzen verstehen, entscheidet darüber, wie gut wir diese überstehen. Kreativität bedeutet, das, was uns in solchen Phasen zur Verfügung steht, klug zu nutzen, selbst wenn wir es im Augenblick als unzureichend empfinden. Werden wir beispielsweise mit dem Verlust unseres Jobs konfrontiert, geht es darum, alternative Verdienstmöglichkeiten aufzutun, die uns zusätzliche Einkünfte verschaffen können.

DEIN HOLISTISCHES PORTFOLIO

Finanzielle Resilienz und Kreativität müssen einen festen Platz in deinem ganzheitlichen Portfolio bekommen. Im Coaching mit Klienten und der Ausbildung zum *Certified Holistic Wealth™ Consultant* biete ich Hilfestellungen dazu an, wie sich dies in der persönlichen Finanzplanung umsetzen lässt. Dabei ist es wichtig, dein Portfolio laufend zu überprüfen und deine Resilienz-Eigenschaften zu analysieren, um zu schauen, wo mögliche Schwächen und Angriffsflächen liegen. Das *Institute on Holistic Wealth* bietet hierzu ein eigenes Bewertungsschema an. Gerade in puncto Finanzen sind kontinuierliche Stresstests wichtig.

Vor 2020 wurde in der traditionellen Finanzberatung empfohlen, genug Rücklagen anzusparen, um im Notfall drei bis sechs Monate überbrücken zu können. Nachdem wir die von COVID-19 ausgelöste weltweite Krise erlebt haben, wissen wir jedoch, dass dieser alte Rat nicht mehr trägt, denn es braucht tatsächlich mindestens eine Rücklage von sechs bis neun Monaten. Auch im Hinblick auf Lebensversicherungen, die ebenfalls zur finanziellen Resilienz beitragen, müssen die traditionellen Empfehlungen angepasst werden. Familien sollten auf jeden Fall ihren Lebensversicherungsbedarf kritisch überprüfen.

Eine Möglichkeit, deine aktuelle finanzielle Resilienz zu bewerten, liegt darin, dir das anzuschauen, was Fachleute »Allokationseffizienz« nennen: wie effizient deine finanziellen Ressourcen – deine Ausgaben, Ersparnisse und Investitionen – verteilt sind, um dir den höchsten Nutzen oder Ertrag zu bringen. Steckst du dein Geld hauptsächlich in statische Anlagen, also solche ohne Rendite oder Wachstum, ist deine Allokationseffizienz niedrig. Um eine hohe Allokationseffizienz zu erreichen, ist es notwendig, deine Ermessensausgaben genau zu analysieren. Unter Ermessensausgaben versteht man alle Ausgaben, die über fixe Kosten wie Miete oder Versicherungen hinausgehen und nicht zwingend notwendig sind – also zum Beispiel für Freizeit, Shopping oder Luxusartikel. Es gibt manches, was weder zu deiner finanziellen Resilienz beiträgt noch dir Spielräume für mehr Kreativität eröffnet. Bei der Überprüfung deiner alltäglichen Ausgabegewohnheiten lautet die Kernfrage also: Bringt mir das, wofür ich Geld ausgebe, mehr finanzielle Resilienz und kreative Möglichkeiten? Lautet die Antwort nein – nun, ich glaube, du weißt, was in diesem Fall zu tun ist.

DER JÄHRLICHE HOLISTISCHE FINANZCHECK

Einmal im Jahr einen ganzheitlichen Finanzcheck durchzuführen, hilft dir, deine finanzielle Resilienz und Kreativität zu stärken. Dazu gehört eine Bestandsaufnahme aller Schlüsselsäulen deines holistischen Portfolios, um zu sehen, wo es Schwächen aufweist und Angriffsflächen bietet. Dies ist eine gute Übung, um sie gemeinsam mit der Partnerin, dem Lebensgefährten oder der ganzen Familie (oder auch einem Team) durchzuführen. Um dich zu unterstützen und durch diesen Prozess zu führen, bietet das *Institute on Holistic Wealth* sehr gute Ressourcen an.

Das Tod- und Scheidungsgespräch

Wir empfehlen dir, dich im Rahmen deines Finanzchecks einmal im Jahr mit deinem Partner, deiner Partnerin oder Lebensgefährtin zusammenzusetzen. Eva Rodsky gab im Interview für den *Holistic Wealth*-Podcast folgenden Rat:

> Wir müssen die Verantwortung für unser Leben selbst übernehmen, denn es gibt nun mal all diese

Vorurteile – als Frauen verlieren wir für jedes Kind, das wir zur Welt bringen, 5 bis 10 Prozent unseres Einkommens. Es gibt viele systemische Hürden, die Frauen daran hindern, Wohlstand aufzubauen. Eigenverantwortung bedeutet deshalb, die richtigen Fragen zu stellen und nicht einfach alles in die Hände von Männern zu legen. Wenn du verheiratet bist, solltest du über die finanzielle Situation deiner Familie wirklich Bescheid wissen. Mein Partner und ich führen einmal im Jahr das, was wir unser »Tod- und Scheidungsgespräch« nennen. Ich weiß, das klingt provokant, aber wir haben diese Formulierung gewählt, weil wir dabei gemeinsam durchspielen, was passieren würde, wenn er sterben oder wir uns scheiden lassen würden. Wir gehen alle rechtlichen Dokumente zu seinem Unternehmen durch und besprechen verschiedene Szenarien. Das mag seltsam klingen, aber es bringt uns tatsächlich näher zusammen, denn so fühle ich mich nicht hilflos und plage mich nicht mit unausgesprochenen Sorgen, sondern schaue gelassener in die Zukunft, weil ich weiß, wie ich sie gestalten kann.

DER HOLISTISCHE STRESSTEST

Nachdem du deinen jährlichen Finanzcheck durchgeführt und dein Budget gecheckt und auf den aktuellen Stand gebracht hast, gilt es, auf Kurs zu bleiben. Um dies zu erreichen, kommt es vor allem darauf an, dich für Notfälle und Krisen zu rüsten. Sollten sie wirklich eintreten, brauchst du dein Girokonto nicht zu überziehen und musst dein Monatsbudget nicht komplett über den Haufen werfen. Ich nenne dies »Vorsorge für Eventualitäten«. Unterziehe dein Budget einem Stresstest und sorge dafür, dass deine Notfallreserve reicht, um auch im Fall der Fälle das von dir aufgestellte Budget einhalten zu können.

FORMULIERE DEIN FINANZIELLES LEITBILD

Dein finanzielles Leitbild kann ein Element deines *Personal Mission Statement* (siehe Kapitel 3) sein. Deine finanzielle Resilienz und Kreativität sollten darin ebenso vorkommen wie deine persönliche finanzielle Identität (siehe Kapitel 12) und deine *Money Story*. Es empfiehlt sich, beim Formulieren die Gesetze der Fülle, des kontinuierlichen Lernens und der Gegenseitigkeit auf dem Schirm zu haben. (Mit Gegenseitigkeit ist gemeint, im Gegenzug zu dem, was dir zuteilwird, deinen eigenen Beitrag für die Menschheit zu leisten.) Achte darauf, dass du dich innerhalb des Wertegerüsts bewegst, das du für deine Mission insgesamt formuliert hast. Hilfe und Anleitung findest du z. B. auf der Webseite des *Institute on Holistic Wealth*. Dort steht eine sehr gute Vorlage zum Download bereit.

14

EINE GUTE ZUKUNFTSPLANUNG

Halte Gedanken des Reichtums in deinem Geist;
das Universum wird dir Reichtum zurückgeben.

– Napoleon Hill

Finanzielle Unabhängigkeit bedeutet, genug Einkommen zu haben, um deine Ausgaben für den Rest deines Lebens bestreiten zu können, ohne Vollzeit arbeiten zu müssen. Manche erreichen dieses Ziel durch langjähriges Sparen und Investieren, andere bauen ein erfolgreiches Unternehmen auf, das ihnen ohne die Notwendigkeit täglicher Kontrolle einen entsprechenden Zustrom von Mitteln beschert.

Holistischer Wohlstand will in den verschiedensten Lebensbereichen gepflegt werden. Es gilt, das Gefühl von Sinnhaftigkeit zu stärken, spirituelles Wachstum zu fördern, sich der körperlichen Selbstfürsorge zu widmen, gute zwischenmenschliche Beziehungen zu pflegen und einen eigenen Beitrag für die Allgemeinheit zu leisten. Eine Stärkung all dieser Bereiche macht es uns leichter, uns von existenziellen Krisen zu erholen. In finanzieller Hinsicht geht es darum, Unabhängigkeit zu erreichen, und hierzu bieten sich verschiedene Strategien an.

Nichts in unserem Dasein ist garantiert. Ein ganzes Leben

kann innerhalb von Minuten verloren gehen und in kleinen verpassten Momenten vergeudet werden. Nichts auf dieser Welt währt ewig.

Zum Glück hatten mein Mann und ich eine Lebensversicherung. Vor seinem Tod hatten wir uns mit einem Finanzberater zusammengesetzt, um unsere Zukunft zu planen. Wir wussten nicht, dass etwas passieren würde. Eigentlich wollten wir uns nur anschauen, welche Möglichkeiten der Ruhestandsvorsorge es für uns gab. Der Berater schaute sich unser Portfolio an, und weil unser zweites Kind unterwegs war, empfahl er uns, unsere Lebensversicherungssumme aufzustocken. Wir folgten seinem Rat. Dies war ein Jahr vor dem Tod meines Mannes. Seither nehme ich die finanzielle Planung für die Zukunft sehr ernst.

Eine Lebensversicherung abzuschließen, war die allerwichtigste Finanzentscheidung, die wir je trafen. Laut einem 2021 veröffentlichten Bericht der *Life Insurance Marketing and Research Association* (LIMRA) besitzen jedoch nur 52 Prozent aller US-Haushalte irgendeine Form von Lebensversicherung.

Wer über seine Bank eine Lebensversicherung abgeschlossen hat, ist in der Regel gnadenlos unterversichert. Darum habe ich dieses Thema mit in das *Certified Holistic Wealth™ Consultant*-Ausbildungsprogramm aufgenommen. Lebensversicherungen, wie sie im Zusammenhang mit einer Hypothek zur Immobilienfinanzierung abgeschlossen werden, decken lediglich die noch offene Darlehensschuld ab. Nehmen wir an, du hättest noch 40 000 Dollar zu tilgen. Dann wäre genau das der Betrag, den dir die Bank auszahlen würde. Weder die Kosten für die Beisetzung, die Ausbildung deiner Kinder oder andere große Ausgabeposten sind gedeckt. Statistisch gesehen besteht zudem eine über 50-prozentige Wahrscheinlichkeit, dass in einer Paarbeziehung einer von beiden langfristige Pflege braucht. Auch hierfür muss vorgesorgt werden.

Einige Versicherungspolicen, wie zum Beispiel Kapitallebensversicherungen, funktionieren nach dem Prinzip eines Anlageplans: Du sparst Gelder an, die über einen bestimmten Zeitraum Zinsen erwirtschaften und nach Laufzeitende in Pauschalbeträgen ausgezahlt werden. Je nach Versicherungsgesellschaft könntest du sie zur Altersvorsorge oder auch als Sicherheit für einen Privatkredit nutzen.

Wer als Frau Single, verwitwet oder geschieden ist oder den Job verloren hat, fragt sich vielleicht, ob sie wertvolle Vermögenswerte wie eine Immobilie halten kann. Der Autor Justin Pogue sagt zum Erhalt der eigenen Wohnung bei lebensverändernden Rückschlägen:

> Diejenigen, die nach einem Rückschlag am erfolgreichsten darin waren, sich ihre Wohnsituation zu bewahren, hatten einige Gemeinsamkeiten. Sie griffen ihr finanzielles Kapital nicht an, indem sie ihre Ausgaben, inklusive Mietkosten, niedrig hielten. Sie kommunizierten ihre Lage gut und schufen sich mit dem Knüpfen von Beziehungen ein soziales Kapital, auf das sie bei Bedarf zurückgreifen konnten. Schließlich konzentrierten sie sich auf ihr nächstes unmittelbares Ziel statt auf alle möglichen »Was wäre, wenn«-Szenarien, und erhielten sich so ihr mentales Kapital. Flexibel zu bleiben und in diesen drei Bereichen den Stress zu reduzieren, verbesserte ihre Erfolgschancen erheblich.

Paaren rät Pogue darüber hinaus, dass alle beide eine Beziehung zu den Beratenden und Dienstleistern aufbauen sollten, die im Zusammenhang mit dem Investment-Portfolio der Familie tätig sind, und zwar insbesondere mit Hinblick auf möglichen Immobilienbesitz. Im Todesfall sind solche Beziehungen von unschätzbarem Wert, um dem oder der Hinterbliebenen schnell auf die Beine zu helfen.

Falls dir ein Mietobjekt gehört, solltest du alle relevanten Fragen objektiv klären. Ist die Vermietung rentabel? Kann die Verwaltung wie früher fortgeführt werden? Wer springt ein, wenn sich der oder die Verstorbene bisher darum gekümmert hat? Bieten sich möglicherweise lohnendere Nutzungsformen für das Objekt an, zum Beispiel das Aufsplitten in Einzimmereinheiten statt der Vermietung des Objekts insgesamt? Ich empfehle dir, eine Geschäfts- oder Immobilienberaterin zurate zu ziehen, um diese Dinge zu klären.

Ideal wäre ebenfalls, über eine Notreserve an Ersparnissen zu verfügen, die es dir erlaubt, sechs bis neun Monate zu überbrücken. Ein solches Polster kann bei längerer Krankheit, dem Verlust der Arbeitsstelle, einem plötzlichen Todesfall oder einer Scheidung dein finanzielles Überleben sichern. Es ist ein Baustein der finanziellen Resilienz, die ich weiter oben als die Geschwindigkeit definiert habe, mit der wir nach finanziellen Rückschlägen oder tragischen Lebensereignissen wieder auf die Beine kommen. Eine Kapitallebensversicherung und eine Erwerbsunfähigkeits- und Invaliditätsversicherung gehören ebenfalls dazu.

Für eine gute Zukunftsplanung ist es außerdem unabdingbar, dich in Finanzfragen weiterzuentwickeln, etwa durch den Erwerb von entsprechendem Wissen. Dies ist gleichzeitig der größte Wohlstandsstimulator. Viele von uns tätigen ihre ersten großen Ausgaben gemeinsam mit einem Ehepartner, einer Ehepartnerin oder Lebensgefährtin: das erste Haus, das erste Auto, die Hochzeit, die Flitterwochen. All dies sind Kosten, die in unseren Gründerjahren anfallen. Beim Eintritt ins Erwachsenenleben haben wir also noch kein wirkliches Gefühl für unsere persönliche finanzielle Identität. Zum Beispiel: Welcher Investitionstyp bin ich? Wofür bin ich bereit, viel Geld auszugeben, und woran spare ich eher? Die Antworten können von unseren Werten und unserer Mission im Leben abhängen. Sie ist in hohem Maße individuell.

Jede von uns sollte ihre finanzielle Identität kennen – und zwar unabhängig von der unseres Ehepartners, unserer Ehepartnerin oder Lebensgefährtin und der unserer Eltern. Wenn du dich ständig fragst, was deine Freunde oder Eltern darüber denken, wie du dein Geld ausgibst oder investierst, deutet das darauf hin, dass du deine finanzielle Identität noch nicht gefunden hast. Ohne sie zu kennen, ist es aber unmöglich, einen guten Plan für die Zukunft aufzustellen. Du würdest dein Leben lang in den Fußspuren anderer gehen und in Gelddingen womöglich die gleichen Fehler machen wie sie. (In Kapitel 12 findest du mehr dazu, wie du deine finanzielle Identität bestimmen kannst.)

Als ich selbst mit Anfang dreißig Witwe wurde, habe ich erkennt, dass wir in unseren Zwanzigern das Fundament für eine gut geplante Zukunft legen. Solltest du, liebe Leserin, diese Dekade schon hinter dir gelassen haben, mach dir keine Sorgen: Du hast immer noch Zeit. Solltest du allerdings noch in diesem Lebensjahrzehnt sein, dann ziehe daraus maximalen Nutzen! Laut der Autorin Dr. Meg Jay wird dich die Art, wie du diese Dekade verbringst, definieren, da ungefähr 70 Prozent der Einkommenssprünge in das erste Jahrzehnt deiner Karriere fallen. Dr. Meg sagte mir weiter: »Anders als uns die Botschaften aus der Populärkultur glauben machen, sind die Zwanzigerjahre keine triviale, vergeudete Zeit, sondern ein entwicklungstechnischer Sweetspot – eine Zeit, in der die kleinen Dinge, die wir tun oder unterlassen (nicht nur im Job, sondern auch im Hinblick auf die Liebe und unser Wohlbefinden), einen großen Einfluss auf unsere Dreißiger und darüber hinaus haben können.«

Nach einer Studie von *PayScale* »liegen die Einkommenszuwächse sowohl bei Männern als auch bei Frauen bis zum Alter von dreißig Jahren bei etwa 60 Prozent. Für Frauen verlangsamt sich diese Rate danach jedoch. Bis zum Alter von neununddreißig Jahren ist das typische Einkommen einer Frau gegenüber dem, was sie mit dreißig verdient hat, um weniger als 20 Prozent gewachsen.«[23] Auch wenn du zwischenzeitlich Gehaltserhöhungen zum Ausgleich steigender Lebenshaltungskosten bekommen solltest, sind die Zeiten zweistelliger Gehaltssprünge vorbei. Die einzige Möglichkeit, diesen Verlust auszugleichen, liegt im langfristigen Sparen und Investieren.

Eine gute Zukunftsplanung und der Aufbau eines holistischen Vermögens erfordern eine langfristige Perspektive. Ich empfehle dir dringend, auch deinen Nachlass zu planen, indem du etwa ein Testament erstellst oder einen Trust-Fonds einrichtest, insbesondere dann, wenn du Kinder hast (gleich welchen Alters). Ein vollständiger Nachlassplan kann auch deine Wünsche für den Fall eines gesundheitlichen Notfalls mit einbeziehen.

Es ist nie zu spät zu lernen, deine Finanzen zu verwalten. Für die am wenigsten wünschenswerten Eventualitäten vorzusorgen und, besser noch, auf deine finanzielle Unabhängigkeit hinzuarbeiten, sind Möglichkeiten zur Schaffung von finanzieller Resilienz. Wende dich an eine Finanzberaterin, die dir herauszufinden hilft, welche weitere Unterstützung du für eine strategische Zukunftsplanung brauchst.

---

23 »Do Men Really Earn More than Women?« (infographic), PayScale, https://www.payscale.com/gender-lifetime-earnings-gap#methodology.

15

EINE GUTE ALTERSVORSORGE

> Glück ist, was passiert, wenn Vorbereitung auf Gelegenheit trifft.
>
> *– Lucius Annaeus Seneca*

Wir sollten für unser Alter vorsorgen wie Blattschneiderameisen. Sie sind Meister in der Kunst der Produktivität und legen sorgsam Reserven für magere Zeiten an. Die Vorräte und Ausstattung ihrer Kolonien sind auf Langfristigkeit ausgelegt. Bauen wir unsere Ersparnisse, Finanzen und Rücklagen Schritt für Schritt in ähnlich komplexer Weise auf wie eine solche Kolonie, schaffen wir eine gute Struktur, die uns finanzielle Resilienz garantiert und uns zudem erlaubt, für ein hohes Alter vorzusorgen.

Manche von uns werden hundert Jahre oder älter werden. Der heutige Durchschnittsmensch kann damit rechnen, fast dreißig Jahre länger zu leben als jemand, der im Jahr 1900 geboren wurde – also beinahe bis zum 80. Lebensjahr –, und viele Menschen leben sogar noch länger. Wir sollten daher alle eine sorgfältige Einschätzung unseres Gesundheitszustands, unserer finanziellen Situation, des voraussichtlichen Bedarfs an langfristiger Pflege und der familiären Lebenserwartung vornehmen. Dabei kann die Unterstützung eines Finanzprofis hilfreich sein.

Im Folgenden einige Möglichkeiten, um für das Alter vorzusorgen:

BEZAHLE SCHULDEN SCHNELLSTMÖGLICH ZURÜCK

Sobald du alle Kredite und Darlehen getilgt hast, brauchst du dir keine Gedanken über eine hohe monatliche Belastung mehr zu machen, wenn du deinen Job verlieren oder durch Scheidung oder einen Todesfall in die Krise geraten solltest. Zahle zuerst die Schulden mit den höchsten Zinsen zurück, dann wende dich dem nächsten Posten zu. Eine alternative Strategie wäre, alle Tilgungen in einer für dich bezahlbaren Rate zusammenzufassen und dich so auf möglichst effiziente Weise deiner Schulden zu entledigen.

ZAHLE IN EINEN RENTENPLAN EIN

Dies ist ein wichtiger Punkt in einer langfristigen Altersvorsorge, besonders wenn du selbstständig bist. Bist du angestellt, ergänze die gesetzliche eventuell noch mit einer privaten Rentenversicherung.

BELEIHE DEIN WOHNEIGENTUM

Dein Wohneigentum zu beleihen, könnte eine mögliche kurzfristige Geldquelle sein, falls du deinen Job verlieren oder einen anderen finanziellen Rückschlag erleiden solltest. Selbst wenn du eine Lebensversicherung oder Notfallersparnisse hast, könnte sich eine zusätzliche finanzielle Absicherung als notwendig erweisen. Es ist immer besser, so zu planen, dass alle Eventualitäten abgedeckt sind. Die Zinssätze für das Beleihen von Wohneigentum sind außerdem meist geringer als Kontoüberziehungen oder die üblichen Privatkredite.

GEHE MÖGLICHST KEINE ZUSÄTZLICHEN VERPFLICHTUNGEN EIN

Eine gute Finanzplanung fürs Alter heißt, einen Geldtopf zu schaffen, der nie leer wird. Mit jeder zusätzlichen finanziellen Verpflichtung, die du eingehst, zehrst du an diesem Geldtopf. Überlege dir sorgfältig alle größeren und kleineren Anschaffungen und wie sie sich auf deine zukünftigen Ausgabespielräume auswirken. Wenn du kein nagelneues Auto brauchst und eine solche Anschaffung deinen Plan gefährden würde, irgendwann finanziell unabhängig zu sein, schiebe den Kauf auf oder entscheide dich für einen Gebrauchtwagen, der dein Budget nicht sprengt.

MINIMIERE DEINE LEBENSHALTUNGSKOSTEN

Matthias Alleckna, Energie-Analyst bei *EnergyRates.ca,* einer Preisvergleichsplattform, die Verbrauchern bei der Suche nach günstigen Strom- und Gasanbietern hilft, sagte mir im Interview:

> Wenn es zu signifikanten Veränderungen in unserem Leben kommt, sollten wir dies zum Anlass nehmen, unsere Ausgaben zu überprüfen und einen langfristigen Plan aufzustellen. Um mehr Bequemlichkeit zu schaffen, schließen wir oft immer neue Dienstleistungsverträge und Abos ab, vom Kabel-TV und Streamingdiensten bis hin zu Telefonverträgen und anderen Abschlüssen. Wir sollten prüfen, ob jeder dieser Verträge wirklich sinnvoll ist, und aufhören, Geld für Dinge zu verschwenden, die wir nicht regelmäßig nutzen …

> Einer der ersten Schritte hin zur finanziellen Sicherheit besteht darin, unnötige Ausgaben zu vermeiden. Dazu gehört unbedingt, dass wir uns intensiver mit unseren Energieversorgern auseinandersetzen. Ob Strom oder Gas, wir können hier mit relativ kleinem Aufwand eine Menge sparen.
>
> Ein weiterer oft übersehener Spartipp ist, Renovierungs- und Instandhaltungsaufwendungen als Investition zu betrachten. Ob Neuerungen für mehr Energieeffizienz oder andere Verbesserungen im Haus – langfristig spart man damit Geld und Zeit, die beide essenzielle Bestandteile eines ausgewogenen Budgets sind. Manche Maßnahmen im Haus wie die Anbringung einer Isolierung oder die Anschaffung neuer Geräte können sehr kostspielig sein. Aber man kann mit kleinen Schritten anfangen, etwa indem man Dichtungskits für die Fenster besorgt oder ein altes Thermostat gegen ein smartes Gerät austauscht.

All jenen, die sich infolge eines Todesfalls, einer Scheidung oder aus anderem Grund in einer Übergangsphase befinden, die Auswirkungen auf ihre finanzielle Situation hat, empfiehlt die zertifizierte Finanzberaterin Cristina Briboneria in unserem Interview:

- Als Erstes müssen alle festen und unvermeidbaren Kosten auf den Prüfstand. Darunter fallen zum Beispiel Kinderbetreuungskosten, laufende Ausgaben, Energiekosten sowie Hypothekenraten bzw. Mietkosten.

- Bei einem Todesfall: Gibt es Ausgaben, die sich vermeiden ließen? Gibt es Ausgaben, die aufgrund des Todesfalls steigen werden?
- Im Scheidungsfall: Besteht die Möglichkeit, manche der Kosten zu teilen? Zum Beispiel die Kinderbetreuungskosten?
- Hinterbliebene oder Geschiedene sollten ihre langfristigen Ziele für den Ruhestand oder den College-Besuch ihrer Kinder überprüfen. Jeder muss selbst festlegen, wie viel er oder sie persönlich sparen muss, um Ziele wie diese zu erreichen. Nur weil man geschieden oder jemand gestorben ist, heißt das nicht, dass der andere nicht irgendwann in den Ruhestand gehen möchte.
- Außerdem sollten der Versicherungsbedarf und etwaige Arbeitgeberleistungen sorgfältig geprüft und verglichen werden. Du solltest weder über- noch unterversichert sein. Daher lohnt es sich, die richtige Kranken-, Hausrat-, Auto-, Lebens- und Berufsunfähigkeitsversicherung auszuwählen. Achte bei der Lebensversicherung auf eine ausreichende Deckungssumme. Manchmal kann es in einer Übergangsphase jedoch auch sinnvoll sein, den Versicherungsschutz zu reduzieren, um Geld zu sparen.
- Es kann vorkommen, dass man als Partei in einem Scheidungsprozess verpflichtet ist, über eine Lebensversicherung in einer bestimmten Mindesthöhe zu verfügen.
- Wichtig ist auch, das Testament und die Wahl der Begünstigten zu überprüfen. Du willst sicher nicht, dass dein Ex im Fall deines Ablebens in

> den Genuss deiner betrieblichen Altersversorgung kommt. Eine Begünstigtenbestimmung ist ein rechtlich bindender Vertrag. Solltest du noch einmal heiraten, dein Ex-Partner aber weiterhin als Begünstigter eingetragen sein, würde er im Fall der Fälle Zugriff auf deine Altersvorsorge haben.

Wie die allgemeine Zukunftsplanung gehört auch die Planung der Altersversorgung zu den Bausteinen für mehr Resilienz. Mit ihrer Hilfe kannst du dir die Ressourcen aufbauen, die du für ein langes, erfülltes Leben brauchst.

16

KALKULIERTE RISIKEN

Mental starke Menschen fürchten sich nicht davor, kalkulierte Risiken einzugehen. Sie wissen, dass das Eingehen der richtigen Risiken den Unterschied ausmachen kann zwischen einem gewöhnlichen und einem außergewöhnlichen Leben.

– Amy Morin

Um bestimmte Ziele zu erreichen, ist es wichtig, kalkulierte Risiken einzugehen. Ob du dein erstes Haus kaufst, zum ersten Mal eine Immobilie zu Investitionszwecken erwirbst oder die Firma gründest, von der du immer geträumt hast – es stellt immer ein kalkuliertes Risiko dar. Um deine Ziele zu erreichen, musst du dir klarmachen, dass das Vermeiden von kalkulierten Risiken wie im Übrigen der Verzicht auf jegliches Handeln dem Aufbau von holistischem Wohlstand entgegensteht. Und doch lassen sich viele Menschen von ihren Ängsten und Zweifeln davon abhalten, sie einzugehen.

Schwarzmalerei und Vergleiche mit anderen und deren Erfolgen bringen uns in eine erlernte Hilflosigkeit und jenen Lähmungszustand, wie wir ihn manchmal im privaten und beruflichen Kontext empfinden. Es kann vorkommen, dass uns unsere Sorgen vor dem großen Sprung und davor, eine »falsche« Entscheidung zu treffen, mehr Stress bereiten als das eigentliche Tun. Wir können uns bei der Bewertung von Risiken so viele unnötige Fesseln anlegen, dass wir echte Hürden und Zwänge mit unechten verwechseln. Beschränken wir uns unser Leben lang täglich auf diese Weise, zehren wir unser holistisches Bankkonto aus. Die Lösung liegt darin, unsere Ängste loszulassen und die Kunst zu perfektionieren, unechte Hürden als solche zu erkennen. Caroline Jones Carrick, Direktorin des TEV-Projekts (eines offenen Innovationsprojekts im Transportwesen), formuliert es so: »In jedem Leben gibt es Hürden und Zwänge. Der Trick besteht darin, die echten von den unechten zu unterscheiden – und dann mit Ersteren zu arbeiten.«

Witwe zu werden, acht Wochen nachdem du ein Kind bekommen hast – da erlebst du echte Hürden. Unecht ist daran gar nichts. Ich habe in meiner damaligen Situation jedoch gelernt, dass durch das Eingehen kalkulierter Risiken selbst solche echten Zwänge bis zu einem gewissen Grad überwunden werden können. Es wäre ein Leichtes gewesen, mich nach dem Tod meines Mannes zurückzulehnen und keinerlei Wagnisse einzugehen.

Hätte ich auf die Schwarzmaler gehört, hätten mich meine Ängste gelähmt. Wenn ich als junge Witwe moderne Selbsthilfebücher las, war ich oft frustriert. Sie vermitteln vielfach den Eindruck, als wäre ein einzelner Mensch die einzige Variable der Gleichung, sodass uns nichts hindert, unseren Weg zu gehen. Die Existenz von Hürden wird als Hirngespinst abgetan. Aber glaube mir, manche sind real und langlebig. Die gute Nachricht: Es lässt sich lernen, egal in welchem Zusammenhang, die echten von den unechten zu unterscheiden. Dies ist der Schlüssel zur Verwirklichung von holistischem Wohlstand.

ECHTE VON UNECHTEN HÜRDEN UNTERSCHEIDEN

Schauen wir uns einige Beispiele von echten und unechten Hürden an, damit wir sie nicht verwechseln, wenn wir darüber nachdenken, ein kalkuliertes Risiko einzugehen:

1. **Echte Hürden:**
    - Acht Wochen nach der Geburt eines Kindes zu verwitwen. Das ist eine echte Hürde – aber sie beeinträchtigt uns kurz- und nicht langfristig.
    - Diskriminierung und Rassismus am Arbeitsplatz. Sie kann die Aufstiegschancen mancher Gruppen beschneiden, einen Karrierestillstand bewirken und zu Einkommensverlusten führen (durch ausbleibende Gehaltserhöhungen infolge nicht erfolgter Beförderungen, was sich im Laufe der Zeit summiert).
    - Geschlechterungleichheit am Arbeitsplatz und mangelnde Lohngerechtigkeit. Dies trifft zwar nicht auf alle Unternehmen zu, bleibt aber ein weitverbreitetes Problem. Lohnungerechtigkeit für Frauen führt zu langfristigen Hürden, die sich erheblich auf das Einkommensniveau auswirken und massiv die Fähigkeit beeinträchtigen, sich von Rückschlägen und Lebenskrisen zu erholen.

2. **Unechte Hürde:**
    - Zu glauben, dass dein Unternehmen nicht wachsen kann, weil du nur über begrenzte finanzielle Mittel verfügst. Zwar mag ein fehlender Zugang zu Informationen in manchen Fällen ein Hindernis sein, wenn man nicht weiß, wie und wo man die erforderlichen Ressourcen mobilisieren kann, aber im Prinzip ist dies eine unechte Hürde. Es gibt

immer Möglichkeiten, eine Finanzierung zu bekommen, und Geld ist nicht die einzige Ressource, mit der eine Firmenerweiterung ermöglicht werden kann.

Schau dir die eigenen echten und unechten Hürden in deinem Leben an und führe dir vor Augen, wie du in der Vergangenheit diejenigen überwinden konntest, die zwar echt, aber nur kurzfristiger Natur waren. Was aber ist mit den langfristig wirkenden? Welche Strategien helfen, diese zu überwinden und dein Ziel trotzdem zu erreichen?

HÜRDEN ALS KATALYSATOR FÜR KREATIVITÄT

Wir sind darauf konditioniert, den jeweiligen Ist-Zustand zu bewahren, nicht jedoch darauf, uns aus unklaren oder verunsichernden Situationen zu befreien. Das Schulsystem vermittelt solides Wissen darüber, wie sich ein bestimmter Status quo schaffen und aufrechterhalten lässt. Was hingegen kaum gelehrt wird, ist die Kunst, uns von lebensverändernden Krisen zu erholen und uns aus festgefahrener Lage zu befreien. Eine der Ursachen für das »Festgefahrensein« ist unsere innere Haltung: Wir sind eher auf Mangel programmiert als darauf, holistischen Wohlstand aufzubauen.

DER HOLISTISCHE MINDSET

Begegnest du dem Leben mit einer inneren Haltung, die auf holistischen Wohlstand ausgerichtet ist – ich nenne es den holistischen Mindset –, verlierst du die Scheu, kalkulierte Risiken einzugehen. Du errichtest keine unechten Hürden, die dich auf dem

Weg zum Erfolg behindern. Es fällt dir leicht, unechte von echten Hürden zu unterscheiden, und du lernst, die Kunst zu meistern, dich von einschneidenden Lebensereignissen zu erholen. Du vergleichst dich nicht mit anderen, und wenn du in eine Krise gerätst, stellst du dich der Herausforderung mit Würde und dem nötigen Biss.

Rückschläge betrachtest du als etwas Vorübergehendes und nicht als dauerhafte Einschränkung. Du lebst nach der Philosophie des holistischen Wohlstands, bei der es nicht nur um finanzielles Geschick und finanzielle Unabhängigkeit geht, sondern auch andere Dinge eine Rolle spielen: sinnvoll zu leben und eine Mission zu haben, spirituelle Verbundenheit zu erleben und den Geist der Großzügigkeit zu pflegen – alles Dinge, die dein Gefühl von Ganzheitlichkeit stärken, dir in schweren Zeiten Resilienz verleihen und die dir Glück und Freude schenken.

Auf einer ganz elementaren Ebene integrieren Menschen mit diesem Mindset die Aspekte des holistischen Wohlstands in die Schlüsselbereiche ihres Lebens: Finanzen, körperliche Gesundheit, emotionale und spirituelle Fülle, ein reiches Beziehungsleben und eigene Beiträge zum Wohle der Menschheit.

Zum holistischen Mindset gehört auch, Entscheidungen im Sinne der *Holistic Wealth*-Methode zu treffen und dich zu fragen, auf welcher Seite des holistischen Bankkontos sie zu Buche schlagen: im Soll oder im Haben? Es geht darum, achtsam in dem Bewusstsein zu leben, dass jede unserer Entscheidungen und Handlungen sich positiv oder negativ auf unser ganzheitliches Vermögen auswirkt. Heben wir zu viel von unserem Konto ab, führt das letztlich zum Bankrott. Andererseits gibt es Dinge, die wie eine Verzinsung mit Zinseszinsen wirken: auf die Intuition zu hören, lebenslanges Lernen zu praktizieren ... Der Gewinn, den wir daraus beziehen, multipliziert sich mit der Zeit in vielen verschiedenen Lebensbereichen.

Die *Holistic Wealth*-Methode ist alltagstauglich und lässt sich auf die verschiedensten Fragen anwenden. Um herauszufinden, ob eine Entscheidung deinen holistischen Wohlstand mehrt, halte dir die Vision deines zukünftigen Lebens vor Augen und konzentriere dich darauf, was du dir für dich selbst wirklich wünschst. Sollte es in deinem Leben toxische Beziehungen geben, die Angstreaktionen hervorrufen, frage dich, ob das Festhalten daran dein holistisches Vermögen mehrt oder mindert. Oder denke an dein Konsumverhalten, deine Art, dich zu ernähren, und die Zeit, die du mit sozialen Medien verbringst, und frage dich, wie positiv (oder negativ) sich dies auf dein holistisches Bankkonto auswirkt. Ziel der *Holistic Wealth*-Methode ist ein absichtsvoll gestaltetes Leben. Um es zu erreichen, kommt es entscheidend darauf an, zu einer neuen inneren Haltung zu gelangen.

IN DEN FLUSS KOMMEN

Solltest du in einem bestimmten Mindset festgefahren sein, mach es dir bewusst. Übe neue Verhaltensweisen ein, indem du bestehende Hürden hinterfragst und zwischen echten und unechten unterscheidest. Um auf das gewünschte Ergebnis hinzusteuern, stell dir vor, wie du in den Fluss kommst. Dann lerne, zu deinem Wunsch, dein Ziel zu erreichen, Ja zu sagen, auch wenn dies mit gewissen Risiken verbunden ist.

Als Nächstes analysierst du diese Risiken. Falls erforderlich, wende dich an eine professionelle Beraterin und entscheide dann, ob es sich lohnt, das Wagnis einzugehen. Zum Beispiel könnte es sich im Augenblick nicht lohnen, dein Unternehmen zu expandieren, wenn du dafür die Rücklagen angreifen müsstest, die du für die Ausbildung deines Kindes angespart hast. Ganz anders sieht die Sache aus, wenn du dafür Gelder opfern müsstest, die du langfristig auf die hohe Kante gelegt hast, du dir aber sicher bist, dass du sie auf jeden Fall wieder hereinholen wirst. Vergiss nicht, dass jedes Risiko (bei guter Ausführung) eine Gelegenheit darstellt, die darauf wartet, sich realisieren zu können. Die Angst, kalkulierte Risiken einzugehen, beraubt dich deiner mentalen Kraft – wenn du es zulässt.

Wie die Psychotherapeutin und Bestsellerautorin Amy Morin in einem Artikel auf ihrer Website (www.amymorinlcsw.com) erklärt, lässt sich die Angst, kalkulierte Risiken einzugehen, an folgenden neun Zeichen ablesen:

1. Es fällt dir schwer, wichtige Entscheidungen in deinem Leben zu treffen.
2. Du verbringst viel Zeit mit Tagträumen darüber, was du gern tun würdest, aber es fällt dir schwer, ins Handeln zu kommen.
3. Du triffst spontane Entscheidungen, weil es dir zu viel Angst macht, erst in Gedanken alle Optionen durchzuspielen.
4. Du würdest gern mehr Abenteuer und spannende Dinge erleben, aber deine Angst hält dich zurück.
5. Wenn du mit dem Gedanken spielst, ein Risiko einzugehen, stellst du dir in der Regel nur die allerschlimmsten Szenarios vor und wagst es am Ende doch nicht.
6. Manchmal überlässt du es anderen, Entscheidungen für dich zu treffen, damit du dich nicht selbst festlegen musst.
7. Aus Angst meidest du Risiken zumindest in manchen Lebensbereichen – soziales Umfeld, Finanzen, Beruf, Gesundheit.
8. Du triffst deine Entscheidungen auf der Basis deines Angstniveaus. Ist es niedrig, könntest du das Risiko eingehen. Macht dir eine Sache aber richtig Angst, beschließt du, dass es unklug wäre, sie durchzuziehen.
9. Du bist überzeugt, dass Glück oder Pech darüber entscheiden, welche Resultate du erzielst.

Kalkulierte Risiken sind ein Aspekt von holistischem Wohlstand, der uns finanzielle Flexibilität abverlangt. Sie wirken als Katalysatoren für Bewegung, Wachstum und Veränderung in unserem Leben. Sie einzugehen, erfordert nicht nur den Mut, im Angesicht von Unwägbarkeiten ins Handeln zu kommen, sondern auch ein gewisses Maß an Vertrauen, dass es uns gelingen wird, mit finanziellen Unsicherheiten umgehen zu können.

17

SOLIDE LANGFRISTIGE INVESTMENTS

Es gibt eine Flut in den Angelegenheiten der
Menschen,
die, wenn man sie zur Hochzeit nutzt, zu Glück
führt;
versäumt, ist die ganze Reise ihres Lebens
gebunden
in Untiefen und Elend.

– *William Shakespeare,* Julius Caesar, *Akt 4, Szene 3*

Warren Buffett, Benjamin Graham (auch bekannt als »Vater des *Value Investing*« und »Dekan der Wall Street«) und Seth Klarman glauben alle an langfristige Investments. Sie glauben auch an *Value Investing*. Die Finanzexpertin Kimberly Foss stellt fest: »Wenn du Berkshire Hathaway-Aktien zum ursprünglichen Preis von 12 Dollar pro Aktie gekauft hättest, würdest du heute Aktien im Wert von weit über 133 000 Dollar pro Aktie besitzen.«

In Aktien zu investieren, ist Teil einer soliden Strategie zur Altersversorgung. Prüfe die Unternehmen, in die du investieren möchtest, auf Herz und Nieren, und dann leg los! Mach keine

Schulden und setz nichts ein, was dir nicht gehört, sondern verfolge eine wohlüberlegte Anlagestrategie und bleibe ihr treu. Achte darauf, in etwas zu investieren, das dir wirklich am Herzen liegt. Ich hatte immer ein Faible für Immobilien, und nachdem mein Mann gestorben war, stellte ich fest, dass mir die relative Stabilität dieser Investments erlaubte, mehr Zeit mit meinen Kindern zu verbringen.

IN IMMOBILIEN INVESTIEREN

Es war mein Bruder Donald, der mein Interesse an Immobilien weckte. Er war um die zwanzig und Student an der Uni, als er einen Taxiservice gründete und einen Fahrer einstellte, der für ihn fuhr. Mit den Einkünften aus dem Taxiservice fing er an, Immobilien zu kaufen. In kleinem Stil erwarb er jedes Jahr ein Mietobjekt, bis er am Ende ein ganzes Portfolio von Häusern, Eigentumswohnungen und schließlich kommerziellen Objekten sein Eigen nannte. Dank dieser Investitionen wurde er sehr viel früher als gleichaltrige Freunde finanziell unabhängig, und er legte sich damit gleichzeitig ein gutes Polster für seinen späteren Ruhestand an.

Meine Freundin Angela Singhal aus Ottawa ist *Executive Vice President* von *Richcraft Homes,* einem seit 35 Jahren bestehenden, familiengeführten Immobilienentwicklungs-, Bau- und -verwaltungsunternehmen. Es wurde von Angelas Vater Kris Singhal gegründet, und er gilt mittlerweile als größter privater Grundbesitzer in Ottawa mit einem Portfolio von über fünfzehntausend Wohneinheiten sowie industriellen und kommerziellen Gebäuden mit einer Gesamtfläche von über 130 000 m^2. Angela erzählt:

> Als Immigrant aus Indien mit einem Background in Rechnungswesen und Recht hatte mein Vater

Immobilien nicht wirklich auf dem Schirm, bis er das Haus meiner Mutter mit Gewinn verkaufte. In dem Moment ging ihm ein Licht auf.

Mit Immobilien lassen sich kurzfristig Gewinne erzielen, aber nur, wenn du in der Zeit zwischen ihrem Erwerb und ihrem Wiederverkauf etwas tust, das ihren Wert steigert. Du kaufst zum Beispiel ein unbebautes Grundstück in einem Wohngebiet, setzt ein Haus darauf und verkaufst es. Oder du übernimmst ein bestehendes Haus, renovierst es und bringst es dann wieder auf den Markt. So steigerst du den Wert der Immobilie, was sich aber nur lohnt, wenn du sie zu einem Preis verkaufen kannst, der die Kosten für den Bau bzw. die Renovierung und deinen Zeitaufwand berücksichtigt.

Andernfalls sind Investitionen in Immobilien eher eine langfristige Sache: Du ziehst selbst ein, vermietest sie, um regelmäßige Einnahmen zu generieren, oder kaufst ein Grundstück und wartest, dass es an Wert gewinnt. Und das wird es auf jeden Fall. Historisch gesehen haben Immobilien immer an Wert gewonnen, wenn du bereit und in der Lage bist, sie lange genug zu halten.

Meide die Falle, dich durch Hausbesitz arm zu machen: Hypothekenraten, Steuern, Versicherungen und Instandhaltungskosten müssen in einem vernünftigen Verhältnis zu deinem Einkommen stehen. Die Faustregel lautet, dass im Budget 25 Prozent deines Einkommens für die mit dem Immobilieneigentum anfallenden Kosten angesetzt werden sollten.

Für den *Holistic Wealth*-Podcast hatte ich die Gelegenheit, mit Malena Crawford zu sprechen, Autorin und Gründerin der Bewegung *Black Divine Feminine Reawakened* – einer Facebook-Gruppe zur Stärkung schwarzer Frauen, die mehr als siebzigtausend Follower hat. Malena ist zudem *Certified Holistic Wealth™ Consultant.* Als Coach und Immobilieninvestorin verdient sie einen sechsstelligen Betrag, und sie plädiert leidenschaftlich für die Vorzüge von Immobilieninvestments als das Mittel der Wahl, um die Position von Frauen zu stärken.

Im Podcast redeten wir über Tipps und Strategien, die wenig oder kein Eigenkapital erfordern, wie zum Beispiel Investitionen in Kleinimmobilien im Wert von 30 000 bis 50 000 Dollar, *House Hacking* (d. h. einen Teil der eigenen Wohnung zu vermieten, um Einkommen zu generieren) und Partnerschaften, um gemeinsam mit anderen in Immobilien zu investieren. Im Mai 2020 ging Malena ein Risiko ein und kaufte ein Investitionsobjekt mit mehreren Mieteinheiten, das inzwischen angesichts der steigenden Nachfrage nach immer knapper werdendem Wohnraum deutlich an Wert zugelegt hat.

Langfristiges Investieren in Immobilien kann dazu beitragen, ein Portfolio an passiven Geldanlagen aufzubauen. Auch schafft es ein Polster für den späteren Ruhestand und trägt zum Aufbau von holistischem Vermögen bei.

VALUE INVESTING

Ein Investment ist dann lohnend, wenn der Preis so attraktiv ist, dass die Chance auf eine hohe Rendite besteht. Dies ist der Kerngedanke des *Value Investing* – des wertorientierten Investierens, bei dem du versuchst, unterbewertete Aktien oder Vermögenswerte zu entdecken und zu kaufen, die langfristig ein hohes

Potenzial für Wertsteigerung haben. Behältst du bei der Entscheidung, wo du dein Erspartes investieren willst, deine langfristigen Ziele im Blick, agierst du effizienter und erzielst bessere Ergebnisse.

Ich habe mit Robert R. Johnson, Autor und Professor für Finanzen am *Heider College of Business* der *Creighton University* sowie Vorsitzender und CEO von *Economic Index Associates* gesprochen. Er erklärte:

> Vermögen aufzubauen, ist ein Marathon und kein Sprint. Eine langfristige Perspektive ist die absolut wichtigste Grundvoraussetzung, um erfolgreich zu investieren. Grund dafür ist, dass Märkte kurzfristig irrational überbewertet oder unterbewertet sein können. Benjamin Graham, der Vater des *Value Investing* und Mentor von Warren Buffett, erklärte das Konzept des *Value Investing* so: »Kurzfristig ist der Markt wie ein Wahlomat, der abzählt, welche Unternehmen beliebt oder unbeliebt sind. Aber langfristig ist der Markt wie eine Waage, die den tatsächlichen Wert eines Unternehmens misst.« Auf kurze Sicht bestimmen Gefühle den Markt, auf lange Sicht zählen die konkreten Fakten.
>
> Langfristige Investoren sollten ein diversifiziertes Portfolio aus Stammaktien halten und Marktschwankungen aussitzen. Laut Daten von *Ibbotson Associates* erzielten Aktien mit hoher Marktkapitalisierung (z. B. der S&P 500) von 1926 bis 2017 eine durchschnittliche jährliche Rendite von 10,2 % (auf Zinseszinsbasis). Im selben Zeitraum brachten langfristige Staatsan-

leihen eine jährliche Rendite von 5,5 %, während Schatzwechsel *(T-Bills)* 3,4 % pro Jahr erwirtschafteten.

Der sicherste Weg, um über lange Zeitspannen hinweg Wohlstand zu generieren, besteht darin, in ein breit gestreutes Portfolio von Stammaktien zu investieren. Ein altes Wall-Street-Sprichwort besagt: »Niemand läutet eine Glocke am Höchst- oder Tiefpunkt des Marktes.« Investoren sind gut beraten, Marktschwankungen auszusitzen und nicht zu versuchen, den Markt zu timen.

Leute, die an der Börse in kurzem Wechsel ein- und wieder aussteigen, investieren in der Regel zu hohen Kursen und verkaufen zu niedrigen. Es genügt, ein paar positive Tage zu verpassen, um die langfristige Rendite negativ zu beeinflussen. Von 1996 bis 2016 erzielte der S&P 500 eine jährliche Rendite von 8,19 Prozent. Wer jedoch versuchte, den Markt zu timen, und dabei die fünf besten Handelstage verpasste, für den reduzierte sich die Rendite auf 5,99 Prozent.

Es gibt zwar längere Phasen mit schwachen Börsenerträgen – so lag die durchschnittliche jährliche Rendite des S&P 500 im »verlorenen Jahrzehnt« der 2000er Jahre bei –0,9 Prozent –, doch seit 1970 betrug die niedrigste Rendite für eine zwanzigjährige Haltedauer von *Large Cap*-Aktien immer noch 7,20 Prozent pro Jahr. Die beste Strategie für Börsenneulinge ist, ihr Geld in Aktien anzulegen und diese langfristig zu halten. Bemerkenswerterweise wäre der Wert eines US-Dollars, der Ende 1925 in einen Aktienmarkt-

> index für Unternehmen mit hoher Marktkapitalisierung investiert wurde, bis Ende 2017 auf 7352,68 US-Dollar angewachsen.

Benjamin Graham, der in obigem Beitrag erwähnt wird, war Mentor von Warren Buffett. In Robert Johnsons Buch *Strategic Value Investing* findet sich der Hinweis, dass Warren Buffett *The Intelligent Investor* (geschrieben von Benjamin Graham, auf Deutsch erschienen unter dem Titel »Intelligent investieren«) für das mit Abstand beste Werk hält, das je zum Thema Investieren geschrieben wurde. Eine der wichtigsten Regeln wird darin besonders hervorgehoben: Diversifikation. Als Robert Johnson sich mit Buffett in Verbindung setzte, um von ihm Lehrbuchempfehlungen für seinen Finanzkurs am *Heider College* zu erhalten, nannte ihm dieser *Wertpapieranalyse* (Originaltitel: »Security Analysis«) und *Intelligent investieren* (Originaltitel: *The Intelligent Investor*), beide von Benjamin Graham, sowie *Die Profi-Investment-Strategie* (Originaltitel: »Common Stocks and Uncommon Profits and Other Writings«) von Philip Fisher.

Bei langfristigen Investments wirst du je nach deiner Risikotoleranz ein gewisses Maß an Marktschwankungen erleben. Wie du darauf reagierst, ist entscheidend für den Erfolg oder Misserfolg deiner Anlage. Nimmst du angesichts des Aufs und Abs Veränderungen an deinem Portfolio vor, wirst du langfristig womöglich nicht die gewünschte Rendite erzielen. Es besteht die Gefahr, hoch ein- und niedrig auszusteigen. Hältst du hingegen an deiner Anlage fest, ist die Wahrscheinlichkeit höher, eine spätere positive Entwicklung mitzunehmen.

Achte beim Aufbau deines Portfolios also unbedingt darauf, dass es deiner Risikotoleranz entspricht. So verhinderst du, dass du dich zu Reaktionen hinreißen lässt oder Entscheidungen triffst, die sich negativ auf den Wert deines Aktienbestands auswirken könnten. Auch aus diesem Grund ist es wichtig, deine persönliche finanzielle Identität zu kennen.

Ich kann dir keine Empfehlung dazu geben, welches Anlageinstrument für dich das beste wäre. Was ich dir aber raten kann, ist, zu recherchieren, deine Ziele zu analysieren, dich gegebenenfalls von einem Finanzprofi beraten zu lassen und dich dann für ein langfristiges Investment zu entscheiden, das zu deiner Vision passt. Dies ist ein holistischer Ansatz zum Aufbau von Vermögen. In deine Zukunft zu investieren, ist ein unverzichtbarer Bestandteil deiner Finanzplanung und erlaubt dir, in unvorhersehbaren Lebenskrisen »den Stürmen zu widerstehen«. Ein gewisses Basiswissen im Bereich Finanzen hilft dir, die richtigen Entscheidungen zu treffen. Auch dies ist ein entscheidender Baustein bei der Schaffung von holistischem Wohlstand.

18

SCHULDENFREIHEIT

Ein verschuldeter Mensch ist in gewissem Maße ein Sklave.

– Ralph Waldo Emerson

Wir haben im Dezember 2001 geheiratet, als die Welt gerade den schlimmsten Börsencrash seit der großen Depression erlebte. Von März 2000 bis Oktober 2002 büßten US-Aktien 50,2 Prozent ihres Werts ein, was 7,4 Billionen US-Dollar entspricht. Als mein Mann sieben Jahre später starb, befanden wir uns auf dem Höhepunkt der globalen Finanzkrise von 2009. Unsere gemeinsamen sieben Jahre lagen also zwischen zwei der größten globalen wirtschaftlichen Zusammenbrüche in der Geschichte. Rückblickend wurde die Zeit von 2000 bis 2009 oft als »die verlorene Dekade« bezeichnet.

Während COVID-19 erlebten wir im März 2020 wiederum einen der dramatischsten Einbrüche des Aktienmarkts. Innerhalb von vier Börsentagen stürzte der Dow Jones um 6400 Punkte ab. Während meiner beruflichen Laufbahn habe ich also die Dotcom-Blase, den Börsencrash von 2001, die globale Finanzkrise von 2009 und den durch COVID-19 verursachten Börseneinbruch von 2020 erlebt und bewältigt.

Zeitgleich mit jedem wirtschaftlichen Niedergang fanden wichtige Meilensteine in meinem Leben statt: meine Heirat, die

Geburt meiner Kinder, der Tod meines Mannes, die Rückkehr in den Job als Witwe, die Rückenverletzung. Wir leben in einer Ära der Krisen – einer Zeit, auf die wir womöglich irgendwann wieder als »verlorenes Jahrzehnt« zurückblicken werden. Eine Schlüsselerkenntnis, die ich im Angesicht all dieser Talfahrten gewonnen habe: Langfristiges Investieren lohnt sich über die Länge der Zeit betrachtet. Das Gleiche gilt dafür, möglichst wenig Schulden zu haben.

Als mein Mann starb, standen wir glücklicherweise so gut wie nirgends in der Kreide. Was du auf keinen Fall erleben willst, ist, dich mit den lebensverändernden Folgen eines Todesfalls, einer Scheidung, einer schweren Krankheit, eines Unfalls oder Verlusts des Arbeitsplatzes auseinandersetzen zu müssen und dich gleichzeitig mit einem Berg von Schulden konfrontiert zu sehen. Das wäre in etwa so, als hätte Sisyphus auch noch Geldprobleme.

Nach Garfields Tod ging mir permanent der Gedanke durch den Kopf, dass ich nun die Hauptverdienerin war. Ich frage mich, was ich getan hätte, wenn wir hochverschuldet gewesen wären. Selbst ohne eine solche Belastung – allein beim Gedanken an diese Möglichkeit drehte sich mir buchstäblich der Magen um.

Zusätzlich zu unserem Lebensunterhalt und den Ausgaben für die Kinder musste ich kurzfristig die Kosten für die Beisetzung stemmen. Obwohl wir eine Lebensversicherung hatten, dauerte es neun Monate, bis sie ausbezahlt wurde. (Ja, so lange kann es dauern!) Eine Beerdigung kann sehr teuer werden, vor allem dann, wenn die ganze Familie aus dem Ausland anreisen muss. Stell dir vor, welchen Stress das für einen Menschen bedeutet, der ohnehin stark verschuldet ist. Sich für die Beerdigung zusätzlich Geld leihen zu müssen, würde ein noch tieferes Loch in seine Finanzen reißen.

Das Konzept des holistischen Wohlstands zielt darauf ab, dir dein Leben so einzurichten, dass du an Resilienz und Ressourcenvielfalt gewinnst. Sollte es zu einer Tragödie kommen, versetzt dich das in die bestmögliche Position, um wieder auf die Beine zu kommen. In diesem Licht betrachtet ist es immer von Vorteil, mögliche Schulden zu tilgen, ganz gleich, ob es sich um einen Studienkredit handelt, ein Hausdarlehen, eine Kontoüberziehung oder jede beliebige andere Form von Kredit oder Darlehen. Finanzielle Unabhängigkeit sollte meines Erachtens Ziel einer jeden Frau sein, und Schuldenfreiheit hat daran einen unverzichtbaren Anteil.

In der ersten Folge des *Holistic Wealth*-Podcasts habe ich ein Interview mit Rachel Rodgers geführt. Sie ist Geschäftsführerin von *Hello Seven* und Autorin. Auch sie ist auf beeindruckende Weise über eine Krise hinweggekommen. Als ihr juristisches Referendariat auslief, verlor sie mitten in der Rezession von 2009 ihren Job. Sie erzählt:

> Ich verlor meine Stelle, weil mein Vertrag auf ein Jahr befristet war und dann automatisch auslief. Ich konnte Arbeitslosengeld beziehen, was in dieser Phase möglich war. Man hatte die Regeln dahingehend gelockert, dass du auch dann Arbeitslosengeld beantragen konntest, wenn du dich mit einem eigenen Unternehmen selbstständig machen wolltest. Wir steckten 2009 und 2010 ja mitten in der großen Rezession. So bekam ich etwas Geld, mit dem ich mein Einkommen etwas aufstocken konnte. Ich zog aus meinem Haus aus, vermietete es und zog mit meinem Mann in eine winzige Souterrainwohnung. Ich verkaufte mein schickes Auto und legte mir einen ziemlich heruntergekommenen kleinen Altima zu, der mich 800 Dollar kostete. Ich schränkte mich in jeder

> Hinsicht stark ein, sodass ich vorübergehend mit sehr viel weniger Geld auskam – alles mit dem Ziel, meine eigene Anwaltsfirma zu gründen. Ich musste zugegebenermaßen einige Opfer bringen. Und mein Startkapital betrug 300 Dollar.
>
> Das Einzige, wofür ich Geld ausgab, war eine Berufshaftpflichtversicherung, ohne die du keine Kanzlei führen darfst; und für Visitenkarten … Ich benutzte den Laptop, den ich während meines Studiums angeschafft hatte. Was ich außerdem hatte, waren mein Jura-Abschluss und meine Zulassung als Anwältin. Ich selbst war also das Geschäftskapital. Was ich zu vermarkten hatte, war meine eigene Leistung. Darum hatte ich zu Anfang keine großen Kosten. Das ist ein Vorteil, den zu nutzen ich nur empfehlen kann. Selbst wenn du ein Produkt verkaufen willst – sollte dir das Kapital dazu fehlen, steht es dir immer noch frei, Dienstleistungen anzubieten.

Im Juni 2020 erreichte Rachel einen bedeutenden Meilenstein, als sie mit ihrem Geschäftscoaching und ihren Mitgliedsangeboten auf der Plattform *Hello Seven* erstmals einen Umsatz von einer und später zwei Millionen US-Dollar erzielte. Während der weltweiten Pandemie konnte sie ihren Umsatz auf fünf Millionen US-Dollar mehr als verdoppeln. Einer der Schlüssel war, sich unmittelbar nach der Zäsur in ihrem Leben signifikant einzuschränken und ihre Ausgaben radikal zu reduzieren.

Um Schulden zu tilgen, bedarf es einer finanziellen Strategie, und oftmals werden uns auf dem Weg in die Freiheit Opfer abverlangt. Miss Mod aus der Provinz Québec, Kanada, dreißig Jahre alt und Mutter, Gründerin der Webseite *Modest Millionaires* (auf

Deutsch: »Bescheidene Millionäre«), erklärte mir, wie sie und ihr Mann sich das Ziel setzten, das Darlehen für ihr Haus innerhalb von fünf Jahren zu tilgen. Sie unternahmen alles Mögliche, um es zu erreichen, und schafften es ein ganzes Jahr vor dem anvisierten Termin. Beinahe auf den Tag genau vier Jahre nachdem sie das Darlehen von 150 000 Dollar aufgenommen hatten, zahlten sie die letzte Rate zurück.

Hier die wichtigsten Strategien, die es ihnen erlaubten, innerhalb von so kurzer Zeit schuldenfrei zu werden: Sie kauften ein Haus zu einem Preis, den sie sich leisten konnten; sie handelten einen flexiblen Darlehensvertrag aus, der vorzeitige Tilgungen ohne große Strafzahlungen erlaubte; sie tilgten jede Woche einen zusätzlichen Betrag; sie schlossen einen steuerbefreiten Sparvertrag mit hoher Verzinsung ab und nutzten die angesparten Beträge für außerplanmäßige Tilgungen.

Ich habe mit einer weiteren Bloggerin gesprochen, Emilie Cleaver, einer Millennial aus Ohio, die über die Rückzahlung von Studienkrediten und den bewussten Umgang mit Geld schreibt. Sie ist noch dabei, ihre Studienschulden zu tilgen, die sich nach ihrem Uni-Abschluss im August 2016 auf 78 000 Dollar beliefen. Zusammen mit ihrem Ehemann waren es insgesamt 108 000 US-Dollar.

Allein mit den Gehältern eines Lehrers und einer Sozialarbeiterin (maximal 40 000 Dollar pro Jahr) gelang es Emilie und ihrem Mann, innerhalb von zwei Jahren über 26 000 Dollar zu tilgen und weitere 9000 Dollar an Zinsen zu bezahlen. Um dies zu erreichen, mussten sie das Geld, das am Ende des Monats übrig blieb, komplett zur Schuldentilgung verwenden. Zu sehen, wie die noch fällige Summe so schnell schrumpfte, motivierte sie jedoch, unnötige Posten aus ihrem Budget zu streichen (sie kauften zum Beispiel nur selten Kleidung und aßen kaum auswärts). Auch sahen sie sich nach zusätzlichen Einkommensquellen um (ein paar Stunden Babysitten pro Woche, in einem Kurs den Unterricht übernehmen, diese oder jene kleinen Jobs ausführen).

Schätzungen zufolge haben die durchschnittlichen Studienkredite bis zum Erreichen des Bachelor in Kanada mittlerweile die Marke von 28000 Dollar überschritten. Das *Canadian University Survey Consortium* befragte für seinen Jahresbericht 2018 mehr als 18000 Absolventen von 36 kanadischen Universitäten. Im Durchschnitt waren Studierende mit 28000 Dollar belastet.[24] In den Vereinigten Staaten beträgt die durchschnittliche Höhe der Studienschulden laut Federal Reserve sogar 32731 Dollar.[25]

Sich ein Stipendium zu sichern, kann Teil der Strategie sein, um die Studiengebühren niedrig zu halten und schuldenfrei zu graduieren. Eine Studentin aus meinem Bekanntenkreis, Kristina Ellis – auch bekannt als »College Ninja« –, bewarb sich um mehrere Stipendien gleichzeitig und zog mehr als 500000 Dollar an Land, sodass sie keine Studienkredite aufnehmen musste. Ihr erstes Buch, *Confessions of a Scholarship Winner* (auf Deutsch etwa: »Bekenntnisse einer Stipendiatin«), ermutigt Studierende, an Stipendienbewerbungen so heranzugehen, als wollten sie etwas verkaufen. Ihr Werk ist eine großartige Ressource für junge Menschen, die nach Möglichkeiten suchen, ohne große Verschuldung durch ihr Studium zu kommen.

Beide Fälle (Miss Mod und Emilie) zeigen Wege auf, die allen offenstehen – nicht nur, wenn es um das Tilgen von Schulden, sondern auch darum geht, früher finanziell unabhängig zu werden.

---

24 Cameron Yee, »Financial Aid Guide for University and College Students in Canada«, *MoneySense*, 2. Dezember 2020, https://www.moneysense.ca/save/financial-aid-guide-for-university-and-college-students-in-canada/.

25 »Report on the Economic Well-Being of U.S. Households in 2016 – May 2017«, The Federal Reserve, https://www.federalreserve.gov/publications/2017-economic-well-being-of-us-households-in-2016-education-debt-loans.htm.

Die eine Regel lautet: *Lebe unter deinen Verhältnissen.* Ein Haus zu einem Preis zu kaufen, den du dir leisten kannst; einen flexiblen Darlehensvertrag auszuhandeln, der vorzeitige Tilgungen ohne große Strafzahlungen erlaubt; jede Woche einen zusätzlichen Betrag zu tilgen; einen Sparvertrag mit hoher Verzinsung abzuschließen und die angesparten Beträge für außerplanmäßige Tilgungen zu nutzen – all dies sind solide Strategien.

Die andere Regel lautet: *Schaffe dir mehrere Einkommensquellen.* Auch dies hilft, Extratilgungen vorzunehmen und Ersparnisse aufzubauen. Gleiches gilt für den Verzicht auf unnötige Geldausgaben.

DEN *HOLISTIC WEALTH MINDSET* KULTIVIEREN

Kommen wir noch einmal auf Malena Crawford und das Interview zurück, das ich mit ihr für den *Holistic Wealth*-Podcast geführt habe. Es war bereits in Kapitel 17 davon die Rede. Malena erzählte mir, wie ihre in Obdachlosigkeit verbrachte Kindheit sie in die Depression führte und ihr ein negatives Selbstbild gab. Doch es gelang ihr, sich aus ihrer Opferhaltung zu befreien.

Ebenfalls im Podcast sprach Dr. Deana Stevenson, Gründerin von *Doc Deana Enterprises* und *Certified Holistic Wealth™ Consultant,* darüber, wie sie das Gefühl überwand, eine Hochstaplerin zu sein, und ein sehr erfolgreiches Unternehmen im Bereich Ausbildungsberatung gründete, mit dem sie mittlerweile einen siebenstelligen Umsatz erwirtschaftet.

Nur durch das Kultivieren einer besonderen inneren Haltung gelang es diesen beiden Frauen, ihre Ziele zu erreichen. Malena Crawford nennt inzwischen Immobilien und ein Coaching-Unternehmen mit einem sechsstelligen Wert ihr Eigen. Erfolge wie diese machen deutlich, welch entscheidenden Anteil der

Mindset und die mentale Stärke am unternehmerischen Erfolg haben.

Auch für kleinere Betriebe gibt es Strategien, um Schulden zu reduzieren, zu vermeiden und zu tilgen. Die Unternehmerin Naomi Sinead Roopchand, CEO von *Naomi Sinead Beauty,* nutzte die Einnahmen aus dem Verkauf einer Firma, um sie in ihr nächstes Projekt zu stecken. Aus den Einnahmen ihrer Online-Shopping-Börse, über die Frauen hochwertige Kleider kaufen, verkaufen und tauschen können, beglich sie innerhalb von etwa zwei Jahren Schulden in Höhe von insgesamt 27 000 Dollar und blieb danach schuldenfrei, indem sie ihre kompletten Einnahmen wieder in ihr Unternehmen investierte.

Nach dem Verkauf des Internetportals setzte sie einen Teil des Erlöses zur Gründung des *DermAesthetics Institute* ein, das im November 2018 an den Start ging. Sie blieb schuldenfrei, weil sie sich nicht übernahm und sich Schritt für Schritt in ihrer Branche weiterentwickelte. Außerdem änderte sie ihre Arbeitskleidung – anstelle der neuesten Outfits von *Saks Fifth Avenue* trägt sie nun Kasacks für vierzig Dollar. Braucht sie ein Seminar zur beruflichen Weiterbildung, wendet sie sich an die Kosmetiksalons, mit denen sie zusammenarbeitet, mit der Bitte, die Hälfte der Kosten zu übernehmen, mit dem Argument, dass schließlich beide von ihrem Wissensgewinn profitieren.

Sie will weiter in den Ausbau ihrer Marke investieren und hat sich darum wohnungsmäßig verkleinert. Statt in einem Hochhaus-Apartment mitten in Philadelphia lebt sie mittlerweile in einem Vorort, wo es deutlich günstiger ist.

Und noch etwas: Sinead erzählte mir in unserem Interview: »Ich habe aufgehört, mein Geld für Happy-Hour-Drinks und Events aus dem Fenster zu werfen – also Ausgaben zu vermeiden, die der reinen Geselligkeit dienen. Jetzt besuche ich nur noch solche Events und Seminare, die mir beim Networken helfen oder

Wissen vermitteln, weil ich die Kosten dafür von der Steuer absetzen kann.«

Solltest du zurzeit Schulden haben, lass dich von den hier beschriebenen Beispielen inspirieren und denke kreativ nach, wie du sie reduzieren und tilgen kannst. Schuldenfreiheit zahlt sich doppelt und dreifach auf deinem holistischen Bankkonto aus.

DEIN PORTFOLIO: FINANZIELLE UNABHÄNGIGKEIT

In Teil II habe ich dir sieben Lebenslektionen dazu vorgestellt, wie du finanzielle Unabhängigkeit erreichen und dadurch deinen holistischen Wohlstand mehren kannst.

1. Deine persönliche finanzielle Identität
2. Finanzielle Resilienz und Kreativität
3. Eine gute Zukunftsplanung
4. Eine gute Altersvorsorge
5. Kalkulierte Risiken
6. Solide langfristige Investments
7. Schuldenfreiheit

Im Folgenden findest du fünf Dinge, die du tun kannst, um deinen holistischen Wohlstand zu mehren und gut für die Zukunft vorauszuplanen. Bei manchen Punkten handelt es sich einfach um Fragen, über die es sich nachzudenken lohnt. Bedenke, dass der Abschluss solider langfristiger Investments, eine gute Altersversorgung, das Tilgen etwaiger Schulden und das Eingehen kalkulierter Risiken die ersten Schritte sind, um finanzielle Unabhängigkeit zu erreichen. Mach eines – oder alles –, was auf dieser Liste steht:

1. Schreibe auf, wie eine gute Zukunftsplanung für dich aussieht. Notiere auch deine langfristigen Finanzziele wie etwa die Vorsorge für den Ruhestand.
2. Denke über deine Einstellung zum Eingehen kalkulierter Risiken nach. Notiere einige echte und unechte Hürden und analysiere sie. Stell eine Liste der Hürden auf, die dich am Erreichen deiner Ziele hindern, und überlege dir, wie du sie überwinden kannst.
3. Denke darüber nach, auf welche Weise du schon einmal ein kalkuliertes Risiko eingegangen bist. Hat es dir geholfen, deine Ziele zu erreichen? Welche anderen Risiken müsstest du eingehen, um sie zu erreichen?
4. Schau dich nach einem soliden langfristigen Investment um, das du gerne abschließen würdest. Was ist notwendig, damit du diesen Schritt gehen kannst?
5. Schau dir deine Gesamtschuldenbelastung an. Unternimmst du etwas, um sie zu tilgen?

TEIL III

KÖRPER UND GEIST

19

SPIRITUELLE SELBSTERNEUERUNG

Ein unreflektiertes Leben ist nicht lebenswert.

– *Sokrates*

Spirituelle Selbsterneuerung bedeutet, uns die Zeit zu nehmen, uns neu zu erfinden und die Vergangenheit hinter uns zu lassen, um eine neue Lebensphase einzuläuten. Dies ist ein starker Prozess.

Nach dem Tod meines Mannes hatte ich das Gefühl, ständig von den Schatten der Vergangenheit eingeholt zu werden – in Anlehnung an das biblische Bild sprach ich von meinen »vertrockneten Knochen«. Mein Kopf war voll von all diesen Ängsten, Zweifeln und Sorgen; was ich hätte tun sollen, welche Symptome mir früher hätten auffallen müssen; Gedanken wie »wenn ich den Ärzten bloß mehr Fragen gestellt hätte, vielleicht wäre es dann anders gelaufen«. Die Mühle drehte sich und drehte sich, immer und immer wieder, Kreis um Kreis.

Ich musste auf die harte Tour lernen, dass es nur einen Weg gab, um mich neu zu erfinden: durch permanente Selbsterneuerung. Ich musste mein altes Selbst sterben lassen, um Platz für die Geburt eines neuen zu machen. Ich nahm eine Bestandsaufnahme vor, um zu sehen, wie viel Raum ich den Schatten der

Vergangenheit gab. Wie sich zeigte, beraubte ich mich durch das Festhalten an meinen »vertrockneten Knochen« meiner Zukunft.

Es ist nämlich so: Wenn wir die Vergangenheit nicht ruhen lassen, werden wir wie Steppenläufer durchs Leben getrieben. Während wir ziellos durch die Lande taumeln, lesen wir alte Verletzungen auf und ziehen neue an, bis die Last so groß wird, dass es kein Vorwärtskommen mehr gibt.

C. S. Lewis schreibt in seinem Buch *Überrascht von Freude* (Originaltitel »Surprised by Joy«): »Alle meine Taten, Gedanken und Wünsche sollten in Einklang mit dem universellen Geist gebracht werden. Mit ernsthaftem, praktischem Ziel prüfte ich mich selbst. Und was ich dort fand, erschreckte mich: ein Zoo der Lüste, ein Tollhaus der Ambitionen, eine Kinderstube der Ängste, ein Harem gehegter Feindschaften. Mein Name war Legion.« Wie die Autorin Anne Lamott fühlte auch ich mich beflügelt und befreit, als ich diese Zeilen zum ersten Mal las. C. S. Lewis hatte auch seine »vertrockneten Knochen«. Andere als ich zwar, aber sie waren nicht minder vertrocknete. Wie wohl jede und jeder von uns sie auf seine Weise hat.

Es heißt, die größten Kämpfe des Lebens werden täglich in den stillen Kammern unserer Seele ausgetragen. Gewinnst du die Kämpfe dort und klärst du die Themen, die deinen inneren Konflikten zugrunde liegen, stellt sich ein Gefühl von Frieden ein. Auf einmal weißt du, welche Richtung dein künftiges Leben nehmen kann – eine unschätzbar wertvolle Erkenntnis im Licht des ganzheitlichen Wohlstands und dein wohlverdienter Lohn für die harte, lohnenswerte Arbeit, nach innen zu gehen und deine wahre Berufung zu finden. Innere Motivation ist der Schlüssel, um deinen Daseinszweck zu finden und deinem Leben eine neue Richtung zu geben.

Wir alle durchleben Höhen und Tiefen, aber manchmal erscheint es uns so, als seien die Täler unpassierbar und die Gipfel zu hoch, und sie zu überwinden nichts als ein vager Traum. Viele sitzen auf Dauer in den Tälern fest, manche aber schaffen es immer wieder hinauf auf den Gipfel – agiler, in besserer Form als zuvor und bereit, die nächste Herausforderung anzugehen.

Was unterscheidet die, die solche Gipfelerlebnisse haben, von denen, die nicht aus dem Tal herauszukommen scheinen?

Ohne das kontinuierliche, methodische, bewusste Bemühen, uns selbst zu erneuern, kann es passieren, dass wir den Weg aus dem »Tal der vertrockneten Knochen« nicht mehr finden. Das Gesetz der spirituellen Selbsterneuerung ist eindeutig: Wir müssen uns im Innersten prüfen, um unseren Daseinszweck zu finden und ein sinnhaftes Leben zu führen – ein Leben in voller Größe.

Erfüllst du die folgenden vier Grundvoraussetzungen – ich nenne sie »Gesetze der spirituellen Selbsterneuerung« – kannst du es auf den Gipfel schaffen.

1. EINE PERSÖNLICHE BESTANDSAUFNAHME

Der allererste Schritt deiner persönlichen Bestandsaufnahme besteht darin, dein Tal auszuloten: Wie stehst du da? Sind Knochenmännchen deine Hauptgesellschaft? Eine Beziehung, die in die Brüche gegangen ist, eine Scheidung, der Tod eines geliebten Menschen, eine Firmenpleite, die gescheiterte Karriere – Ereignisse wie diese können uns physisch, emotional und spirituell an den Rand der Existenz bringen und uns jede Hoffnung auf Selbsterneuerung oder persönliches Wachstum rauben.

Schürfen wir tiefer, kommen bei der Bestandsaufnahme folgende Themen ans Licht:

a. **Negative Gedanken (uns im Tal verschanzen):** Wie viel Zeit verbringen wir täglich damit, negativen Gedanken nachzuhängen, die uns für Chancen und segensreiche Überraschungen blockieren?

b. **Mangelnde Dankbarkeit:** Wie viel Zeit verbringen wir täglich damit, mit unserer persönlichen Situation zu hadern, ohne die kleinen Segnungen wahrzunehmen und wertzuschätzen, die uns ebenfalls begegnen?
c. **Mangelndes Verzeihen:** Wie sehr haben wir uns und anderen die Verletzungen der Vergangenheit und die verpassten Chancen verziehen?
d. **Falsch gesetzte Prioritäten:** Wie viel von unserer Aufmerksamkeit und unseres Strebens richten wir wirklich darauf, unsere Ziele zu erreichen?

Zu beten, zu meditieren und unserer Intuition zu folgen, sind die Schlüssel dafür, unserem Leben eine klare Richtung zu geben.

2. EINE KLARE RICHTUNG

Viele große Führungspersönlichkeiten, wie Martin Luther King Jr., sind deshalb so besonders, weil sie etwas getan haben, das kaum jemand für möglich hielt – sie haben buchstäblich die Richtung des Fortschritts für kommende Generationen vorgegeben. Ihr Fokus beschränkte sich nicht allein darauf, Karriere zu machen oder einen Job auszuführen. Sie hatten eine Vision und eine Mission.

Für die spirituelle Selbsterneuerung kommt es entscheidend darauf an, sich neu zu fokussieren und dem Leben eine klare Richtung zu geben. Erneuerst du dein Bekenntnis zu veränderten Prioritäten, trägt das auch dazu bei, die Hoffnung in dir lebendig zu halten.

Deinem Leben eine klare Richtung zu geben, heißt, dir Ziele

zu setzen und eine Vision für dein Leben zu entwickeln. Das Erreichen von Rang, Ruhm und Macht gilt dabei nicht als das einzig Wahre und Erstrebenswerte. Wie wir noch sehen werden, sind Ziele aus der Perspektive des holistischen Wohlstands so zu formulieren, dass sie dem Wohl der Menschheit dienen und die Welt zu einem besseren Ort machen.

3. NEUE HOFFNUNG UND MOTIVATION

Hoffnung und Optimismus sind der Antrieb, um unsere Ziele zu erreichen. Ein unerschütterlicher Optimismus, der allen Rückschlägen, Fehlern und Hindernissen standhält, ist essenziell für die Selbsterneuerung. Er lässt uns selbst im Angesicht von scheinbar endlosen Widerständen einen Weg zum Erfolg finden. Viele außergewöhnliche Persönlichkeiten haben vor allem auf diesen unbezwingbaren Optimismus gesetzt.

Winston Churchill ist berühmt dafür, dass er in der Anfangszeit des Zweiten Weltkriegs der westlichen Welt die Hoffnung bewahrte. Auf ähnliche Weise hielt Martin Luther King Jr. für Millionen Anhänger, überwiegend in den Kirchen der Südstaaten, die Hoffnung hoch, den systematischen Rassismus überwinden zu können. Es gelang ihm, indem er diese Menschen auf die Vision einer besseren Zukunft einschwor. Er half ihnen, sich ein Land vorzustellen, in dem »Menschen nicht nach der Farbe ihrer Haut, sondern nach dem Inhalt ihres Charakters beurteilt werden«.

Er hielt die Hoffnung und die Motivation selbst in Zeiten hoch, in denen ihnen einige der grausamsten Ungerechtigkeiten in der menschlichen Geschichte angetan wurden. Sie wurden gelyncht und unter Einsatz von Tränengas, Pferden, Hunden und mit Waffengewalt vertrieben. Und doch kamen sie in Scharen, um Dr. King reden zu hören und sich von ihm neue Hoffnung machen und zum Durchhalten motivieren zu lassen. Dies ist eins der stärksten Beispiele für das Wirken des Gesetzes der spirituellen Selbsterneuerung.

Große Führungspersönlichkeiten wie diese hatten Träume, die über ihre eigene Person hinausgingen – ihre Ziele waren größer, als nachfolgende Generationen sie sich hätten vorstellen können. Ihre Hoffnung und ihr Optimismus legte den Grundstein für einige der größten Bewegungen unserer Zeit und transformierten die Menschheit, um sie besser, stärker und resilienter zu machen.

4. SPIRITUELLE TRANSFORMATION

Spirituelle Transformation wird durch ein wachsendes Bewusstsein für die Realität der Seele genährt: Es entsteht daraus eine bewusste Verpflichtung zu einem Leben in Selbstdisziplin und aktivem Dienst an der Welt. Spirituelle Praktiken wie das Meditieren, Studieren und Dienen werden zur alltäglichen Gewohnheit. Eigenschaften wie Mitgefühl, Weisheit und allumfassende Liebe rücken in den Mittelpunkt. Spirituelle Erneuerung bedeutet, die eigene begrenzte Identität loszulassen, sich zu etwas Größerem, Kraftvollerem hinzuentwickeln und dem wahren Selbst näherzukommen.

Spirituelle Transformation ist nicht eingehegt von dem, was andere denken – oder was die Gesellschaft als Erfolg definiert (d. h. Geld, Stellung usw.). Vollziehst du sie, durchläufst du einen Entwicklungsprozess, der in einer Neuausrichtung mündet: Du fokussierst dich nicht mehr auf die Täler, sondern auf die Gipfel, den Dienst an der Menschheit und darauf, im Hier und Jetzt glücklich zu sein. Die transformierte Seele fragt: »Was kann ich für die Menschheit tun?«, statt: »Was kann die Menschheit für mich tun?«

ÜBER DAS VERGEBEN

Auch Vergebung spielt bei der spirituellen Selbsterneuerung eine große Rolle. Nachdem ich Witwe wurde, haben mich manche Kommentare von toxischen Schwarzmalern und anderen Zweiflern richtig aus der Bahn geworfen. Sie reichten von: »Mit zwei Kindern will dich sowieso keiner mehr haben«, bis zu Bemerkungen, die auf den Satz hinausliefen: »Deine Kinder werden nie mehr glücklich sein im Leben.«

Ich musste stark an mich halten, um nicht nach anderen Leuten auszukeilen – und tief in mich gehen, um Vergebung zu üben. Vor dem Tod meines Mannes hatte ich nie Probleme damit, anderen zu verzeihen. Angesichts meiner großen Trauer und meines Leids erwartete ich nun von anderen, besonders sensibel mit mir umzugehen. Sie sollten fürsorglich und liebevoll zu mir sein. Aber die Realität sah oft anders aus.

Man staunt angesichts der Dinge, die manchen Menschen über die Lippen kommen. Ich konnte nicht begreifen, dass es Leute gab, die mich, die ich ohnehin am Tiefpunkt meines Lebens angekommen war und am Rand des Abgrunds stand, nun auch noch lebendig begraben wollten. Es fühlte sich so an, als würde man mir in mein gebrochenes, blutendes Herz noch zusätzlich hineinstechen.

Zu vergeben ist entscheidend, um den Schmerz zu überwinden und weiterzuleben. Es zu tun, fällt uns noch schwerer, wenn die Verletzungen im Zusammenhang mit einer Tragödie oder einem Verlust geschehen, aber dann müssen wir eben über einen noch größeren Schatten springen. Nach allem, was ich erlebt habe, bin ich zu der festen Überzeugung gekommen, dass es ohne Vergebung keine spirituelle Selbsterneuerung geben kann.

TAGEBUCH SCHREIBEN

Ein Tagebuch zu führen, kann sich als ausgezeichnetes Tool zur spirituellen Selbsterneuerung erweisen. Michael Alcée, klinischer Psychologe in New York, beschrieb die Vorzüge des *Journalings* in einem Interview so:

> Tagebuch zu schreiben, erlaubt uns, unsere tiefsten Gedanken und Gefühle frei zum Ausdruck zu bringen … [Es] ist entscheidend für unser psychisches Wohlbefinden, weil wir uns damit einen beständigen, wohlmeinenden Zeugen schaffen, der an unserer Seite bleibt, wohin wir auch gehen. Es ist, als hätten wir eine Art mobilen Therapeuten dabei, der uns als Resonanzboden und Wegweiser durch die oft nebulösen Erfahrungen unseres Alltags dient. Beim Tagebuchschreiben bekommen wir Zugang zu unserer gefühlsbetonten, assoziativen rechten Gehirnhälfte, obwohl wir eine von der linken, sprachgesteuerten Gehirnhälfte dominierte Aufgabe ausführen. Es ist ein wertvolles Tool, das es uns erlaubt, unsere tiefsten Hoffnungen zugleich einzuhegen und zu nähren.

Wie der große amerikanische Autor Robert Frost so schön sagte: »Ich schreibe, um das herauszufinden, von dem ich nicht wusste, dass ich es weiß.«

Unsere Gedanken, Erlebnisse, Einsichten und Lektionen in einem Tagebuch festzuhalten, stärkt zugleich unsere geistige Klarheit und Präzision und lässt uns Zusammenhänge besser verstehen. Wir lernen, uns auf einer tieferen Ebene auszudrücken und unsere Gefühle zu formulieren.

Ich empfehle dir also: Fang an, dein Leben in einem Tagebuch zu dokumentieren. Halte nicht nur das Traurige, sondern auch die guten Augenblicke fest. Schreibe die Dinge auf, die dich so amüsiert haben, dass du dich vor Lachen nicht mehr halten konntest. Erzähle von Ostern und Weihnachten und deinen Ferien – halte alle Einzelheiten fest. Erzähle davon, wie du deinen Bruder gefragt hast, ob er dich bei deiner Hochzeit zum Traualtar führen will, und er dies abgelehnt hat, weil er dann den Brautjungfern bei den unmittelbaren Vorbereitungen helfen müsse und seine größte Angst sei, dass ihnen die falschen Brüste aus dem Ausschnitt rutschen würden.

Erzähle davon, wie deine Tante Betty so betrunken war, dass sie sich in den Schoß deines blinden Cousins Pete übergab. Erzähle, wie die Mädchen in der Highschool während der Lunchpause mit bunten Velcro-Lockenwicklern herumliefen (du weißt schon, mit diesen superhässlichen, quietschbunten Jumboteilen), um perfekt gestylte Haare zu haben, wenn sie sich nach der Schule mit ihrem Freund trafen. Zwei dieser drei Geschichten sind tatsächlich in meinem unmittelbaren Umfeld passiert. (Ich wette, du kannst nicht sagen, welche es waren.)

Sue Matthews, Präsidentin der *Taylor Matthews Foundation* in New York, nutzte ihr Tagebuch, um mit dem Tod ihrer Tochter fertigzuwerden. Bei Taylor wurde im Alter von elf Jahren Krebs diagnostiziert, und sie verlor ihren Kampf im Alter von sechzehn Jahren. Zu ihrer Tagebucharbeit sagte mir Sue:

> Am Anfang schrieb ich ihr jeden Tag, und es half mir, mit ihr in Verbindung zu bleiben. Dann fing ich an, über ihr Leben und ihre Krankheit zu schreiben, was mir ebenfalls half, sie für mich lebendig zu halten und mit ihr in Kontakt zu sein. Es war eine großartige Möglichkeit, meine Ge-

> fühle vor mir selbst zum Ausdruck zu bringen, in meinem eigenen Raum, und das war eine große Befreiung. Es half mir auch sehr, meine Depression zu überwinden.
>
> Während ich mein Tagebuch-Buch schrieb, erinnerte ich mich an Dinge, die ich vergessen hatte, und es gab mir Gelegenheit, mir auch die guten Zeiten ins Gedächtnis zu rufen. Ich empfinde es als großes Glück, dass ich im Schreiben eine Möglichkeit gefunden habe, mit ihr in Verbindung zu sein, und noch dazu vielen anderen Menschen zu helfen. Wenn ich lese, was ich am Anfang geschrieben habe (2008) und was ich jetzt schreibe, wird mir klar, welch weiten Weg ich zurückgelegt habe.

Tagebuch zu schreiben, hilft auch bei den ganz großen Menschheitsfragen – Fragen, an deren Lösung die bedeutendsten Denker der Geschichte gearbeitet haben. Viele intuitiv begabte Geistesgrößen wie Albert Einstein und Steve Jobs brachten ihre Ideen zu Papier und konnten in ihrer Vorstellung visuelle Lösungen für Probleme entwerfen. Isaac Newton hatte ein Notizbuch für Zufallsfunde – er nannte es »Waste Book« –, in dem er wichtige Passagen aus den Texten, die er las, notierte. Er fand darin Inspiration für viele seiner Entdeckungen.

20

GANZ NEUE REZEPTE

Der erste Reichtum ist Gesundheit.

– Ralph Waldo Emerson

Gesundes Essen und eine geeignete Ernährung sind Teil des Instrumentariums, das du brauchst, um die Kunst zu meistern, nach Krisen wieder ins Leben zurückzufinden. Nach dem Tod meines Mannes nahm ich innerhalb von zwei Wochen fast zwanzig Pfund ab. Ich verlor den Appetit und konnte nichts essen. Nichts schmeckte mir. Mein Verhältnis zum Essen war auf einmal kompliziert, und nichts funktionierte, um meinen Appetit zurückzugewinnen.

Essen ist von ebenso elementarer Bedeutung für uns wie die Luft, die wir atmen, und der Boden unter unseren Füßen. Der Gedanke, zu Hause zu den Mahlzeiten gemeinsam am Tisch zu sitzen, begleitet vom Klang unseres Lachens, ruft positive Erinnerungen wach. Thanksgiving, Weihnachten und Ostern haben ein gemeinsames Element, das uns miteinander verbindet: die Zubereitung eines Festessens. Bei uns war es immer Bratenduft, der uns an solchen Feiertagen in die Nase stieg.

Leben und Essen sind untrennbar miteinander verbunden. Zwischen Leben und Tod verläuft eine schmale Linie, und Nahrung ist die Währung, die wir einsetzen, um das Leben zu erhalten. Beim Tod eines Partners oder einer Partnerin verlieren wir die Person, mit der wir am häufigsten gemeinsam gegessen haben. Unser Verhältnis zum Essen wird angespannt und ruft Erinnerungen an glücklichere Zeiten wach, was oft zu einer komplizierten Trauerreaktion führt. Gewichtsverlust bis hin zu Essstörungen können die Folge sein.

Dies ist häufig der Grund dafür, warum ältere Witwen kurz nach ihren Männern sterben. Sie verlieren die Lust, gesundes, nahrhaftes Essen auf den Tisch zu bringen. Wie ein Parasit beraubt die Trauer ihren Wirt der lebenswichtigen Nährstoffe und zehrt ihn völlig aus.

Vom Anfang unserer Beziehung bis zu Garfields Tod verbrachten wir insgesamt fünfzehn Oster- und Weihnachtsfeste zusammen, und ich bereitete Tausende von Mahlzeiten zu. Während meiner Trauer empfand ich das Einkaufen im Supermarkt wie einen Gang zum Friedhof. Ich wurde auf Schritt und Tritt an das erinnert, was ich verloren hatte. Mir liefen die Tränen über die Wangen, während ich durch die Gänge lief. In einem Costco-Markt nahm eine Freundin mir das Schieben des Einkaufswagens ab, weil ich so heulte. Ich gab kein gutes Bild ab – und bei Costco ist es immer voll.

Erst während meines Sabbaticals gelang es mir wieder, gesund zu essen. Das Gesetz der natürlichen Harmonie und Balance kam zur Wirkung. Ich fing an, so zu essen, wie es unsere Vorfahren getan hatten: Ich kehrte zum Ursprung zurück und strich Dinge wie Pizza, Burger und Pommes von meinem Speiseplan. Stattdessen kamen morgens, mittags und abends Lebensmittel direkt von der Farm auf den Tisch. Ich dachte mir eigene Rezepte mit organischen Zutaten aus.

Bei der Krankheit meines Mannes hatte Bluthochdruck eine Rolle gespielt, und ich wusste, dass ich auf eine bessere Ernährung für mich und auch meine Kinder achten musste. Ich orientierte mich überwiegend an den DASH-Empfehlungen (DASH =

Dietary Approaches to Stop Hypertension, auf Deutsch etwa: »Ernährungsweisen gegen Bluthochdruck«). Im Prinzip entsprechen diese der traditionellen karibischen Küche, deren Fokus ebenfalls auf Lebensmitteln liegt, die reich an entzündungshemmenden und antioxidativen Inhaltsstoffen sind. Damit kann sie einen guten Beitrag zur Überwindung von Trauer und Traumata, zur Stressbewältigung und Entspannung leisten. Die DASH-Ernährung legt besonderes Gewicht auf Gemüse, Obst, fettarme Milchprodukte, Fisch und Meeresfrüchte, Vollkorngetreide, Geflügel und Nüsse.

Außerdem verzichtete ich weitestgehend auf Zucker, zumal ich nicht die gleiche Lust auf Süßes wie in Kanada verspürte, weil das Essen in den Tropen bereits so reich an natürlichen Zutaten war. Mein Appetit verschob sich von raffiniertem Zucker hin zu natürlicher Süße aus Früchten und Gemüse.

Die körperliche Gesundheit spielt eine Schlüsselrolle beim Erreichen von ganzheitlichem Wohlstand. Ist unser Körper nicht genügend mit Nährstoffen versorgt und geschwächt, riskieren wir, krank zu werden oder zumindest die Durchhaltekraft und Energie zu verlieren, die wir brauchen, um unsere Ziele zu erreichen. Während meines Sabbaticals hatte ich jederzeit Zugang zu frischem Obst und Gemüse, das ich täglich selbst im eigenen Garten ernten konnte. Fast alles, was ich aß, einschließlich der Avocados, Mangos, Kirschen, Bananen und Kokosnüsse, pflückte ich nur wenige Schritte von meinem Haus. Ich aß sehr viel Rotbarsch mit Escovitch-Soße. Wir bereiteten Fisch mit Ingwer, Kräutern und roter Paprika zu. Aus frischem Ananassaft, Kokosmilch, Zuckerrohrsirup und einer Handvoll Minzeblättern mixte ich meinen eigenen tropischen Gesundheitscocktail – eine ideale Mischung von tropischen Vibes und bewusster Ernährung.

Nach und nach legten sich meine Verdauungsprobleme, und

ich spürte, wie dank der selbst zubereiteten, nahrhaften Mahlzeiten meine Gesundheit allmählich zurückkehrte. Mit dem Umstieg auf Lebensmittel aus eigenem Anbau aß ich deutlich weniger Junkfood.

Jennifer Smith, Gründerin von *Joy, Energy, Nutrition* und staatlich anerkannte Ernährungsberaterin, sagte mir im Interview, dass ein Mensch, der eine Krise oder ein Trauma durchlebt, wahrscheinlich »mehr Erdung und Zentrierung in seinem Körper braucht. Er muss sich in seinem Überleben sicher und geborgen fühlen und mit seiner Gemeinschaft oder seinem Umfeld verbunden sein.« Smith erklärt, welche Lebensmittel helfen können, ein Gefühl von Erdung, Zentrierung und Sicherheit zu fördern:

- **Rote Lebensmittel:** Fünf bis sieben Portionen täglich von roten pflanzlichen Lebensmitteln (wie Tomaten, Kirschen, Himbeeren, roter Paprika, roten Teesorten, roten Äpfeln, roten Kidneybohnen, roten Linsen usw.). Zu den gesundheitlich wertvollen Nährstoffen, die in verschiedenen roten Lebensmitteln enthalten sind, gehören: Vitamin C (stärkt das Immunsystem, verringert Entzündungen und reguliert die Cortisolproduktion), Eisen (transportiert Sauerstoff in unseren roten Blutkörperchen) und Lycopin (ein starkes Antioxidans mit vielen potenziellen gesundheitlichen Vorteilen, einschließlich der Stärkung der Knochen).
- **Wurzelgemüse:** Drei bis fünf Portionen Wurzelgemüse pro Woche (insbesondere Rote Bete, Steckrüben, Pastinaken und Speiserüben, da sie die besten Nährstoffquellen sind). Zudem ver-

sorgen Ballaststoffe aus Wurzelgemüse die guten Bakterien in unserem Darm (wo sich 80 Prozent unseres Immunsystems befinden) und tragen so zur Stärkung unserer Abwehrkräfte bei.

- **Proteine:** Bei jeder Mahlzeit und jedem Snack abwechselnd aus tierischen und pflanzlichen Quellen. Proteine verleihen unserem Körper Struktur und unterstützen das reibungslose Funktionieren unseres Immunsystems und der Nebennieren – beides Bereiche, die nach Traumata und in Phasen der Trauer stark belastet sind. Sie helfen auch, unseren Blutzuckerspiegel stabil zu halten, was uns ein stärkeres Gefühl von Erdung verleiht. Proteine tierischen Ursprungs sollten qualitativ hochwertig sein (z. B. Bio- und Weidefleisch, Freilandgeflügel), denn Fleisch aus konventioneller Haltung kann entzündungsfördernde Substanzen enthalten.
- **Mineralstoffreiche Lebensmittel:** Dunkelgrünes Blattgemüse, Nüsse und Samen sowie Vollkornprodukte. Mineralstoffe stärken unsere Verbindung zur Erde und unterstützen unseren Körper in seiner Struktur, Funktion und Stabilität. Ein Beispiel ist Kalzium, das unsere Knochen stärkt.
- **Abwehrstärkende Lebensmittel:** Dunkelgrünes Blattgemüse, Beeren sowie Quellen von Omega-3-Fettsäuren (fetter Fisch und Fischöle, Leinsamen, Chiasamen).

ERNÄHRUNG AUS HOLISTISCHER SICHT

Ich habe einen Kurs in holistischer Heilung entwickelt, der auch im Programm des *Institute on Holistic Wealth* angeboten wird. Er entstand in Zusammenarbeit mit meiner Mutter, die einen Doktortitel in Beratungspsychologie hat. Sie leidet seit ihrer Kindheit an Epilepsie, konnte sich aber durch die Kombination holistischer Heilweisen – einschließlich Heilpflanzen in der Ernährung und Heilkräutern – von ihrer Krankheit befreien.

In Amerika und Kanada hatte die Pandemie bei vielen Menschen die positiven Wirkungen einer gesunden Ernährung ins Bewusstsein gerückt. Wir lernten die abwehrstärkende Wirkung von pflanzlichen Immunboostern zu schätzen, die uns vor Krankheiten schützen und unseren Stress- und Angstpegel senken. Antivirale Lebensmittel wie Ingwer, Knoblauch und Kurkuma fanden plötzlich vermehrt Einzug in die Küchen.

Im Verlauf meines Sabbaticals fand ich zurück zu meiner Leidenschaft fürs Kochen und behielt dies auch nach unserer Rückkehr bei. Ich bin inzwischen überzeugt, wie wichtig eine gesunde Ernährung ist – und zwar nicht nur für unser physisches und mentales Wohlbefinden, sondern auch als gesunder Genussbringer und Säule von holistischem Wohlstand.

21

TÄGLICHE BEWEGUNG

Könnten wir jedem Menschen die richtige
Menge an Nahrung und Bewegung geben –
nicht zu wenig und nicht zu viel –, hätten wir
den sichersten Weg zur Gesundheit gefunden.

– Hippokrates

Mich zu bewegen, hat sich als lebensrettend erwiesen, als sich die Taubheit und der physische Schmerz der Trauer in meinem Körper festzusetzen begann. Mit einunddreißig fühlte ich mich wie eine Achtzigjährige. Ich war so entkräftet und schwach, dass ich es eines Tages im Supermarkt nicht schaffte, eine Orange hochzuheben und in eine Tüte zu legen, was am Zusammentreffen zweier Dinge lag: dem Unvermögen zu erkennen, was zu tun war, und der physischen Unfähigkeit, einen einfachen Handgriff auszuführen.

Als meine Freundin merkte, was los war, nahm sie mir die Tüte aus der Hand und füllte die Orangen für mich ein. Dies geschah, etwa eine Woche nachdem mein Mann gestorben war. Das Trauma und der Schock seines Todes brachten meinen Körper dazu, physisch abzuschalten. Zur extremen Schlaflosigkeit, die mich nachts nicht zur Ruhe kommen ließ, kam, dass ich (wenn überhaupt) nicht gut aß. Mein Körper wurde zu Totholz; er fühlte sich total taub an. Meine Gelenke waren steif, und mein Magen war verkrampft.

Bewegung ist für unseren Körper so überlebenswichtig wie Luft und Wasser. Wie Cheryl Strayed in *Wild* ging ich während meines Sabbaticals täglich wandern, um mit meinen Ängsten und meiner Trauer umzugehen. Studien sehen den Grund, warum Bewegung unser Wohlbefinden steigert, in ihrem Einfluss auf das Gehirn. Es wird stärker durchblutet und funktioniert beinahe unverzüglich besser. Im umnebelten Zustand der Trauer kann Bewegung oft sofort helfen, sich klarer und fokussierter zu fühlen.

Eine Studie von Forschern der *Princeton University* ergab, dass körperliche Aktivität die Produktion von Neuronen anregt, darunter auch solcher, die den Neurotransmitter GABA freisetzen. GABA dämpft übermäßige neuronale Erregung und fördert so einen natürlichen Zustand der Ruhe. Die stimmungsaufhellenden Effekte von Bewegung treten unmittelbar nach dem Training auf und wirken auch langfristig weiter.

Nachdem ich angefangen hatte, mich mehr zu bewegen und Sport zu treiben, fühlte ich mich stärker und insgesamt besser. Ich ging mit den Kindern jeden Tag spazieren, und es waren solche kleinen Dinge wie der gemeinsame Ausflug in den Park, die mich mental genesen ließen. Auch gewann ich wieder an Selbstvertrauen. Beim Gehen bekam ich den Kopf frei, und wenn ich allein unterwegs war, hatte ich Zeit, darüber nachzudenken, wie ich meine Zukunft gestalten und ins reale Handeln kommen könnte.

Mein Mann war Marathonläufer gewesen und hatte das Laufen über alle Maßen geliebt. Zusätzlich trainierte er täglich im Fitnessstudio. Bis zuletzt war er topfit. So fit, dass die Frauen, die ihn im Beerdigungsinstitut für die Beerdigung vorbereiteten, ihre Kommentare dazu machten. Sie sagten, es sei lange her, dass sie einen so gut aussehenden Mann auf den Tisch bekommen hätten. Es mag makaber klingen, aber ihre Worte zeigten, wie gut gebaut und attraktiv er war – selbst im Tod. So kann es kommen. Selbst wenn wir tot sind, schaut man auf unser Äußeres. Wenn du auch als schöne Leiche enden willst, fang an zu trainieren.

Apryl Jones, Schauspielerin aus *Love & Hip Hop: Hollywood,* sprach mit mir über die Rolle von Sport in ihrem Leben. Ihr Antrieb: dass sie zwei Kinder habe, gesund bleiben und sich nicht gehen lassen wolle, bloß weil sie Mutter geworden sei. Auch ihre Trennung [von Omarion von B2K] habe sie motiviert. »Als ich erste kleine Fortschritte sah, hat mich das angespornt, weiterzumachen!«, erklärte sie und fuhr fort: »Meine körperliche Fitness hat meinen mentalen Zustand verbessert. Meine Ernährung auch. Ich trinke mehr Wasser. Und ich habe ein besseres Verständnis dafür bekommen, wie mein Körper funktioniert und wie ich ihn richtig versorge.«

Osric Chau, kanadischer Schauspieler und Martial Arts-Künstler, u. a. bekannt für seine Rolle als Kevin Tran in der CW-Serie *Supernatural,* erzählte mir im Interview, dass ein Personal Trainer ihm geholfen habe, nach mehreren Schauspieljobs und langen Studioaufenthalten wieder in eine Fitness-Routine zurückzufinden.

> Als *Martial Arts*-Künstler war ich früher total aktiv und machte nebenbei Stunts, aber als ich mit der Schauspielerei anfing, hörte ich mit dem Training auf. … Letztes Jahr lernte ich Trainer Eric [Eric Fleishman] kennen, und er krempelte mein Leben komplett um. Zusätzlich zu meinem täglichen Workout achte ich jetzt auf eine noch reinere, striktere Ernährung. Er hat mir gezeigt, wie's geht, und muss irgendeinen Voodoo-Zauber veranstaltet haben, weil er mich dazu gebracht hat, das Training im Studio wieder zu genießen, was nicht mehr der Fall war, seit ich

> beruflich Vollzeit als *Martial Arts*-Künstler eingestiegen war. … Nach einem guten Workout bin ich für den Rest des Tages stimmungsmäßig ausgeglichen. Ich mache das Ganze erst seit Kurzem, aber mein Leben hat sich jetzt schon radikal verändert.

Ich hatte außerdem Gelegenheit, mit der Australierin Tia-Clair Toomey-Orr zu sprechen, die 2020 und 2021 zur »fittesten Frau der Welt« gekürt wurde und den Titel damit insgesamt fünfmal errang. Sie ist Goldmedaillengewinnerin der Commonwealth Games und Olympiateilnehmerin im Gewichtheben. 2021 schrieb sie Geschichte, als sie die CrossFit-Games zum fünften Mal in Folge gewann.

Tia-Clair sagt: »CrossFit hat mein Leben verändert. Ganz einfach: Hätte ich CrossFit nicht entdeckt, hätte ich nie mit olympischem Gewichtheben angefangen und hätte mein Land weder bei den Olympischen Spielen noch bei den Commonwealth Games vertreten.«

Weiter erklärt sie: »Meine Liebe zu CrossFit war nicht sofort da. Doch mit der Zeit habe ich den Sport immer mehr zu schätzen gelernt und Freude daran gefunden, und inzwischen ist er zu meiner Leidenschaft geworden. Was mich bei CrossFit inspiriert, ist der ständige Wunsch, mich in jeder Hinsicht zu verbessern – schneller zu laufen, länger durchzuhalten, schwerer zu heben, beweglicher zu werden und vieles mehr.«

Lea Genders, Personal Trainerin, Laufcoach und Fitness-Bloggerin, zeigt, welche Lektionen körperliche Bewegung uns lehren kann. Sie sagt: »Durch das Laufen habe ich gelernt, mir Ziele zu setzen und sie zu erreichen. Ich habe verstanden, was es bedeutet, hart zu arbeiten und über meine vermeintlichen Grenzen hinauszugehen. Ursprünglich wollte ich nur meinen Körper verändern, aber am Ende habe ich mein ganzes Leben verändert. Das Laufen hat mir das Selbstvertrauen gegeben, meine Fitness-Trainerscheine zu erwerben und mein eigenes Coaching-Unternehmen zu gründen. Es hat mich gelehrt, alles Schritt für Schritt anzugehen.«

Solltest du noch keiner Fitness-Routine folgen, überlege dir, wie du mehr Bewegung in deinen Alltag bringen kannst. Selbst kleine Schritte lohnen sich. Einige der Fitness-Influencerinnen, mit denen ich für dieses Buch gesprochen habe, besonders Mütter mit kleinen Kindern, haben mir erklärt, dass sie während des Trainings Multitasking betreiben – Squats in der Küche, die Treppe hochlaufen, immer auf der Suche nach Möglichkeiten, den Körper ein wenig zu fördern, weil jedes bisschen zählt, wenn die Zeit knapp ist. Mach es wie Apryl Jones und lass dich von kleinen Fortschritten motivieren, weiterzumachen und dein Pensum zu steigern.

Manchmal brauchen wir eine Motivationspartnerin oder einen Personal Trainer wie Osric Chau, um den notwendigen Drive zu bekommen. Such dir Trainer, die einen guten Ruf haben und Resultate bringen.

Und solltest du bereits sportlich unterwegs sein, mach weiter so in dem Wissen, dass jeder Workout eine Einzahlung auf dein holistisches Bankkonto bedeutet.

22
HOBBYS, DIE SPASS MACHEN

> Um im Leben glücklich zu sein, entwickle mindestens vier Hobbys: eines, das dir Geld einbringt, eines, das dich gesund hält, eines, das dir Freude macht, und eines, das dir Frieden bringt.
>
> – *Stan Jacobs,* The Dusk and Dawn Master

Während meines Sabbaticals und in der Zeit danach entdeckte ich ein Maß an Freude und Leidenschaft, das ich nie für möglich gehalten hätte. Ich unternahm jeden Tag eine Wanderung und ging einmal in der Woche am Sandstrand spazieren. Ich hatte Zeit – ein Geschenk, das mich neu entdecken ließ, was es heißt zu leben. Auch meldeten sich einige meiner früheren Interessen zurück. Ich hatte sie vergessen, so wie dir die Namen von Leuten entfallen, die dir einmal vertraut gewesen sind.

Hobbys sind ein entscheidendes Element der Selbstfürsorge und ein Booster für unsere mentale Gesundheit. Als während der COVID-19-Pandemie das globale Leben zum Erliegen kam und Lockdowns die Menschen zwangen, zu Hause zu bleiben, erlebten Hobbys eine Renaissance. Ähnlich wie in der Weltwirtschaftskrise der 1930er-Jahre, als sich viele Leute Hobbys suchten, um sich die Zeit zu vertreiben und der Langeweile zu entgehen, entdeckten viele während der Pandemie neue Freizeitbeschäftigungen wie Musikmachen, Origami oder das Beobachten von Vögeln. Die Mayo-Klinik zählt Hobbys mittlerweile zu den Selbstfürsorge-Strategien, die halfen, mit der Pandemie zurechtzukommen. Hobbys ermöglichen es uns, unsere Leidenschaften und unseren Daseinszweck zu entdecken, und halten uns in einem Zustand natürlicher Harmonie und Balance.

Hobbys und Aktivitäten, die Vergnügen bereiten, bieten zudem Gelegenheit an, etwas mit Freunden gemeinsam zu machen. Sie lenken dich vom Alltagsstress ab und erlauben dir, dich zu entspannen und dich an einem Tun zu erfreuen, das nicht mit Arbeit, Pflicht oder Verantwortung verbunden ist. Sie können deine Kreativität entfachen und dir helfen herauszufinden, wofür du dich wirklich begeistern kannst.

Ich war etwa dreizehn, als ich – ohne den Begriff zu kennen – an der Wand meines Kinderzimmers ein Vision Board mit all den Dingen erschuf, die ich mochte. Während bei anderen Teenagern Poster von prominenten Boygroups an der Wand hingen, waren es bei mir aus Zeitschriften ausgeschnittene Bilder von Schönheitsartikeln wie buntem Lippenstift oder glänzendem Lipgloss in lebhaften Farben. Dazu kamen Fotos von Parfums in kunstvoll gestalteten Glasflakons. Es hing zwar auch ein Bild von Michael J. Fox an der Wand, aber er war umringt von Lippenstiften und Parfums. An *Hilfe, wir werden erwachsen!* und *Zurück in die Zukunft* führte damals eben kein Weg vorbei.

Nachdem ich als Erwachsene meine erste Wohnung gekauft hatte, stapelten sich bei mir Einrichtungsmagazine wie *Architectural Digest, Florida Home Magazine, Elle Décor* und *Canadian House and Home*. Noch heute ist Inneneinrichtung eines meiner Hobbys, und als mein Sabbatical anfing, renovierte ich erst einmal unsere neuen vier Wände und schuf mit sanften Farben und passender Deko ein heimeliges Ambiente: weiße Kunstfell-Teppiche, weiße Kerzen, weiße Bettbezüge; in der Küche Elemente aus Metall, schwarze Schränke mit Glasfronten und ein grauschwarzer metallener Spritzschutz hinter der Arbeitsfläche. Ich schuf mir mein eigenes Zen-Retreat. Dieses Hobby half mir nicht nur über schwierige Zeiten hinweg, sondern brachte mir auch Spaß und Zufriedenheit. Ob im Haus oder draußen – ich war von Schönheit umgeben, und so schaffte ich den Übergang in meine nächste Lebensphase.

Als uns COVID-19 erreichte, startete ich den *Holistic Wealth*-Podcast *with Keisha Blair* als »Pandemie-Hobby«. Inzwischen habe ich mehr als hundertfünfzig faszinierende Wegbereiterinnen, Unternehmer, CEOs, Influencerinnen und Prominente interviewt, wodurch ich sowohl mein Beziehungsnetz als auch meine Resilienz gestärkt habe. Der Podcast und das *Institute on Holistic Wealth* gaben mir die Möglichkeit, anderen zu helfen, selbst in dieser extrem traumatischen Zeit holistischen Wohlstand zu erreichen.

In Krisenzeiten brauchen Menschen Anker zu vertrauten Dingen – zu etwas, das sie mit Gefühlen von Freude, Glück und Stabilität verbinden. Aber mehr noch, unsere Hobbys können Tor zu einer völlig neuen Karriere sein. Während in der Pandemie die Arbeitslosenzahlen in die Höhe schnellten, gelang es manchen Menschen, ihre Hobbys auf Online-Plattformen zu vermarkten und damit zusätzliche Einkünfte zu generieren.

Jessica Meyrowitz hat sich das Stricken zum Beruf gemacht und ein richtiges Unternehmen gegründet. Ihre Firma *It's a... Yummy* bietet handgefertigte Produkte aus 100 Prozent Merinowolle an. Ihr DIY-Mini-Schal-Kit wurde in der *Today Show* als DAS perfekte Weihnachtsgeschenk vorgestellt.

Dazu Jessica: »Stricken ist die perfekte Beschäftigung für Leute, die mehr Bewusstheit und Kreativität in ihr Leben bringen möchten. Stricken ist achtsam, meditativ, interaktiv, wohltuend und eine großartige Möglichkeit, den ›Monkey Mind‹ zur Ruhe zu bringen – und etwas mit den Händen zu tun, was dich seltener zu Snacks greifen lässt. Dazu kommt der Aspekt der Achtsamkeit, wenn ich Leute zu mir einlade und wir darüber sprechen, dass wir unsere Umgebung bewusst wahrnehmen und in das Garn hineinspüren und uns mit tiefen Atemzügen reinigen und bereitmachen, um mit einer Übung in Achtsamkeit zu beginnen.« Jessica verwandelte ihr Hobby in ein lukratives Geschäft und schuf sich so eine Möglichkeit, holistischen Wohlstand aufzubauen.

In einem Artikel der Online-Ausgabe der *New York Post* wird eine Umfrage von *Exodus Travels* unter zweitausend Menschen in den Vereinigten Staaten erwähnt, derzufolge »83 Prozent der sehr glücklichen Menschen angeben, Hobbys zu haben oder sich zumindest für bestimmte Interessengebiete zu begeistern, etwa aktiv zu sein, in der Natur zu sein und zu reisen – im Gegensatz zu 53 Prozent der unglücklichen Menschen«.

In dem Artikel heißt es weiter: »Bei denjenigen, die sich selbst als ›sehr glücklich‹ einstuften, zeigte sich eine um 43 Prozent höhere Bereitschaft, sich auf neue Erfahrungen einzulassen als bei denjenigen, die sich als ›im allgemeinen glücklich‹ einschätzten; gegenüber jenen, die sich selbst als unglücklich bezeichneten, war sie um 90 Prozent höher.«

23

GEBETE UND MEDITATION

Ich möchte Gottes Gedanken wissen … der Rest ist Nebensache.

– Albert Einstein

Ich bin als Einzelkind aufgewachsen und machte mir jahrelang Sorgen, dass meine Eltern sterben und mich als Waise zurücklassen könnten. Ich überkompensierte, indem ich meine Meilensteine früher als allgemein üblich erreichte. In der Grundschule übersprang ich mehrere Klassen und war stets die Jüngste, wo ich auch war. Mit fünfzehn wurde ich von der *University of Oxford* in England angenommen, ging am Ende aber doch nicht hin – meine Eltern fanden, ich sei zu jung. Als ich mein Bachelor-Studium antrat, blieb ich meinem Muster treu und machte meinen Abschluss früher als der Rest meiner Kommilitonen.

Als mein Dekan sich weigerte, mich zwei Fächer parallel studieren zu lassen, machte ich so lange Druck, bis er nachgab, und belegte zusätzliche Kurse während des Sommers. Gleiches tat ich beim Masterstudium an der *Carleton University* in Ottawa. Ich graduierte ein ganzes Jahr früher als die Studierenden, die mit mir angefangen hatten, und machte meinen Abschluss mit denen, die ein Jahr über mir waren.

Meine Mutter sagte oft: »Du bist immer zu schnell. Mach langsam!« Aber ich konnte nicht anders. Ich musste »irgendwo hin« für den Fall, dass meine Eltern sterben würden. Wenn ich schon Waise würde, wollte ich wenigstens für mich selbst sorgen können. Es war, als würde ich in einem Wettkampf gegen die Zeit stehen – mit meiner eigenen selbst gebauten Zeitmaschine. Ich hatte das Gefühl, dass es ein Verfallsdatum gab, das ich selbst geschaffen hatte.

Mein Streben nach finanzieller Unabhängigkeit begann in dem Moment, in dem ich ins Berufsleben eintrat. Ich war getrieben von dem Wunsch, nicht nur zu sparen und zu investieren, sondern für den »Fall der Fälle« genug auf der hohen Kante zu haben. Das Universum geht jedoch seine eigenen Wege, um uns dazu zu bringen, unser Tempo zu reduzieren. Nicht meine Eltern starben; ich verlor in jungen Jahren meinen Mann. Heftiger konnte man nicht ausgebremst werden. Mir blieb keine andere Wahl, als den Fuß vom Gaspedal zu nehmen.

Der große protestantische Reformer Martin Luther soll gesagt haben: »Heute habe ich so viel zu tun, deswegen muss ich noch eine Stunde beten.« Für ihn war das Gebet keine mechanisch zu absolvierende Pflicht, sondern eine Kraftquelle, die Energien freisetzte und vervielfachte.

Während meines Sabbaticals entdeckte ich erneut die Vorzüge der Meditation. Auf einmal hatte ich die Muße dazu, und es gab kaum nennenswerte Ablenkungen. Ich nahm mir also die Zeit und schuf mir den Raum, um auf eine Weise zu praktizieren, die meiner geistigen und körperlichen Erneuerung außerordentlich zuträglich war. Um zu meditieren, zu beten und mich mit meiner Intuition zu verbinden, setzte ich mich täglich sehr früh am Morgen für drei Stunden auf mein Kissen. (Das macht einundzwanzig Stunden pro Woche.)

Mir war, als hätte ich einen direkten Draht in den Himmel gefunden. Gegen drei Uhr morgens wartete ich Tag für Tag darauf, dass die Leitung freigeschaltet würde.

Es gibt mehrere Möglichkeiten, um innezuhalten: physisch, mental und emotional. Eine Pause kann darin bestehen, einmal um den Block zu laufen, zwanzig Minuten zu meditieren, eine Trainingseinheit zu absolvieren, einem Hobby nachzugehen oder einfach eine qualitätsvolle Kaffeepause zu machen. Worauf es ankommt, ist, dir Zeit und Raum zu geben, um deinen Kopf freizubekommen und anschließend die Themen zu reflektieren und auszufiltern.

Es war während meiner unbezahlten Auszeit, dass ich erkannte, welche Kraft in Pausen steckt. Ich lernte einfach, präsent zu sein: bei meinen Emotionen und innersten Zielen und Wünschen. Meine Trauer und diese lange Pause erwiesen sich als die stärkste Kraft im Prozess der Selbsterkenntnis.

Es gibt zwei fundamentale Wahrheiten über ein Leben in permanenter hektischer Geschäftigkeit:

1. HEKTIK UND STRESS SIND INTUITIONSRÄUBER

Nach dem Ende meines Sabbaticals machte ich ein Experiment, um zu schauen, ob meine Intuition noch genauso klar war wie in der Zeit, in der ich mich aus der Hektik verabschiedet hatte. Zu meiner Überraschung stellte ich fest, dass sich durch das Wiederaufnehmen meiner vielen Aktivitäten und die andauernde Eile meine Intuition zu verflüchtigen schien. Ich hörte diese leise Stimme nicht mehr – oder vielleicht war sie da, aber ich hatte keine Zeit mehr, hinzuhören. Ich konnte nicht dasitzen und warten, dass sie sich meldete, weil in meinem Leben der alte Wahnsinn wieder Einzug gehalten hatte – eine wilde Jagd von Terminen, Meetings und Verpflichtungen. Ich beschloss darum, mir noch einmal eine Auszeit zu nehmen, diesmal von fünf Wochen.

Verlässlich wie ein Uhrwerk kehrte meine Intuition zurück – und nicht nur irgendeine Form von Intuition, sondern die Art, die mich von dem Moment, in dem ich morgens die Augen aufschlug, in all meinen Entscheidungen führte. Paradoxerweise schaffte ich sehr viel mehr in der Zeit, in der ich mir freigenommen hatte, als dann, wenn ich geschäftig war und eigentlich am »produktivsten« hätte sein müssen. Auch unterschied sich die Qualität dessen, was ich erreichte. Es stand im Einklang mit meiner persönlichen Mission und meinen Werten.

2. HEKTIK UND STRESS HINDERN UNS DARAN, WIRKLICH ZU LEBEN

Durch hektische Geschäftigkeit entsteht eine Dynamik, die uns ständig die Dinge aufschieben lässt, die uns am wichtigsten sind: zum Beispiel Zeit mit geliebten Menschen, mit Freunden und der Familie zu verbringen; unseren Kindern die Qualitätszeit zu schenken, die sie so dringend verdienen; uns in der Schule unserer Kinder zu engagieren und gemeinsam mit den Lehrern zu schauen, wie wir uns in ihrer Erziehung proaktiv einbringen können. Dinge aufzuschieben, ist die größte Verschwendung von Lebenszeit: Es schnappt uns die Tage vor der Nase weg und versperrt uns die Gegenwart durch das Versprechen auf Zukunft.

DER PREIS DER GEDANKENLOSIGKEIT

Funktionieren wir aus einer Haltung der Achtlosigkeit – von *Mindlessness* – heraus, berauben wir uns der Fähigkeit, holistischen Wohlstand zu erlangen. Es ist praktisch unmöglich, die Kunst der Wiederauferstehung nach schweren Krisen zu meistern, wenn du in diesem Zustand bist. Gedankenlosigkeit steigert das Risiko des unklugen Handelns immens. Sie schränkt uns in unserer Entscheidungsfreiheit ein und lässt uns an engstirnigen Haltungen festhalten.

Professorin Ellen Langer von der *Harvard University* schreibt in ihrem Buch *Mindfulness: Das Prinzip der Achtsamkeit:* »Die Folgen von Achtlosigkeit reichen vom Trivialen bis zum Katastrophalen. Dazu gehören ein hemmendes Selbstbild, unbeabsichtigte Grausamkeit, Kontrollverlust und verkümmerte Potenziale.«

Langer zufolge beschneidet uns Achtlosigkeit in unserer Fähigkeit zur Selbstkontrolle, indem sie uns daran hindert, intelligente Entscheidungen zu treffen. Die Werbebranche nutzt unsere Achtlosigkeit geschickt aus und bringt uns dazu, ohne groß nachzudenken, Geld für Produkte auszugeben, die wir nicht brauchen.

William James behauptet: »Wir nutzen fast alle nur einen winzigen Bruchteil unseres wahren Potenzials. Nur unter bestimmten Umständen von konstruktivem Stress oder in bestimmten Zuständen – große Liebe, religiöser Eifer oder Kampfesmut in der Schlacht – beginnen wir, den Reichtum und die Tiefe unserer kreativen Ressourcen oder die gewaltige Quelle der Lebensenergie anzuzapfen und den Riesen, der in uns schlummert, zu wecken.«

Langer schreibt: »Wenn unser Geist darauf fixiert ist, etwas zu machen oder Dinge auf eine bestimmte Weise zu tun, die in der Vergangenheit, ohne viel nachzudenken, festgelegt wurde, blenden wir die Intuition aus und bekommen vieles in der uns umgebenden gegenwärtigen Welt nicht mit. Wenn Archimedes seinen Geist nur auf das Baden gerichtet hätte, hätte er das Prinzip der Wasserverdrängung nicht entdeckt. Indem wir uns, und sei es nur für einen Moment, aus festgefahrenen Denkmustern befreien, können wir möglicherweise klar und tief sehen.«

Wie regenerierst du dich im Alltag? Jeden Tag mehrere kurze Pausen einzulegen, ist ein effizientes Mittel, um Stress zu reduzieren und Gelegenheit zur Regeneration zu schaffen. Gebet und Meditation sind einfache Möglichkeiten, uns für ein paar Sekunden aus der Welt zurückzuziehen und uns wieder mit unseren inneren Gedanken und Wünschen zu verbinden. Um uns von Krisen erholen zu können, müssen wir uns die Zeit nehmen, innezuhalten, nachzudenken und in unsere Kraft zurückzufinden.

24

RÜCKSCHLÄGE

Süß sind die Früchte des Unglücks,
Das, wie die Kröte, hässlich und giftig,
Doch einen kostbaren Edelstein im Kopfe trägt.
– *William Shakespeare,* Wie es euch gefällt

An dem Abend, an dem Martin Luther King Jr. ermordet wurde, hielt Robert F. Kennedy in Indiana eine Rede – nicht nur, um den Zuhörerenden die tragische Nachricht zu überbringen, sondern auch, um Ruhe und Entschlossenheit zu demonstrieren und die außergewöhnliche Fähigkeit der Menschheit zu betonen, über Tragödien hinauszublicken und auf dem Pfad der Liebe zu bleiben. An jenem schicksalhaften Abend zitierte er seinen Lieblingsdichter Aischylos, der als Vater der Tragödie gilt: »Und selbst im Schlaf tropft der Schmerz, der nicht vergessen kann, Tropfen für Tropfen auf das Herz, bis in unserer eigenen Verzweiflung, gegen unseren Willen, die Weisheit kommt – die bittersüße Frucht des Leids.« Dass er ausgerechnet dieses Zitat wählte, ist angesichts des Vermächtnisses von Martin Luther King Jr. von besonderer Bedeutung.

Tragödien und Hindernisse sind die Schlüssel, die uns den Zugang zu unserem wahren Daseinszweck eröffnen. Es ist schwer, in ihnen verkappte Geschenke zu sehen, doch sie haben die Gabe, uns Weisheit zu lehren und unser Leben zu verwandeln. Wenn ich von »Geschenken« rede, denke ich nicht an funkelnde Preziosen. Sie kommen nicht hübsch verpackt mit Schleife daher; vielmehr handelt es sich um reale Lebenslektionen, die uns resilienter werden lassen.

Nach dem Tod meines Mannes erkannte ich, dass auch die Trauer solche verkappten Geschenke birgt. Meine geschärfte Intuition war das Beste von allen. Ein weiteres war Dankbarkeit. Ich musste mir erst der Dinge bewusst werden, für die ich dankbar war, um mich auf den Weg machen zu können.

Wir würden Rückschläge nie freiwillig herbeiwünschen, aber wenn sie uns begegnen, sind sie Geschenke, die unsere holistischen Ressourcen stärken können. Das Zitat am Anfang des Kapitels bringt es auf den Punkt: »Süß sind die Früchte des Unglücks / Das, wie die Kröte, hässlich und giftig / Doch einen kostbaren Edelstein im Kopfe trägt.« Gelingt es uns, den Edelstein vom Kopf der hässlichen Kröte zu pflücken, trägt dieser zu unserem holistischen Wohlstand bei. Widrigkeiten runden uns in unserer Persönlichkeit ab; wir gewinnen an Erfahrung und inneren Ressourcen. Resilienz ist einer der Schlüsselfaktoren von ganzheitlichem Wohlstand, und würdest du nicht lernen, mit Schwierigkeiten umzugehen, blieben deine Resilienzmuskeln untrainiert.

Meine Mutter, Dr. Bernice Williams – eine Frau mit sieben Universitätsabschlüssen und einem Willen aus Stahl –, riet mir als Kind, mir einen Schlachtruf zuzulegen. Sie hatte selbst riesige Hindernisse überwinden müssen, denn sie war in jungen Jahren sehr krank gewesen und hatte fünf lange Jahre – von neun bis vierzehn – nicht zur Schule gehen können. Jeden Morgen hatte sie mit ansehen müssen, wie die Schar der anderen Kinder in adrett gestärkten blau-weißen Uniformen an ihrem Zimmerfenster vorbeidefilierte. Hände und Nase an die Scheibe gedrückt, schaute sie ihnen verzweifelt nach, bis sie in der Ferne verschwanden.

Am Ende wurde sie Universitätsprofessorin und Beraterin eines Premierministers. *»I can, I will, I must!«* – Ich kann, ich will, ich muss. So lautete der Slogan, den meine Mutter mir beibrachte, um mir im Angesicht von Hindernissen Mut zu machen, und seien die Gipfel noch so hoch und die Täler noch so tief. »Keisha«, sagte sie: »Wenn das Tal, in dem du steckst, so tief ist, dass es keinen Ausweg zu geben scheint, erhebe deine Stimme und rufe: *›Ich kann, ich will, ich muss!‹*« Dieser Schlachtruf ist für mich zu einer persönlichen Durchhalteparole geworden, und ich finde, jede von uns sollte einen solchen Spruch parat haben.

Als Kind hatte meine Mutter über sechsmal täglich einen Ohnmachtsanfall. Weil sie nicht zur Schule gehen konnte, brachte sie sich in den Zeiten zwischen Wachheit und Bewusstlosigkeit den ganzen Schulstoff selbst bei. Die Lehrerin gab ihrem älteren Bruder die Unterlagen für sie mit nach Hause. Ihre Eltern dachten, dass sie sterben würde. Nachdem ich zur Welt kam, meinte ihr Vater, sie hätte bestimmt nicht mehr lange zu leben, sodass ich ohne Mutter aufwachsen würde. Doch es kam anders: Sie wurde so erfolgreich, dass sie ihren Eltern ein Haus bauen konnte. Für mich ist sie nach wie vor wie ein Fels in der Brandung, und sie hat mir geholfen, in der schwierigsten Zeit meines Lebens nicht unterzugehen.

Denk dir einen eigenen Schlachtruf aus, notiere ihn in deinem *Personal Mission Statement* und rufe ihn in die Welt hinaus. Rufe ihn so laut, als würde es um dein Leben gehen; so oft, wie du ihn hören musst.

Bridgitte Jackson-Buckley, Autorin von *The Gift of Crisis* (auf Deutsch etwa: »Das Geschenk der Krise«) beschreibt in einem Interview, was sie aus der finanziellen Notlage lernte, in die sie durch die Entscheidung geriet, als Vollzeitmutter zu Hause zu bleiben. Als ihr Ehemann einen beinahe tödlichen Schlaganfall erlitt, brach das einzige Einkommen der Familie weg. Als sie sich gezwungen sah, bei Freunden Geld zu leihen, fragte sie sich, ob es richtig gewesen sei, der Kinder wegen ihren Job aufzugeben. Sie erkannte, dass sie sich dazu entschieden hatte, weil sie im Außen nach Liebe suchte und aus Angst vor dem Verlassenwerden an einer Lebensweise festhielt, die sie sich nicht leisten konnten. Was sie an positiven Erkenntnissen aus dieser Krise bezog, beschreibt sie so:

- Ich musste die Angst loslassen, mich der Veränderung und den damit verbundenen unangenehmen Gefühlen zu stellen.
- Durch die Krise haben sich neue Möglichkeiten aufgetan.
- Ich musste die Verantwortung übernehmen für die Energie, die Glaubenssätze und die Perspektive, die ich in jede Situation einbringe.
- Ich musste mir die Selbstsabotage, Projektionen und angstbasierten Gedanken bewusst machen, mit denen ich an viele Situationen herangegangen war.
- Ich musste lernen, nicht starr an ganz bestimmten Resultaten festzuhalten.
- Ich begriff, wie wichtig es ist, Entscheidungen bewusst, absichtsvoll und aus einer Haltung der Integrität heraus zu treffen.
- Ich habe gelernt, auf die nichtlinearen Wege und Prozesse im Leben zu vertrauen.

Hindernisse können uns in vielen Formen begegnen – ein Jobverlust, das Scheitern mit einem Unternehmen, Krankheit oder ein Unfall, durch den sich alles verändert. Eine Liebe kann in die Brüche gehen: das Ende einer Beziehung oder Ehe, die sich nicht retten lässt. Und manchmal ist es der Verlust eines Lebens …

Zwei Schlüsselgedanken führen uns zu persönlichem Wachstum und Erfolg:

- Du bist zu hundert Prozent für dein Leben verantwortlich.
- Du kannst ein unfassbares Maß an Freude, Glück und Fülle finden.

Nach dem Tod meines Mannes hatte ich das Gefühl, der Schmerz würde nie aufhören. Eine sehr gute Freundin aus Ottawa kam eines Tages zu Besuch und brachte mir einen Stapel Bücher über die Trauer und das Leben als Witwe. Wir saßen auf der Gartenbank auf der vorderen Veranda, vor uns der Garten mit den rosa und weißen Pfingstrosen, die Garfield gepflanzt hatte, und ich saß mit den Büchern im Schoß da und starrte ins Leere, wie ich es in den Wochen seit seinem Tod so oft gemacht hatte. Sie drehte sich zu mir hin und sagte: »Du bist im Moment noch nicht bereit, wieder zu uns in den Bus einzusteigen. Du wirst uns bloß zuwinken, wenn wir vorbeifahren.« Der Bus stand als Symbol für die Arbeit, das Karrierestreben, das Hecheln in der Tretmühle und das ganze irdische Treiben, dem wir folgen, um im Leben voranzukommen.

Und sie fuhr fort: »Eines Tages wirst du uns zulächeln können, wenn wir im Bus vorbeifahren.« – Dies war ihr Bild dafür, wie ich allmählich in meinem Prozess vorankam und anfing zu sehen und zu begreifen, was die Leute im Bus des Lebens so trieben. »Und wenn du irgendwann so weit bist, kannst du wieder zu uns in den Bus einsteigen.«

Während wir miteinander sprachen, konnte ich mir noch nicht vorstellen, eines Tages in den »Bus« einzusteigen oder je wieder zu lächeln. Aber eins steht fest: Heute bin ich wieder im Bus – und ich sitze auf dem Fahrersitz. Alles im Leben ist vergänglich … nichts dauert ewig.

Unsere Resilienzmuskeln zu trainieren, fängt mit der Art und Weise an, wie wir die negativen Ereignisse in unserem Leben verarbeiten. Mentale Stärke ist eine Grundvoraussetzung für persönliches Wachstum und Erfolg. Sie ist eine Grundvoraussetzung für holistischen Wohlstand.

25

INNERE STÄRKE

Weise Männer sitzen nicht untätig da und
beklagen ihren Verlust, sondern suchen frohen
Mutes nach Wegen, ihr Leid zu wenden.

– *William Shakespeare,* Heinrich VI.

Es gab eine Zeit, in der ich Heulpartys für meine Knochenmännchen schmiss. Im Ernst: Angst und Zweifel waren meine besten Buddys. Ich hing ständig mit ihnen ab.

In den ersten Wochen und Monaten nach dem Tod meines Mannes (und bevor ich mich auf das Gesetz der spirituellen Selbsterneuerung besann) waren Heulpartys meine Spezialität. Ich war die selbst ernannte Heulparty-Queen, besonders, wenn ich einen schlechten Tag hatte und die toxischen Schwarzmaler mit ihrer Saat an Zweifeln und Zukunftsängsten an mich herankommen ließ. Es gab Zeiten, da fielen diese Samen bei mir auf fruchtbaren Boden, und ich fühlte mich schwach.

Wenn irgendjemandem nach einer Heulparty zumute war, war ich die perfekte Adresse. Ich hatte alles, was es braucht, um ein solches Event zu einem unvergesslichen Erlebnis zu machen. Ein Haufen Konfetti und ein Schwung Partyhüte für meine Knochenmännchen, und schon waren sie die perfekten Statisten. Du hättest fast meinen können, dich in *Coco,* den Disney-Pixar-Animationsfilm, verirrt zu haben, in dem Miguel in das Land der

Toten reist und einer Schar von fröhlichen Skeletten mit Zuckerschädeln begegnet. Genau wie der Held der Geschichte hatte auch ich manchmal das Gefühl, in eine Geisterwelt geraten zu sein – umringt von vertrockneten Knochen.

Für Knochenmännchen – Angst, Sorgen und Zweifel – geht nichts über eine ordentliche Heulparty. Es ist, als wäre jeden Tag Halloween! Meine Schwester, AJ Williams, die ich ebenfalls für den *Holistic Wealth*-Podcast interviewt habe, ist Inhaberin von *AJ Events* in Boston und Nantucket und zählt zu den besten Eventplanern der Stadt. Sie hat über 64 Millionen Dollar an Spenden für wohltätige Zwecke eingespielt und mehr als zweihundert gemeinnützige Veranstaltungen ausgerichtet. Sie hat Events und Fundraising-Veranstaltungen für einige der bekanntesten Größen aus Film und Fernsehen organisiert, darunter Vanessa Williams, Earth, Wind & Fire, Common, Queen Latifah, Danny Glover, Jennifer Hudson und Wyclef Jean, um nur einige zu nennen. Das Talent für das Planen von spektakulären Festen scheint bei uns in der Familie zu liegen. Du kannst dir also vorstellen, wie toll meine Heulpartys waren.

Um in die richtige Stimmung zu kommen, genügte es, an mich selbst in jüngeren Jahren zu denken, an das kleine Mädchen im rosa Blümchenkleid mit Riemchenschuhen mit Schleife. Wie jung und unbedarft sie aussah, mit ihren flatternden Bändern. Sie hatte keine Ahnung von dem Schicksal, das ihr als junge Frau widerfahren würde. Mir wurde das Herz schwer. Ich empfand solches Mitleid mit dem kleinen Mädchen, wie sie in ihrem Blumenkleid tanzte und sich drehte, so unschuldig und naiv, wie nur Kinder es sein können. Wenn ich sie mir nur schnappen und von dort wegholen könnte, um ihr den Schmerz zu ersparen! Aber das konnte ich nicht. Allein bei diesen Gedanken fing mein Herz an zu rasen. Und schon war ich wieder in der Schleife, wie ich überhaupt weiterleben könnte, schon war ich mittendrin in der nächsten Heulparty und tanzte mit den Knochenmännchen mit ihren bunten Hüten.

Eines Tages wurde mir klar, dass ich sie in die Gosse treten musste: das ganze Selbstmitleid und die Knochenmännchen. Sie gehörten ins Land der Toten. Ich hatte angefangen, ihnen ähnlich zu sehen. Ich war verdorrt wie ein abgestorbener Baumstamm, versteinert und brüchig, und es fühlte sich so an, als wäre von meinem früheren lebendigen Ich nicht mehr als ein Skelett übrig geblieben. Dabei hatte ich Kinder großzuziehen und ein Leben zu leben!

Es sollte eine Zeit lang dauern, aber irgendwann war ich das alles los. Ich schmeiße keine Heulpartys mehr, und wenn ich merke, dass ich in diese eigenartige Stimmung komme oder sich Gedanken an das kleine Mädchen einzuschleichen beginnen, weiß ich, wie ich den Schalter umlegen kann. Wenn dir, wie es im Leben immer wieder passiert, Hürden und Steine den Weg versperren, ob beruflich oder im persönlichen Leben, wäre es pure Energieverschwendung, eine Heulparty zu geben.

Der Autor Rick Hanson sagt, dass wir darauf programmiert sind, uns eher auf negative Erfahrungen als auf positive zu konzentrieren. Wir könnten glücklicher sein, so seine Überzeugung, wenn »wir unser Gehirn darauf trainieren, sich am Positiven zu erfreuen«.

SCHLUSS MIT DEN HEULPARTYS

Wenn negative Gedanken kommen, musst du wissen, wie du sie stoppen kannst. Es fängt normalerweise mit der stets gleichen alten Leier an: Es ist das Script deines Zusammenbruchs – die Momente, die dich einknicken lassen und in denen der Schmerz dich einholt, den du mit deinem Verlust assoziierst, was auch immer es war, was du verloren hast. Dann beginnen die düsteren Gedanken, mit denen sich das Selbstmitleid meldet. Es ist wie eine Mühle, und während deine Gedanken sich im Kreise drehen und drehen, verwandelt sich der Schmerz in Wut, und dann raubt dir die Frustration die Energie, hält dich in der Vergangenheit fest und hindert dich, Pläne für die Zukunft zu schmieden.

Manche Menschen bleiben jahrzehntelang in dieser Mühle hängen und kommen nie aus ihr heraus. Sage dir, dass du nicht im Heulparty-Modus stecken bleiben wirst! Du hast die Wahl. Deine Träume warten darauf, verwirklicht zu werden. Du kannst es dir nicht leisten, NICHT da rauszukommen.

DEN INNEREN KRITIKER ZUM SCHWEIGEN BRINGEN

Den Mitleid heischenden, kritischen oder negativen inneren Stimmen Einhalt zu gebieten, ist ein Schlüssel dazu, die Schleife des Selbstmitleids zu durchbrechen. Um aus dem Selbstmitleids-Modus herauszukommen, musst du außerdem deinen inneren Kritiker zum Schweigen bringen. Es reicht nicht, bloß dein Drehbuch zu stoppen, denn selbst wenn dir das gelingt, gehen dir weiterhin alle möglichen Fragen durch den Kopf. Du grübelst nach, wie du dich in der Situation verhalten hast – wer was getan, wer was unterlassen hat –, und schon kommt diese innere Stimme mit einer Wertung oder einem Urteil daher. Entweder du hast es richtig gemacht oder du hast es falsch gemacht. Hält dein innerer Kritiker dich für einen Loser, fängt die nächste Schleife an.

Sage dir, dass du genug von diesen Schleifen und Gedanken hast! Du brauchst deine Energie und einen klaren Geist, um an deiner Zukunft zu bauen. Du kannst es dir nicht leisten, dich von solchen Gedanken herunterziehen zu lassen. Du kannst dir nicht leisten, mit einem Tross von Knochenmännchen im Gefolge deinen Weg zu gehen. Du bist nicht die furchtlose Anführerin einer Armee von ägyptischen Mumien. Ob du dir ganzheitlichen Wohlstand aufbauen kannst, hängt davon ab, dass es dir gelingt, sie endgültig zu verabschieden!

DAS SCRIPT WECHSELN

Wahrnehmung ist alles. Wenn du die Dinge durch die Linse der Schwarzmaler oder des Opfers betrachtest, ist es schwierig, im Leben zu bekommen, was du wirklich willst. Wenn du an die negativen Botschaften glaubst, dass nichts wirklich funktionieren wird, das Leben sich gegen dich verschworen hat und du nie erfolgreich sein wirst, könnten sie zur selbsterfüllenden Prophezeiung werden.

Jedes einzelne Element deines Lebens lässt sich durch einen Wechsel der Perspektive verändern. Ich habe angefangen, mir zu sagen, dass meine Trauer ein Geschenk ist. Nicht die Tragödie selbst (die war furchtbar!), sondern meine Auseinandersetzung mit der Trauer. Ich erkannte, dass darin Geschenke verborgen sind, wenn ich nur tief genug schürfe. Es ist mir gelungen, eine Vision und eine Mission für mich selbst zu erkennen. Während dieser Zeit konnte ich mich mehr als sonst in meinem Leben mit meiner Intuition verbinden. In mir entstand der Wunsch, meine Erfahrungen zu teilen und meinen Beitrag zu leisten, um die Welt zu einem besseren Ort zu machen.

Das Script zu wechseln, funktioniert so: Formuliere deine Ziele, erhebe deine Stimme und sprich sie laut und deutlich aus. Dann schreibe sie auf. Du brauchst den Mut und die Weisheit von Meister Oogway aus *Kung Fu Panda*. Ja, richtig gelesen. Als ich dieses Buch geschrieben habe, hat mein Sohn Alexander die ersten beiden Teile gelesen, und er meinte, er fände sie toll. Er sagte:

»Du klingst so weise wie Meister Oogway aus *Kung Fu Panda.*« Als ich ihn fragte, warum Meister Oogway so weise sei, erklärte er mir, dass er immer eine Vision für die Zukunft habe. Er schaute mich mit großen Augen an, und der Mund stand ihm offen, als wäre er aus Ehrfrucht vor Meister Oogway erstarrt. Dann zitierte er die Cartoon-Figur mit den folgenden Worten: »Es gibt ein Sprichwort: Gestern ist Geschichte, morgen ist ein Rätsel, aber heute ist ein Geschenk.« Also nimm dir am besten jetzt gleich Papier und Stift und schreibe deine Ziele auf. Ja, greif nach ihnen, als würde auf jedem einzelnen groß dein Name stehen. Heute ist ein Geschenk. Es ist präsent – dein Präsent.

Wenn du das Script wechselst, bedeutet das das Ende des Selbstmitleids. Du kommst raus aus der Opferrolle. Du befreist dich von den negativen Botschaften der toxischen Schwarzmaler und channelst eine Zukunft voller Ziele, die es zu erreichen, ja zu übertreffen gilt. Nachdem du die Knochenmännchen losgeworden bist, schaffst du auch noch die Heulpartys ab. Sie sind es, die den negativen Emotionen Macht verleihen, sodass sie gären und wachsen und mit der Zeit immer stärker werden, bis es am Ende so scheint, als hättest du dein Gehirn auf das Produzieren von »Selbstmitleidsneuronen« programmiert.

Keiner – weder die toxischen Schwarzmaler noch deine Chefin, noch deine Schwiegermutter, dein Pfarrer, deine Mama oder die Vögel auf dem Baum – hat das Recht, dir zu sagen, wie groß deine Träume sein dürfen. Dein Leben darf nicht von einem einzigen Moment definiert werden, du bist mit dem Schreiben deines Skripts noch längst nicht fertig. Nichts wird je einfach sein; kein Weg führt immer geradeaus. Es braucht innere Stärke, um die Heulpartys abzuschaffen und nach einem schweren Rückschlag weiterzuleben. Die Prinzipien des holistischen Wohlstands haben mir geholfen, den tragischen Tod meines Mannes zu überwinden. Jedes einzelne. Schritt für Schritt.

Mein Script war noch nicht zu Ende geschrieben, als Garfield starb. Ich glaubte zwar, dass mein Leben tatsächlich enden würde, aber es stimmte eben nicht. Das Beste sollte noch kommen, sowohl beruflich als auch für mich persönlich. Ich kann mit Bestimmtheit sagen, dass deine besten Tage noch vor dir liegen, wenn du entschlossen auf sie zugehst, deinen Zielen folgst und niemals aufgibst. Das Beste kommt noch.

Um das Script zu wechseln, sage dir: »Ich kann, ich will, ich muss!« Sage dir, dass du nicht nur Meisterin der Umwege bist, sondern auch Eroberin und Straßenkriegerin. Welche Blockaden auch immer dir den Weg verstellen, sage dir, dass du die innere Stärke und Ausdauer hast, um dich durchzukämpfen. Du lässt dich nicht von deinen Knochenmännchen definieren. Und du wirst auf keinen Fall anfangen, in deinem Gehirn Selbstmitleidneuronen zu produzieren.

26
WÜRDE

> Niemand soll sich anmaßen, eine unverdiente Würde zu tragen.
>
> – *William Shakespeare,* Der Kaufmann von Venedig, *Akt 2, Szene 9*

Kurz nach dem Tod meines Mannes an meinen Arbeitsplatz zurückzukehren, erwies sich als extrem schwierig. Beim Öffnen meines Posteingangs stieß ich auf alte E-Mails, die wir uns während der Arbeit täglich geschrieben hatten. Sie zu sehen, erinnerte mich daran, dass ich meinen täglichen Begleiter verloren hatte. Ich fühlte mich wie eine Fremde in einem anderen Land.

Die Leute wussten nicht, was sie zu mir sagen sollten. Mir in die Augen zu schauen, fiel ihnen schwer. Als Team-Managerin musste ich die Fassung bewahren. Hätte ich mich nicht total zusammengenommen, wäre ich bei der Arbeit zusammengebrochen. Ich musste nicht nur eine Möglichkeit finden, mit meinen Emotionen umzugehen, sondern auch die Fragen vieler Kollegen händeln, die mich seit dem Tod meines Mannes zum ersten Mal wiedersahen.

Meine familiäre Situation hatte sich verändert. Ich war jetzt alleinerziehende Mutter und kam aus der Mutterschaftspause als Witwe zurück. Nach jeder einschneidenden Krise ist die Rückkehr an den Arbeitsplatz besonders dann sehr schwierig, wenn es keine entsprechenden Unterstützungsangebote gibt. Gut durchdachte Programme für den Wiedereinstieg sind in dieser Situation ungemein wichtig.

Ich habe für die *Harvard Business Review* an einer Fallstudie zu diesem Thema mitgewirkt. Im beruflichen Umfeld sollten die eigenen Bedürfnisse und die Gegebenheiten vor Ort immer zuerst in den Blick genommen werden. Solltest du mehr Zeit brauchen, um mit deiner Scheidung fertigzuwerden, einen Angehörigen zu pflegen, dich von einer Krankheit zu erholen oder weil deine Mutterschaftspause zu Ende geht – es ist immer das Beste, deine Bedürfnisse klar anzusprechen. Wurde die kritische Situation von etwas ausgelöst, das im Job selbst passiert ist, empfiehlt es sich, ruhig und rational zu bleiben.

Professor Thomas Jay Oord, den ich für dieses Buch interviewt habe, ist zwölffach ausgezeichneter Hochschulprofessor, hat über zwanzig Bücher geschrieben oder herausgegeben und weiß genau, wie man eine persönliche Krise am Arbeitsplatz mit Würde meistert. Im Frühjahr 2015 wurde er aus seiner Position als festangestellter Theologieprofessor an der *Northwest Nazarene University* entlassen – ein Vorfall, der überall in den USA für Schlagzeilen sorgte.

Die Universitätsleitung begründete ihre Entscheidung mit sinkenden Einschreibezahlen für die von ihm angebotenen Kurse, doch viele gingen davon aus, dass seine Ansichten zur Evolution der wahre Grund für seine Entlassung waren. In unserem Interview wies er auf zwei wesentliche Punkte in seinem Umgang mit dieser Situation hin: Er übte keine Vergeltung und suchte keine Rache. Er erklärte mir zudem, was Vergebung bedeutet – und was nicht. Insbesondere das Prinzip »Aug' um Auge, Zahn um Zahn« sei als Reaktion auf eine ungerechte Behandlung falsch.

Maria Leonard Olsen aus Washington, D.C., Anwältin für Zivilrecht und Autorin, erklärt: »Als Anwältin versuche ich, das Privatleben aus meiner Arbeit herauszuhalten und stets professionell zu sein. Was in einer Woche Gesprächsthema in der Büroküche ist, wird schon in der nächsten von etwas anderem abgelöst. Als ich mich scheiden ließ, nahm ich mir vor, niemals schlecht über meinen Ex-Mann zu reden. Es würde niemandem nützen. Wut ist, als würdest du Gift trinken in der Hoffnung, dem zu schaden, gegen den sie sich richtet. In Wahrheit leidest nur du selbst – daher lasse ich mich nicht darauf ein. Ich bete um die Gnade, mir meine Würde zu bewahren.«

Amy Gallo ist Mitherausgeberin der *Harvard Business Review* und Autorin. In ihrem Artikel, in dem auch die von mir mitverfasste Fallstudie erschien (*»What to Do When a Personal Crisis Is Hurting Your Professional Life«;* auf Deutsch: »Was tun, wenn dir eine persönliche Krise beruflich schadet?«, veröffentlicht in der *Harvard Business Review*), beschreibt sie einige grundlegende Prinzipien für den Umgang mit schwierigen Situationen. Zudem gibt sie wertvolle Hinweise, wie sich notwendige Anpassungen vornehmen lassen, um an Resilienz und Durchsetzungskraft zu gewinnen und die eigene Position so besser zu vertreten.

Empfehlenswert:

- Überlege, welche Art von Unterstützung du brauchst – zu Hause und am Arbeitsplatz. (Schreibe eine Liste).
- Erkläre deinen Kolleginnen und Kollegen, was passiert ist, damit sie sich in deine Lage einfühlen können.
- Stell klare, konkrete Forderungen an deine Kollegen und Kolleginnen und Vorgesetzten, damit sie wissen, wie sie dir helfen können.

Nicht empfehlenswert:

- Zu glauben, dass du jeder und jedem alles selbst erzählen müsstest: Es ist okay, Vertraute aus dem Kollegenkreis zu bitten, den anderen mitzuteilen, was los ist.

- Zu glauben, dass du deine Situation jedem in allen Einzelzeiten erläutern müsstest: Erzähle deinen Kolleginnen und Kollegen jeweils nur die Details, die sie auch wirklich etwas angehen.
- Zu glauben, dass es schmerzhaft sein würde, während dieser Phase weiterzuarbeiten: Manchmal kann es im Gegenteil sogar tröstlich sein, zur Arbeit zu gehen.

DURCHDACHTE PROGRAMME FÜR DEN WIEDEREINSTIEG NACH KRISEN

Nach jeder Art von einschneidenden Erlebnissen oder persönlichen Krisen braucht es durchdachte Programme für den Wiedereinstieg ins Arbeitsleben, um Betroffenen den Übergang zu erleichtern. Wie bereits erwähnt, hatte ich das Gefühl, in einem anderen Land zu sein, als ich als Witwe aus der Mutterschaftspause zum ersten Mal wieder ins Büro kam. Mein Leben hatte sich um 180 Grad gedreht, meine Prioritäten und meine Sicht auf das Leben hatten sich geändert, und ich war bereits auf dem Pfad hin zu holistischem Wohlstand und einem ziel- und sinnvollen Leben. Die Arbeitswelt erschien mir da extrem statisch.

Durch massive Umbrüche im Leben ändert sich unser Blick auf die Welt oft von Grund auf, da wir einen posttraumatischen Wachstumsschub erleben. Was mich bei meiner Re-Integration am meisten überraschte, war die allgegenwärtige Ahnungslosigkeit, wie diese zu geschehen hätte. Ich hatte zu dieser Zeit bereits zwei Begegnungen mit dem Tod hinter mir: Mit siebenundzwanzig wäre ich bei der Geburt meines ersten Kindes fast gestorben (wie viele schwarze Frauen bin auch ich Überlebende eines Nahtod-Geburtserlebnisses), und mit Anfang dreißig verlor ich meinen Mann.

Wenn Menschen an den Arbeitsplatz zurückkehren, muss die Bewahrung der Würde das Kernstück eines jeden Programms für den Wiedereinstieg sein. Ferner sollte es wohl durchdacht und sensibel für die Bedürfnisse der Arbeitnehmerinnen und Arbeitnehmer sein. Was ich fordere, geht über die bloße Einführung von Kinderbetreuung und gleicher Bezahlung hinaus. Es geht darum, Mitarbeitern ihre Würde zurückzugeben und sicherzustellen, dass sie Sinn in ihrer Arbeit finden und auf angemessene Weise in ihrem Bedürfnis nach Selbstfürsorge und Gesundheit unterstützt werden.

Das *Institute on Holistic Wealth* begleitet Menschen dabei, nach Umbrüchen einen neuen Weg einzuschlagen. Führungsqualitäten spielen eine entscheidende Rolle dabei, ein Arbeitsumfeld zu schaffen, in dem eine angemessene Regeneration möglich ist.

Gerade in Zeiten von Umbrüchen und Krisen sind Selbstrespekt und die Wahrung deiner Würde im beruflichen Umfeld ein entscheidendes Kriterium. Sie erlauben dir, klar zu definieren, wie andere mit dir umgehen dürfen, schützen dich vor Kritik und Klatsch und bieten einen Rahmen für Emotionen, die dich sonst überwältigen könnten. Schwierige Situationen mit Würde zu meistern, trägt entscheidend zu deinem beruflichen Fortschritt und Erfolg bei und stärkt zugleich dein Selbstbewusstsein. Die Fähigkeit, in Krisen deinen Standpunkt zu vertreten und dir deine Würde zu bewahren, ist ein wesentlicher Baustein des holistischen Wohlstands. Würde, Mut und Selbstsicherheit – mit diesen Eigenschaften wirst du dir den Respekt deiner Kolleginnen und Kollegen, deiner Vorgesetzten und von anderen ganz allgemein verdienen.

27

INTUITION

Der intuitive Geist ist ein heiliges Geschenk, und der rationale Geist ein treuer Diener. Wir haben eine Gesellschaft erschaffen, die den Diener ehrt und das Geschenk vergessen hat.

– Albert Einstein

Der Mathematiker Henri Poincaré sagte einst: »Durch Logik beweisen wir, durch Intuition entdecken wir«. Betrachten wir die Welt rein rational, halten wir sie konstant und erstarren in unseren Handlungsmustern, denn der rationale Geist ist ein treuer Diener, der Dinge immer auf dieselbe Weise tut – ein Diener im Autopilotmodus. Durch Intuition hingegen erfassen wir den Fluss des Wandels und die Dynamik des Universums. Wir entdecken Neues, und so wird die Intuition zum Katalysator für ganzheitlichen Wohlstand. Intuition ist unsere innere Weisheit, jene leise Stimme, die zu uns spricht, die wir aber kaum hören können, wenn wir es nicht gewohnt sind, auf sie zu lauschen – sie äußert sich in Träumen, spontanen Eingebungen oder Bauchgefühlen, starken Impulsen, körperlichen Empfindungen oder Erinnerungen.

Während meines Sabbaticals fing ich an, mich mit meiner Intuition zu verbinden. Dies half mir, meine Trauer zu überwinden. Ich hatte das Gefühl, »angeschlossen« zu sein. Es war, als würde meine Intuition auf Hochtouren laufen. Ich wurde superkreativ und fing an, Aktivitäten nachzugehen und Dinge zu tun, von denen ich als Kind geträumt hatte. Nach der Uni war ich nie dazu gekommen, solche Kindheitsfantasien weiterzuverfolgen. Ich war auf einem steilen Karriereweg unterwegs, und da blieb keine Zeit für kreative Projekte.

Während meiner Kindheit und Jugend hatte meine große Liebe dem Theater, dem Tanz und dem Schreiben gegolten. Ich besuchte Kurse in freier Rede und Theater-AGs und gewann mit meinen Auftritten jedes Jahr viele nationale Preise. Nach dem Studium geriet meine Begeisterung für die kreativen Künste mehr oder weniger in Vergessenheit. Sie war ein Teil von mir, der starb. Es war, als hätte ich sie in eine Kiste gepackt und sie aufs Meer hinaustreiben lassen. Mein Bruder Donald war es, der mich ermutigte, mir ein Sabbatical zu gönnen, um Dinge zu tun, die ich immer hatte tun wollen.

Während meines Sabbaticals moderierte ich (auf Bitten des Mannes, den ich später heiraten sollte) eine nationale TV-Sendung. Als er mir den Job anbot, hielt ich ihn erst für verrückt. Trotzdem sagte ich zu und begann, im Fernsehen kreative Künstler zu interviewen, die ihre Geschichten erzählten – von Rückschlägen, die sie überwunden hatten, und davon, wie eine spirituelle Erneuerung sie zu ihren Leidenschaften und ihrer Bestimmung geführt hatte. Das machte die Sendung für mich persönlich so besonders interessant.

Außerdem sammelten wir über Sponsoren Spendengelder ein, sodass wir einem jungen Musiker die Möglichkeit geben konnten, in einem Tonstudio in New York City seine Musik zu produzieren. Gemeinsam mit mehreren Partnern gelang es uns, über eine Million US-Dollar an Studiozeit und Vertriebsleistungen für einen talentierten Nachwuchskünstler aufzubringen. Die Fähigkeiten, die ich beim Fundraising und als Moderatorin einsetzte, waren lange ungenutzt geblieben. Erst mit dem Abstand von meinen alltäglichen Aufgaben wurde mir bewusst, dass ich sie überhaupt hatte – und wie sehr ich die kreative, sinnstiftende Tätigkeit genoss, die sich mir dank ihrer erschloss.

Während meines Sabbaticals bot sich mir zudem die Gelegenheit, faszinierende Frauen und Männer kennenzulernen und mich von ihnen inspirieren zu lassen. Sie waren ihrer künstlerischen Passion gefolgt und hatten es damit weit gebracht – wie Jasmine Dotiwala, britische Rundfunk- und TV-Produzentin sowie ehemalige Leiterin der Abteilung Jugendmedien bei Media Trust, und Sharon Weiler, TV-Produzentin und Moderatorin. Diese Frauen folgten ihrer Passion und waren damit überaus erfolgreich. Ich begriff, dass jeder von uns den eigenen Leidenschaften folgen und diese ins tägliche Leben integrieren kann. Eventuell müssen wir dabei zweigleisig unterwegs sein, aber selbst dann können sie unser Leben bereichern. Wichtig ist jedoch, sie bewusst zu schüren. Dann gelingt es uns vielleicht, das Feuer in uns zum Lodern zu bringen und unsere Bestimmung im Leben zu finden.

Später erkannte ich, dass ich, wenn ich mich von meiner Intuition leiten ließ, bessere Entscheidungen traf und insgesamt zu besseren Ergebnissen kam. Die besten Entscheidungen, die ich im Leben je getroffen habe, kamen fast immer auf diese Weise zustande.

Ich habe mit Dr. Gail Saltz gesprochen. Sie ist außerordentliche Professorin für Psychiatrie an der medizinischen Fakultät der *Cornell University* in New York City und Autorin von *The Power of Different* (auf Deutsch etwa: »Die Macht des Andersseins«). Sie erklärt: »Intuition basiert auf unbewussten Informationen, die wir im Laufe unseres Lebens durch Erfahrungen, Erinnerungen, Empathie sowie unsere bisherigen emotionalen Reaktionen gespeichert haben. Sie meldet sich blitzschnell – oft noch bevor unser bewusstes und rationales kognitives Denken eingesetzt hat. Daher liegt sie oft richtig und ist eine so gute Basis, um uns in allen Lebensbereichen zu für uns vorteilhaften Entscheidungen zu führen.

Leider sind sich viele Menschen ihrer Intuition nicht bewusst oder unterdrücken sie und treffen Entscheidungen ausschließlich auf Grundlage rationaler, datenbasierter Überlegungen. Wenn wir jedoch lernen, unsere Intuition wahrzunehmen und sie in unsere Entscheidungen, Reaktionen und kreativen Prozesse einzubeziehen, können wir bessere Ergebnisse erzielen – Ergebnisse, die sich authentischer anfühlen und auf lange Sicht erfüllender sind.«

Dr. Saltz fährt fort: »Intuition kann zu mehr Erfolg in Beziehungen und im Beruf führen. Diese innere Stimme greift oft auf Empathie zurück, und wenn man im eigenen Umfeld empathischer auf andere reagiert, verbessert man damit häufig seine zwischenmenschlichen Beziehungen. Auf das Bauchgefühl zu hören, kann auch im Arbeitsleben helfen, innovativere und kreativere Entscheidungen zu treffen, mit denen man sich positiv von anderen abheben und auf dem persönlichen Weg weiterkommen kann.

Auf das eigene Bauchgefühl zu hören, erfordert Übung. Nimm dir Zeit, um in die Stille zu gehen und zu reflektieren, worauf es dir bei der anstehenden Entscheidung wirklich ankommt. In welche Richtung neigst du emotional? Ich sage ›neigst‹, weil Intuition nicht mit einer emotional stark aufgeladenen Angst- oder Verunsicherungsreaktion daherkommt, sondern dich eher zu einer subtilen, tief aus dem Inneren kommenden Erkenntnis führt: Fühlt sich das richtig oder falsch an? Fühlt es sich weit und wahr für mich an?

Übe dich darin, deine erste, unmittelbare Reaktion bewusst wahrzunehmen, bevor du sie verdrängst. Kehre zu ihr zurück und reflektiere sie. Vergleiche sie später mit den rational abgewogenen Überlegungen zu den Vor- und Nachteilen deiner Entscheidung. Achte auch auf tagtraumähnliche Gedanken – denn auch in ihnen kann sich deine Intuition äußern.«

WIE FUNKTIONIERT BEWUSSTWERDUNG? DURCH INTUITION.

Intuition kann uns den Weg zu einem sinnhaften Leben weisen. Erleiden wir Trauer, ist dies so gut wie immer ein Katalysator, um diesem tieferen Sinn auf die Spur zu kommen. Auch bringt sie uns in Bewegung und verleiht uns einen laserscharfen Fokus.

Im Folgenden findest du einige Hinweise dazu, wie du deine Intuition einsetzen kannst, um dein Leben in optimale Bahnen zu lenken – selbst nach Trauer und Tragödien.

BEFREIE DICH VON NEGATIVEN EMOTIONEN UND ENERGIEN

Deinen Geist von Müll zu befreien und darauf zu warten, dass sich die »Leitung« freischaltet, über die du diese Art von Botschaften empfängst, ist absolut entscheidend. Mit »Müll« meine ich alles, was dir an Sorgen und Trauer oder Gedanken an zu erledigende Aufgaben oder sonstigen Alltagskram tagtäglich durch den Kopf geht. Die Stimme der Intuition kannst du nur vernehmen, wenn du meditierst und empfangsbereit bist. Es geht darum, deine Wünsche zu channeln und nach jener Art von Heilung zu suchen, die es dir erlaubt, den Weg der Genesung einzuschlagen. Lässt du dich auf diese Weise leiten, kann sich alles zum Guten wenden. Der Körper werde dir schon sagen, wenn du aus einem abträglichen Zustand heraus agierst, sagt man, etwa wenn du unruhig bist oder dir Sorgen machst. Auf die Stimme der Intuition zu hören, kann der Schlüssel sein, mit dem du dir dein wahres Potenzial erschließt.

Nach Tragödien und in Phasen der Trauer sind negative Energien allgegenwärtig. Sie scheinen dich zu umgeben, egal, wohin du dich wendest. Stets ist da der Selbstzweifel: Was du hättest tun sollen oder können, um das, was geschehen ist, zu verhindern.

Auch jede Menge Selbstmitleid ist mit im Spiel: »Warum muss das ausgerechnet mir passieren?«

Trauer und Tragödien werden zum perfekten Fallbeispiel dafür, wie du dich von solchen überschießenden Emotionen befreien kannst, für deren Entstehen du überhaupt nichts kannst. Die Frage ist: Geht das überhaupt? Was war das noch für ein Hobby, dem du dich immer schon widmen wolltest, es aber nie getan hast. Was für Dinge waren das noch, die du längst ausprobieren wolltest, und dann hat es doch nie geklappt? Deine Intuition kann dich zu dem Leben führen, das du immer hast leben wollen – selbst nach Trauer und Trennung.

NUTZE DEINE INTUITION GEZIELT

Newton und Einstein hatten eines gemeinsam: Sie beherrschten die Kunst, ihre Intuition gezielt zu nutzen. Nur so konnten sie die bahnbrechenden Entdeckungen machen, die den Lauf der Menschheitsgeschichte verändert haben. In ganz gezielten Schritten gingen sie daran, Lösungen für die großen Herausforderungen ihrer Zeit zu finden.

Doch um selbst zur Wegbereiterin des Wandels zu werden, musst du die Kraft des intuitiven Denkens nutzen. In einer Umfrage gaben 72 von 83 Nobelpreisträgern in Wissenschaft und Medizin an, dass die Intuition entscheidenden Anteil an ihrem Erfolg hatte.

Hier sind zwei Möglichkeiten, wie du deine Intuition gezielt nutzen kannst.

1. SUCHE DEN RÜCKZUG

Was uns am meisten daran hindert, mit unserer Intuition in Kontakt zu sein, ist der Stress. Menschen, die unter starker Belastung stehen, nutzen nur einen Bruchteil ihrer mentalen und emotionalen Fähigkeiten. Als Grundvoraussetzung, um sie zu aktivieren, brauchst du längere Zeiten des Rückzugs. Die Stimme der Intuition meldet sich im Zuge tiefer Innenschau und geistiger Reflexion.

2. HÖRE AUF DEINE HERZENSWÜNSCHE

In Kapitel 19 habe ich über spirituelle Selbsterneuerung gesprochen und darüber, wie wichtig es ist, deinem Leben eine Richtung zu geben, indem du eine Mission und Vision für dein Leben findest. Dabei geht es jedoch längst nicht nur um das Erreichen von Status, Ruhm und Macht. Es sollte auch dein Bestreben sein, der Allgemeinheit zu dienen und deinen Beitrag zu leisten, die Welt zu einem besseren Ort zu machen.

Ich hatte ebenfalls Gelegenheit, mit Dr. Susan Shumsky zu sprechen, der preisgekrönten Autorin von vierzehn Selbsthilfebüchern. In unserem Interview erklärte sie: »Du bist mit der ›leisen, inneren Stimme‹ der Intuition verbunden. Diese innere Stimme führt dich dazu, dir deine tiefsten Herzenswünsche zu verwirklichen und dein wahres Ziel sowie deine Bestimmung zu finden. Sie ist real und weist dir immer den richtigen Weg. Sie ist wie ein Leuchtturm, der dich zu Glück und Erfolg leitet. Aus dieser inneren Stimme spricht dein höheres Selbst – sie täuscht dich nie und spricht immer die Wahrheit.«

Wenn du diese innere Stimme hörst, sie prüfst, auf sie vertraust und ihr folgst, wirst du ruhigen Gewissens weise Entscheidungen treffen. Du wirst in jeder Situation wissen, was zu tun ist und in welche Richtung du gehen sollst. Du wirst große Freude, Erfüllung, Zufriedenheit und inneren Frieden empfinden in der Gewissheit, auf dem richtigen Weg zu sein und das zu tun, was für dich das Beste ist.

In ihrem Buch *Awaken Your Divine Intuition* stellt Dr. Shumsky ein praxiserprobtes System mit zehn Tests vor, mit dem man die Authentizität der inneren Stimme prüfen und herausfinden kann, ob sie wirklich der Intuition entspringt oder aus dem Ego oder Wunschdenken kommt. »Es ist wichtig, die empfangenen Botschaften zu prüfen, da sie von der spirituellen, astralen oder mentalen Ebene stammen oder von unserem gesellschaftlichen Umfeld beeinflusst sein können.«

Und sie fährt fort: »Ob du in Kontakt mit der spirituellen Ebene bist, kannst du daran erkennen, dass sie dir ein Gefühl von Ganzheit und Einheit vermittelt. Es ist eine Erfahrung von absolutem Frieden, vollkommener Zufriedenheit, reiner Liebe und Glückseligkeit, grenzenlosem Bewusstsein, tiefer Entspannung und absoluter Erfüllung. Wenn du dies nicht spürst, bewegst du dich nicht auf der spirituellen Ebene.«

SCHLUMMERNDE UND AKTIVE INTUITION

Während meines Sabbaticals merkte ich, wie meine Intuition schlagartig wieder da war. Es war wie ein Vulkanausbruch. Ich habe mich oft gefragt, was die Introspektion an sich hat, um unsere Intuition derart wecken zu können. Ich sprach mit Anji Hallewell darüber. Sie ist Expertin für Persönlichkeitsentfaltung und Leistungsoptimierung an der *Natural Genius Academy*. Hier ihre Gedanken dazu:

> Mit den Konditionierungen, die sich auf dem Weg ins Erwachsenenleben Schicht für Schicht in uns ansammeln, versetzen wir unsere Intuition in eine Art Schlafmodus: was man uns sagt, was wir tun oder unterlassen sollten und die sich daraus ergebenden Ansichten darüber, wie die Welt zu sein hat … Je tiefer wir unsere Intuition begraben, desto weniger sind wir uns ihrer bewusst, bis wir schließlich vergessen, dass wir sie überhaupt haben. Die Schule ist super darin, Kindern beizubringen, wie man Wissen erlernen und anhäufen kann, aber sie ist nicht unbedingt bekannt dafür, sie zu lehren, in Verbindung mit ihrem wahren Selbst zu sein. Je mehr wir auf unseren rationalen Verstand zu bauen lernen, desto deutlicher entfernen wir uns von unserer wahren inneren Stimme.
>
> Es gibt einiges, was du tun kannst, um deine intuitive Seite wieder zum Leben zu erwecken. Erstens mach dir deinen inneren Dialog bewusst. Die Stimme in deinem Kopf, die so klingt, als wäre sie deine, ist von unterschiedlichen Gefüh-

len getrieben. Dies wird wunderschön in Disney-Pixars *Alles steht Kopf* demonstriert, in dem uns die verschiedenen Emotionen, die jederzeit die Kontrolle übernehmen können, in personifizierter Form begegnen. Achtsamkeitsübungen, Meditation und Yoga sind alle gut geeignet, um dieses Bewusstsein zu gewinnen.

Das Zweite, was du tun kannst: Sei wieder neugieriger. Kinder sind es von Natur aus – kleine absolut kreative Köpfe, die sich für alles interessieren. Mit der Zeit verliert sich diese Offenheit, weil es weniger Spaß und mehr Ernst im Leben gibt.

Und schließlich: Erde dich. Wenn ich draußen in der Natur bin, fallen das Ego und alle unsichtbaren Schutzschichten von mir ab. Meine demütigere Seite kommt zum Vorschein. Manche erleben Ähnliches, wenn sie malen, tanzen oder Berge besteigen. Was auch immer bei dir funktionieren mag, verwende Zeit darauf, weil es dich erdet und die Energie zu deiner Intuition hinfließen lässt.

Intuition ist ein wichtiges Tool zum Erreichen von holistischem Wohlstand. Verbinden wir uns nicht mit unserem intuitiven Selbst, können wir ihn nicht mehren. Intuition wirkt wie Zinseszins auf unserem Konto: Hören wir auf sie und treffen unsere Entscheidungen so, dass unser Leben reicher wird, ist es, als würden wir gutgeschriebene Zinsen reinvestieren, statt sie abzuheben.

Unsere Intuition ist eine nimmer endende Ressource, an der es uns nie mangeln wird. Sie trägt bei früheren Einzahlungen auf unser holistisches Konto zur Ertragssteigerung bei, denn wenn wir klügere Entscheidungen treffen, wirkt sich das auf alle Bereiche unseres Lebens aus. Hörst du auf deine Intuition und weckst damit deine Kreativität, fließt dir die Energie zu, die du brauchst, um deine Bestimmung im Leben zu finden. Deine Lebensaufgabe wird sich dir nicht zeigen, solange deine Intuition im Schlafmodus bleibt. Du musst sie erwecken und aktivieren, damit sie dir den Weg zeigen kann. Eine aktive Intuition ist wie eine Zündkerze: Sie erzeugt den Funken – die Energie, die du brauchst, um holistischen Wohlstand zu channeln.

DEIN PORTFOLIO: KÖRPER, GEIST UND EMOTIONEN

In Teil III habe ich dir neun Lebenslektionen dazu vorgestellt, wie du durch das Stärken deiner körperlichen, spirituellen und emotionalen Seite holistischen Wohlstand aufbauen kannst.

1. Spirituelle Selbsterneuerung
2. Ganz neue Rezepte
3. Tägliche Bewegung
4. Hobbys, die Spaß machen
5. Gebete und Meditation
6. Rückschläge
7. Innere Stärke
8. Würde
9. Intuition

Im Folgenden findest du neun Dinge, die du tun kannst, um deinen ganzheitlichen Wohlstand zu mehren und dein körperliches und geistiges Wohlbefinden zu verbessern, dich tiefer mit dir selbst zu verbinden und an Resilienz für den Umgang mit Krisen zu gewinnen. Bei manchen Punkten handelt es sich einfach um Fragen, über die es sich nachzudenken lohnt. Bedenke, dass nach innen zu schauen und dich besser kennenzulernen, die ersten Schritte sind, um dir ein Portfolio von körperlichen, spirituellen und emotionalen Werten aufzubauen. Mach eines – oder alles –, was auf dieser Liste steht:

1. Reflektiere, was spirituelle Selbsterneuerung für dich bedeutet. Schreibe es auf und dann liste drei Aktivitäten auf, die in deinem Leben für spirituelle Selbsterneuerung stehen.
2. Wie kannst du eine gesunde Ernährung in deinen Lebensstil integrieren bzw. ihr mehr Gewicht verleihen? Überlege dir, welche Verhaltensänderungen nützlich wären.
3. Durch tägliche Bewegung kannst du holistischen Wohlstand aufbauen. Zähle drei Möglichkeiten auf, wie du sie in deinen Alltag integrieren kannst.
4. Notiere ein paar deiner Hobbys. Schau, welche davon das Potenzial haben, dein holistisches Vermögen zu mehren.
5. Wie steht es mit Gebeten und Meditation? Wie kannst du mehr davon in deinen Alltag bringen?
6. Denke an die Rückschläge, die du in der Vergangenheit erlitten hast. Notiere drei Wege, wie du sie überwunden hast.
7. Denke darüber nach, auf welche Weise du innere Stärke entwickelt hast.
8. Überlege dir, wie du am Arbeitsplatz oder zu Hause eine Kultur der Würde fördern kannst.
9. Versuche, dich mit deiner Intuition zu verbinden. Schau dir bewusst dein Umfeld an und prüfe, welcher Voraussetzungen es bedarf, damit du leichter Zugang zu ihr findest.

TEIL IV

GOODWILL UND STARKE BEZIEHUNGEN

28

DIENST AN ANDEREN (WIEGT MEHR ALS EIN SPITZENVERDIENST)

Jeder hat eine Gabe oder ein besonderes Talent, das er anderen schenken kann. Und wenn wir dieses einzigartige Talent mit dem Dienst an anderen verbinden, erleben wir die Ekstase und das Entzücken unseres eigenen Geistes, was das ultimative Ziel aller Ziele ist. Wenn du arbeitest, bist du eine Flöte, durch deren Herz das Flüstern der Stunden zu Musik wird. Und was bedeutet es, mit Liebe zu arbeiten? Es bedeutet, das Tuch mit Fäden zu weben, die aus deinem Herzen gezogen sind, als würde dein Geliebter dieses Tuch tragen.

– *Khalil Gibran,* Der Prophet

Die Jagd nach dem bestbezahlten Job zur obersten Priorität zu erklären, macht keinen Sinn. Die höchste Form von Berufung liegt im Dienst an anderen. Stellen wir hingegen das Streben nach dem Topverdienst über alles andere, vergehen wir uns gegen das Gesetz der Sinnhaftigkeit und könnten an unserer wahren Berufung vorübergehen. Dem Gesetz der Sinnhaftigkeit zufolge sind wir hier auf dieser Erde, um mithilfe unserer einzigartigen Talente einem bestimmten, einzigartigen Zweck zu dienen – also eine Aufgabe zu erfüllen, die keiner außer uns auf diesem Planeten ausführen kann. Ihr gerecht zu werden, sollte unser ultimatives Ziel sein.

Unsere einzigartigen Talente dem Dienst an der Menschheit zu widmen und sie zu nutzen, um unerfüllte Bedürfnisse zu stillen – das ist es, was uns echten Wertzuwachs bringt. Der Wohlstand, den wir durch die Verwirklichung unserer ureigenen Lebensaufgabe generieren, ist nicht vergänglich, sondern von Dauer, denn er ist Ausdruck unseres unvergleichlichen Selbst. Finanzieller Verdienst hingegen ist vergänglich. Um ihn mehren zu können, sind wir zudem auf andere angewiesen, die uns den »Gefallen« erweisen, uns eine Gehaltserhöhung zu gewähren.

Der dauerhafte Wohlstand, von dem ich hier spreche, zeigt sich in einem Zustand der permanenten Glückseligkeit. Du bist selbst dein wertvollstes Kapital, und deine einzigartige, unverwechselbare Aufgabe auf diesem Planeten hat nichts mit der Höhe deines Einkommens zu tun.

Jagst du einem Job nach, der dir möglichst viel Geld einbringt, ist es in etwa so, als würde ein Reh eine viel befahrene Autobahn überqueren. Es ist ein Unterfangen, das im Fiasko endet. Erinnerst du dich an die Schwarzmaler aus Kapitel 2? Leute wie sie sehen in der Höhe des Verdienstes den alleinigen Maßstab dafür, wie weit es ein Mensch im Leben bringt. Aber damit liegen sie völlig falsch. Wie oft haben sie mir gegenüber das Einkommen als Totschlagargument eingesetzt, um mir Furcht und Gefühle der Unzulänglichkeit einzuflößen und mir vorzuschreiben, was für mich möglich sei und was nicht. Eine ihrer Lieblingskeulen war der Satz: »Du hast jetzt nur noch ein Gehalt.« Diese Leute meinen, dass die Summe deiner potenziellen Möglichkeiten sich in dem Betrag widerspiegelt, den man dir am Monatsende auf dein Konto überweist. Sie messen die Chancen des Lebens in barer Münze, ganz anders als Aristoteles, der in dem Zitat am Anfang dieses Buchs dazu rät, »nach einem besseren Verständnis von Reichtum und der Kunst des Vermögenserwerbs [zu streben], als es die bloße Ansammlung von Münzen ist«. Wer meint, der Fokus auf den bestdotierten Job sei der schnellste Weg zu holistischem Wohlstand, der irrt. Einzig auf diese Weise lässt sich kein langfristiger Wohlstand aufbauen. Gut möglich, dass dir ein gutes Einkommen ein bequemes Leben ermöglicht, aber Wohlstand garantiert es dir nicht.

Nach einer US-Umfrage von Charles Schwab aus dem Jahr 2021 würden sich die Befragten ab einem durchschnittlichen Nettovermögen von 1,9 Millionen US-Dollar persönlich als »wohlhabend« einstufen – deutlich weniger als die 2,6 Millionen US-Dollar, die in der Umfrage von 2020 genannt worden waren.[26] Aufgrund der COVID-19-Pandemie haben viele Amerikaner neu definiert, was Wohlstand für sie bedeutet. Die Umfrageteilnehmer senkten auch die Messlatte dafür, was sie zur finanziellen Zufriedenheit brauchten: 1,1 Millionen US-Dollar im Jahr 2021, verglichen mit 1,75 Millionen US-Dollar im Jahr 2020.

Das Streben nach der bestbezahlten Position löst oft einen »Lifestyle Creep« aus – größeres Haus, mehr Luxusgüter, mehr Schulden. Es führt jedoch nicht unbedingt zum Aufbau von Wohlstand. Tatsächlich werden nur wenige Menschen allein durch ihr Gehalt wohlhabend. Fallen Job und Titel weg, ist dies oft gleichbedeutend mit dem Einstieg in einen Teufelskreis aus Armut und Hoffnungslosigkeit.

---

26 »Schwab Modern Wealth Survey Reveals Americans' Changing Priorities Around Spending, Saving and Mental Health«, The Charles Schwab Corporation, https://www.aboutschwab.com/modern-wealth-survey-2021.

Und noch etwas: Das materielle Vermögen, das wir während unseres Lebens anhäufen, wird mit uns beerdigt. Die Dinge dieser Welt sind vergänglicher Natur. Auf deinem Grabstein wird dein Geld, Haus, Auto oder Prestige keine Erwähnung finden. Auch von deiner tollen Arbeitsstelle wird dort nicht die Rede sein.

Erst als mir in jener fatalen Nacht die Pflegerinnen den weißen Plastikbeutel mit den persönlichen Sachen meines Mannes in die Hand drückten, wurde mir wirklich klar, was die Vergänglichkeit der Materie bedeutet. Nur eines zählt am Ende: was wir im Leben anderer an Positivem bewirken. Das ist unser einzig wahres Erbe. Wenn materieller Besitz in den Hintergrund tritt, verblasst und an Glanz verliert, hat nur eines auf ewig Bestand: holistischer Wohlstand.

Stellen wir ein möglichst hohes Einkommen über alle anderen Ziele, könnte uns dies blind für unsere Leidenschaften und einzigartige Lebensaufgabe machen. Eine solche vom Ego getriebene Haltung kann ein Rezept für Katastrophen und Unglück sein. Um Fülle und holistischen Wohlstand zu erreichen, müssen wir uns fragen, welchen Beitrag wir für die Menschheit leisten können, und unsere einzigartigen Talente einsetzen, um dieser Aufgabe gerecht zu werden.

In Geschichtsbüchern wurde viel über den Aufstieg und Fall großer Zivilisationen geschrieben. Deren Reichtum war insbesondere dann vergänglicher Natur, wenn es sich um Regime handelte, die von Eigennutz geprägt und an egogetriebenen Zielen ausgerichtet waren.

»Mein Großvater zündete überall Lampen des Reichtums an«, schrieb Rabindranath Tagore, »[und] sie erloschen mit ihm. Alles, was von diesem Fest des Reichtums übrig blieb, waren die Rußspuren der verbrannten Lampen, Asche und eine einzige zitternde, schwache Flamme.« Tagore, der im indischen Kalkutta geboren wurde und als erster Asiate den Nobelpreis für Literatur erhielt, spielte damit auf egogetriebene Machenschaften und verschwenderische Ausgaben an, die zum finanziellen Ruin führten.

Materieller Besitz, Geld, Ruhm und Vermögen: All das ist irgendwann dahin. Ich bin absolut dafür, ehrgeizig zu sein, zu sparen und zu investieren, um für die vielen Eventualitäten des Lebens gewappnet zu sein (wie in Teil II beschrieben). Doch das Streben nach Macht und Reichtum um jeden Preis, nur um das Ego zu füttern und nach außen hin den Sinn und Wert des eigenen Daseins zu demonstrieren, ist destruktiv und läuft dem kollektiven Wachstum und Fortschritt der Menschheit zuwider.

Das Gesetz der Fülle bedeutet nicht, dass man hortet, was man kriegen kann, nur weil Ressourcen im Überfluss vorhanden sind (das wäre in Wirklichkeit eine Denkweise des Mangels). Es heißt auch nicht, dass wir uns mit anderen einen Konkurrenzkampf um den Spitzenplatz liefern, ähnlich dem, was in einem Eimer voll Krebse passiert: Wenn einer nach oben zu klettern versucht, ziehen ihn die anderen nach unten, damit bloß keiner schneller zu den Goodies gelangt, die sie alle dort oben vermuten.

In seinem Buch *Die sieben geistigen Gesetze des Erfolgs* schreibt Deepak Chopra: »Entdecke deine Göttlichkeit, finde dein einzigartiges Talent, diene der Menschheit damit, und du kannst all den Reichtum erschaffen, den du dir wünschst. Wenn deine kreativen Ausdrucksformen den Bedürfnissen deiner Mitmenschen entsprechen, dann wird Reichtum spontan vom Unmanifesten ins Manifestierte fließen, aus dem Reich des Geistes in die Welt der Form.«

Das Gesetz der Gegenseitigkeit zeigt, wie wir ein sinnvolles Leben führen können, in dem wir geben, statt uns auf eigennützige Zwecke zu fokussieren. Wer gibt, wird empfangen, so lautet seine Botschaft. Wir bekommen ein Vielfaches zurück. Anders ausgedrückt: Wenn wir geben, werden uns Fülle und Wohlstand zuteil.

Kurz nach dem Tod meines Mannes rief mich einer seiner engsten Freunde an und sagte: »Du bist im Rennen an den Start gegangen, und jetzt ist es, als hätte man dir ein Bein amputiert.« Dieser Gedanke traf es damals total. Ich fühlte mich tatsächlich wie amputiert. Aber wenn ich aus heutiger Sicht zurückblicke, weiß ich: Das Leben ist kein Rennen um den Spitzenplatz. Mit der Zeit gelangen wir dorthin, wo wir sein sollten, wenn wir ein sinnvolles Leben führen.

Für eine im Dezember 2018 veröffentlichte Studie – die erste ihrer Art, die ausschließlich diese Form von Wohlstand zum Gegenstand hat –, befragten Forscher der *Harvard Business School* 2000 Millionäre. Es waren die wohlhabendsten Kunden einer Investmentbank. Der Studienleiter, Professor Michael Norton, bat diese, ihr Glücksniveau auf einer Skala von eins bis zehn zu bewerten. Um wirklich zufrieden zu sein, so die Meinung aller Befragten, bräuchten sie das Zwei- bis Dreifache ihres aktuellen Vermögens. Ein Viertel der Millionäre mit einem Vermögen von 1,5 Millionen Dollar meinte sogar, das Elffache zu brauchen, um rundum glücklich zu sein, während ein weiteres Viertel meinte, sie benötigten das Sechsfache. Interessanterweise war das Gefühl, mehr Geld zu brauchen, um glücklich zu sein, unabhängig vom tatsächlichen Vermögen der Befragten. Sogar von Personen mit einem Nettovermögen von über 7,6 Millionen Dollar wurde es geäußert.[27] Reichtum macht also nicht glücklich. Und je mehr man verdient, desto mehr Geld meint man zu brauchen, um rundum glücklich zu sein.

Warum koppeln so viele Menschen ihren Selbstwert an den

---

27 Peter Lloyd, »No Matter How Much Money You Have You Are NEVER Happy: Even Millionaires Say They Need to at Least Double Their Wealth to Be Truly Content, First Study of Its Kind Finds«, DailyMail.com, 6. Dezember, 2018, https://www.dailymail.co.uk/sciencetech/article-6466731/Money-doesnt-buy-happiness-Millionaires-say-need-double-wealth-happy.html

Wert ihres Vermögens und ihre berufliche Position? Warum wollen sie unbedingt zum Spitzenverdiener werden? Warum setzen so viele ihrem Leben aus Gründen ein Ende, die mit ihrer beruflichen oder finanziellen Situation zu tun haben?

Ein unerträgliches Gefühl des Versagens und der Scham stellt sich oft ein, wenn das eigene Leben anders verläuft, als es »sein sollte«. Dies ist eine der größten und besonders toxischen finanziellen Blockaden – eine innere Haltung, die auf Mangel basiert. Ihr Fundament ist ein Glaubenssystem, demzufolge ein bestimmtes Einkommen oder Nettovermögen dich besser oder schlechter macht als andere Menschen – ein Mindset, der katastrophale Folgen haben kann: an jedem beliebigen Tag oder im Angesicht eines lebensverändernden Rückschlags kann er dich nämlich glauben machen, du (oder jemand anderes) hättest versagt.

In manchen Familien und bestimmten Gesellschaften wird den Erfolgreicheren mehr Bedeutung beigemessen, wobei »Erfolg« sich im Wesentlichen an deren Vermögen und materiellem Besitz bemisst. Wird ein solches Glaubenssystem von Generation zu Generation weitergegeben, ist dies ein Beispiel für eine familiär überlieferte Blockade. Dieses Glaubenssystem behindert aktiv die Erholung nach einer Krise. Bindest du deine Identität an einen Titel, ein bestimmtes Einkommen oder Vermögen, leidet deine Fähigkeit, nach Rückschlägen wieder auf die Beine zu kommen.

Ich habe mit Amy Morin gesprochen. Sie ist Autorin des internationalen Bestsellers *13 Dinge, die mental starke Menschen nicht tun* und wie ich früh verwitwet. Sie fürchtet, dass Menschen, die ihren Selbstwert über ihr Vermögen definieren, sich womöglich zeitlebens nicht »wertvoll genug« fühlen. Und es sind nicht nur wohlhabende Menschen, die sich über die Größe ihres Bankkontos definieren! Viele Leute leben über ihre Verhältnisse, um sich »gut genug« zu fühlen, und verschulden sich hoch, um eine Fassade von Reichtum aufzubauen – was letztlich immer ins Leere führt, denn auch wenn Waren und Dienstleistungen einen materiellen Gegenwert haben mögen, spiegeln sie nie unseren Wert als Mensch wider.

Laut Amy hilft vielen Menschen ihre Karriere, um sich wertvoll zu fühlen. »Tatsächlich sagen viele, wenn sie sich vorstellen, was sie beruflich machen: ›Ich bin Computerprogrammierer‹ oder ›Ich bin Anwältin‹. Ihr Job ist nicht, was sie tun – ihr Job ist, was sie sind. Ihre Karriere hilft ihnen, ›jemand‹ zu sein. Doch den eigenen Selbstwert von der beruflichen Stellung abhängig zu machen, ist ein großes Risiko. Ein wirtschaftlicher Abschwung, eine unerwartete Veränderung auf dem Arbeitsmarkt oder ein schwerwiegendes gesundheitliches Problem könnten der Karriere ein Ende setzen und zu einer schweren Identitätskrise führen.«

Heather, die als Bloggerin für *Altitude Adjustment* schreibt und selbst viele Jahre in San Francisco gelebt hat, sagte in einem Interview:

> In San Francisco will man von dir wissen, wo du arbeitest, welche berufliche Position du hast und wie viele Aktienoptionen dir zugeteilt wurden, für den Fall, dass dein Unternehmen beim Gang an die Börse zum nächsten Unicorn wird. Auf welcher Karrierestufe du stehst, erscheint so überaus interessant, weil man davon abliest, welchen monetären Wert du in die Gemeinschaft einbringen kannst. Doch die berufliche Stellung sagt nur selten etwas über dich als Mensch aus. Was ich mir in einer Gemeinschaft wünsche, sind Menschen, die Zeit investieren, um diese so zu gestalten, dass sie in ihr leben möchten. Was der Einzelne zu geben hat, mag zwar von Mensch

> zu Mensch verschieden sein, aber wir müssen begreifen, dass eine erfolgreiche Gesellschaft vielfältiger Beiträge bedarf, die nicht immer mit einem hochtrabenden Titel oder einem Topgehalt daherkommen.

SINN IM LEBEN FINDEN

Sinn im Leben zu finden, ist ein zentrales Anliegen des weltbekannten Psychologen Martin E. P. Seligman, Autor des Buches *Flourish: Wie Menschen aufblühen.* Es kommt in dem von ihm geprägten Akronym für Glück zum Ausdruck: PERMA steht für **p**ositive Emotionen, **E**ngagement, Beziehungen (**R**elationships), Sinn (**M**eaning) und Errungenschaften (**A**chievement).

Um langfristig glücklich zu sein, müssen wir, so Seligman, nach einem sinnvollen Leben streben, in dem wir ein tiefes Gefühl der Erfüllung finden, weil wir unsere einzigartigen Stärken für einen Zweck einsetzen, der größer ist als wir selbst. Die Gesetze der Gegenseitigkeit (Geben und Nehmen) und des Überflusses sind Basis dieser Lebenslektionen und weisen uns den Weg dorthin.

FÜR WENIGER BEGÜNSTIGTE SORGE TRAGEN

Abraham Lincoln sagte: »Den Kummer eines anderen zu lindern, heißt, den eigenen zu vergessen.« Wer in einem Zustand der Glückseligkeit ist, sieht das Glück meist überall, selbst im Alltäglichen. Erst in Phasen von tiefem Schmerz und Kummer wird uns wirklich bewusst, wie viel Leid es auf der Welt gibt. Nach dem Tod meines Mannes hörte ich so viele Geschichten von anderen

Männern, die in der Blüte ihrer Jahre plötzlich verstarben und ebenfalls eine junge Familie zurückließen. Mir wurde klar, dass mich mein Heilungsweg zwar zuerst nach innen führen würde, ich später aber im Außen nach Wegen suchen müsste, um andere zu unterstützen. Durch die Hinwendung nach außen verschiebt sich der Fokus weg von uns selbst, sodass wir durch das Zurückgeben an andere heil werden können.

29
MENTORING

Wenn ich weiter sehen konnte, so deshalb, weil ich auf den Schultern von Riesen stand.

– *Isaac Newton*

Weil Mentoring uns die Hilfestellungen gibt, die wir brauchen, im Alltag erfolgreich zu sein, gehört es zu den wichtigsten Unterstützungsfaktoren beim Aufbau von holistischem Wohlstand. Es fällt in den Bereich der Gesetze des kontinuierlichen Lernens und der Gegenseitigkeit.

Auf der Welt gibt es so viele Kinder und junge Erwachsene, die sich womöglich nie ihre Träume verwirklichen können. Sie mögen noch so intelligent sein, es fehlen ihnen manchmal schlichtweg die Chancen. Mentoring ist eine der besten Möglichkeiten, um der Gemeinschaft und dem Planeten im Allgemeinen etwas zurückzugeben. Es passt zur holistischen Weltsicht, weil es wie ein Kran auf einer Baustelle funktioniert. Ohne dessen Einsatz könnten Gebäude und Wolkenkratzer nie die für sie geplante Höhe erreichen. Ob in der Karriere oder beim Aufbau eines Unternehmens – viele von uns hatten solche »Kräne« im Leben – Menschen, die uns geholfen haben, in größere Höhen vorzustoßen. Sie schickten unsere Träume himmelwärts. Sie sind Initiatoren von holistischem Wohlstand.

Mentoring kann im Leben von Menschen zum Gamechanger

werden. Mit dem Ziel, der Gesellschaft etwas zurückzugeben, habe ich *Aspire-Canada* gegründet, eine gemeinnützige Initiative, um jungen Berufstätigen und Studierenden zu helfen. Zu diesem Zweck sprach ich einige der besten und klügsten Führungskräfte der Welt an, um sie als Mentoren zu gewinnen. Ich dachte an meine beiden Söhne, die gerade ihren Vater verloren hatten, und wusste, dass sie andere männliche Leitfiguren im Leben brauchen würden. Als ich unseren Kinderarzt fragte, wie ich zwei kleine Jungen allein großziehen sollte, sagte er: »Finde männliche Vorbilder für sie.« Mein Problem: In Ottawa, wo wir damals lebten, gab es keine männlichen Familienmitglieder. Mein nächster Onkel wohnte in Toronto, vier Autostunden entfernt.

Ich nahm ebenfalls Kontakt mit *Big Brothers Big Sisters of Canada* auf, einer fantastischen gemeinnützigen Organisation, die Mentoring für Kanadas Jugend bietet. Ich war froh, dort eine Anlaufstelle für mich und meine Jungs zu finden. Aber die beiden waren damals noch sehr klein, und so beschloss ich, noch ein paar Jahre abzuwarten, bis sie alt genug wären, um wirklich von dieser Erfahrung zu profitieren. Ich bin überzeugt, dass Mentoring oder Sponsoring die Lücke schließen kann zwischen jemandem, der sein volles Potenzial im Leben bereits erreicht hat, und einem anderen, dem dies noch nicht gelungen ist. In meinen Augen ist es ein effizienter Katalysator für sozialen Wandel.

Während meines Sabbaticals lernte ich Joi (Brown) Pitts kennen. Sie ist *Senior Vice President* für Marketing und Markenpartnerschaften bei *Atlantic Records*. Im Interview erzählte sie mir, dass ihre beiden Mentoren, Ronnie Johnson und Julie Greenwald, eine entscheidende Rolle in ihrer Karriere spielten. Ronnie habe sie gelehrt, bei der Arbeit authentisch zu sein und ihren Karriereweg ehrgeizig zu verfolgen. Julie habe sie ermutigt, mit ihren

Ideen kalkulierte Risiken einzugehen (ein Element von holistischem Wohlstand) und sie umzusetzen. Julie ist heute Vorsitzende und COO von *Atlantic Records.*

Für Joi ist das Mentoring zur Leidenschaft geworden. Sie ist Gründerin von *HU United,* einer Basisorganisation, der sich über 3000 schwarze Colleges und Universitäten angeschlossen haben. Sie setzt sich für gemeinschaftliches Engagement ein und hat die Netzwerk- und Mentoringorganisation *Culture Creators* gegründet.

MENTORING ZUR KARRIEREFÖRDERUNG

Unser Berufsweg ist wie ein Organismus, der sich unablässig weiterentwickelt und entfaltet. Seine Tentakel und Zellen wachsen und teilen sich täglich, und es müssen viele Dinge zusammenspielen, damit er gut gedeihen kann. Kurz: Ein systemischer Ansatz ist gefragt, um deine Karriere zum Wachsen und Blühen zu bringen.

Es reicht heutzutage nicht mehr aus, einen einzigen Mentor zu haben. Es bedarf einer »Multi-Mentoren-Strategie«, die dir alle notwendigen Tools und Ressourcen passgerecht zur Verfügung stellt. In unserer schnell getakteten Welt ist mit dem Aufstieg der sozialen Medien und der Verfügbarkeit von Informationen auf Knopfdruck der Bedarf an neuen Beratungsformen gewachsen. Sich einmal im Monat auf einen Kaffee im Café an der Ecke zu treffen, erscheint nicht mehr zeitgemäß. Versteh mich nicht falsch: Die physische Begegnung spielt in der Beziehung von Mentorin und Mentee eine große Rolle, aber wenn du von jetzt auf gleich eine schnelle Antwort brauchst, um einen guten Begleitbrief zu formulieren, oder unmittelbar auf eine Anfrage reagieren musst, die zu einem Bewerbungsgespräch führen könnte, empfiehlt es sich, in einem virtuellen Umfeld wie *Aspire-Canada* auf viele Mentorinnen und Mentoren zugreifen zu können.

Dr. Michael Alcée, klinischer Psychologe aus Tarrytown, New York, sagte mir in einem Interview für dieses Buch: »Wie Yoda für Luke Skywalker, Rilke für den jungen Dichter Franz Xaver Kappus oder der Urvater aller Mentoren in Homers *Odyssee* – solche Menschen sind wertvolle Begleiter auf unserem Weg zu den wichtigsten kreativen Unternehmungen im Leben. Sie unterstützen uns nicht nur in Schule und Beruf, sondern auch bei der Charakterbildung und der Suche nach unserer Bestimmung und Leidenschaft. Einfach ausgedrückt helfen sie uns, zu dem Menschen zu werden, der in uns angelegt ist.

Wir sind nicht dazu gemacht, diesen Prozess allein zu durchlaufen; wir alle brauchen Leitfiguren, die uns den Weg weisen, und es bereichert uns, selbst zu einer solchen Leitfigur für andere zu werden. Mentoring ist ein Geschenk auf Gegenseitigkeit: Der Mentee kann seine rohen Talente verfeinern und entwickeln, und die Mentorin findet Freude und Erfüllung, weil ihr eigenes Können und Wissen vertiefen und weitergeben kann.«

Michael fährt fort: »Mentoring ist ein gemeinsamer und paradoxer kreativer Akt, bei dem der Lehrer zum Schüler wird und der Schüler zum Lehrer. Im besten Fall lässt sich kaum nachvollziehen, wer gerade welche Rolle spielt. Hierin steckt die eigentliche Kraft! Wir stellen uns die Beziehung zwischen Mentorin und Mentee oft als primär hierarchisch vor: die ältere, erfahrenere Person bringt der jüngeren etwas bei. Aber die Grenzen fließen oft ineinander.«

LATERALES MENTORING

In unserem Interview verwies mich Dr. Alcée auf die Entwicklungspsychologin Deborah Heiser, die den Begriff des »lateralen Mentoring« prägte. Beide Seiten können ein ähnliches Alter und Erfahrungsspektrum haben, aber sie »haben etwas Einzigartiges und Wichtiges aus ihrer eigenen Sparte oder Sub-Disziplin zu teilen«.

In ihrem TEDx-Vortrag weist Heiser darauf hin, dass diese Art von gegenseitiger Unterstützung in der Tech-Welt mittlerweile sehr verbreitet und gesucht ist und sich die Zukunft in dieser Richtung bewegt. In dem Prozess eröffnen sich neue Perspektiven und Lösungen für alte Probleme, und es entsteht echte Gegenseitigkeit. Heiser hat *The Mentor Project* ins Leben gerufen, um Technikerinnen und MINT-Experten sowie eine Vielzahl von Mentorinnen aus anderen Disziplinen als Inspiration für eine ganz neue Generation von Innovatoren in die Schulen zu bringen.

Jeder kann »laterales Mentoring« finden, auch außerhalb des traditionellen Karriereumfelds: Zum Beispiel können nicht berufstätige Mütter und Väter ihr Leben durch diese Art von gegenseitiger Unterstützung bereichern.

MENTORING ALS »GEISTIGER LOHN«

Mentoring kann entscheidend zu unserem persönlichen Wachstum und unserer Entwicklung beitragen. Laut Michael Alcée beziehen Mentoren eine Art »geistigen Lohn« (gemeint ist die Energie, die uns zufließt, wenn wir anderen helfen), wodurch völlig neue Energiequellen für Wachstum und Expansion erschlossen werden. Den Begriff habe sein hoch geschätzter Onkel geprägt. Und er erklärt: »Er [der geistige Lohn] hält Mentoren in Verbindung mit dem, was Zen-Buddhisten den ›Geist des Anfängers‹ nennen, während sie gleichzeitig auf ihre fachliche Expertise zurückgreifen. Mit anderen Worten: Mentoring nährt und hält Yin und Yang in Balance und schafft so die Voraussetzung dafür, kreativ zu sein und Erfüllung zu finden.«

In diesem Sinn fällt Mentoring zugleich unter das Gesetz der Fülle und das Gesetz der natürlichen Harmonie und Balance. Ich habe lange mit Michael über dieses Thema gesprochen, und er ist überzeugt, »dass Mentoren zusätzlich in den Genuss von ›geistigem Lohn‹ kommen, weil der Prozess die Beziehung, in denen sie zu sich selbst und ihren Mentees stehen, vertieft und erweitert und es dadurch zu einer ›Ich-Du-Begegnung‹ kommt (wie der Philosoph Martin Buber es nennt). Es entsteht jene Art von tiefer Verbundenheit, wie sie erst möglich wird, wenn wir uns selbst transzendieren. Wir wachsen über unser Ego hinaus und arbeiten von einer tiefen Seelenebene aus.«

Der »geistige Lohn« des Mentorings trägt zur Mehrung unseres holistischen Wohlstands bei. Unser Konto kommt weiter ins Plus. Gleichzeitig trägt der geleistete Beitrag zu unserer Transformation bei.

REVERSE MENTORING: COACHING VON JUNG ZU ALT

In einer Welt der rasanten technologischen Weiterentwickelung gewinnt »Reverse Mentoring« zunehmend an Bedeutung und wird zum Katalysator für holistischen Wohlstand, indem es uns kreativere und flexiblere Prozesse nahebringt. Dr. Alcée formuliert es so: »Mentoren helfen uns, Wissen und Talente zu nutzen und in einen flexiblen Prozess für kreative Arbeit zu überführen.

Sie lehren uns, komplexe Zusammenhänge besser zu verstehen und sie auf das Wesentliche zu reduzieren. Sie zeigen uns, wie wir immer wieder zu den Grundlagen zurückkehren können, um neue Möglichkeiten zu entdecken und kreative Lösungen zu finden. Sie geben uns den Mut, das Selbstvertrauen und die Offenheit, die wir brauchen, um der Unsicherheit des ›Nichtwissens‹ zu begegnen und diese eher als Chance, denn als Nachteil zu betrachten.«

MENTORING FÜR FRAUEN IN MINT-BERUFEN

Technologie ist der Weg in die Zukunft, und ich wage zu behaupten, dass Mentoring am Arbeitsplatz entscheidend dafür sein wird, die Anzahl von Frauen in MINT-Berufen zu erhöhen. Sarah Zurell, die ich für dieses Buch interviewt habe, ist *Chief Branding Officer, Executive Vice President* und eine der Mitbegründerinnen von *Pavemint,* einer Parkplatz-Sharing-App mit Sitz in Los Angeles. Für sie als Frau in der Tech-Branche ist Mentoring für Frauen im Beruf zu einer ihrer großen Leidenschaften geworden. »Sich als Mentorin zur Verfügung zu stellen, ist die wichtigste direkte Maßnahme, die jede Frau ergreifen kann, um echte Gleichberechtigung zu erreichen. Indem du deine eigenen Erfahrungen und dein Fachwissen mit anderen teilst, die einen ähnlichen Weg gehen wollen, hilfst du, für alle eine Brücke zum Erfolg zu bauen.«

Sie fährt fort:

> Obwohl Frauen beruflich große Fortschritte machen, stellen sie immer noch nur 20 Prozent des Personals auf *Senior Vice President*-Ebene und 20 Prozent auf den Karrierestufen, die in

die Führungsetage führen. Zudem machen sie nur 4 Prozent der CEOs in den S&P-500-Unternehmen aus.[28] Die »Quoten-Mentalität« (die Männer gern mit Sätzen wie »Das ist unsere weibliche Perspektive« abgetan wird) fördert eine ungesunde Form der Konkurrenz, nicht nur zwischen Männern und Frauen, sondern auch zwischen Frauen innerhalb desselben Unternehmens.[29]

Da Frauen erleben, dass andere Frauen die wenigen nicht männlich besetzten Führungspositionen in ihren Unternehmen innehaben, und sie zehn, zwanzig oder dreißig Jahre lang doppelt so hart wie ihre männlichen Kollegen arbeiten müssen, um einen solchen Job zu ergattern und zu halten, haben viele von ihnen eine gefährliche Botschaft verinnerlicht: dass jede andere Frau am Arbeitsplatz eine Bedrohung für sie ist.

Und was könnte eine brillantere Methode sein, um kluge, unabhängige, kreative Frauen daran zu hindern, aufzublühen und sich im Arbeitsumfeld zusammenzuschließen, als ihnen auf subtile und vielfältige Weise mitzuteilen: *»Es ist nur Platz für eine von euch«?*

---

28 Rachel Thomas et al., *Women in the Workplace 2018,* eine von McKinsey & Company und Leanin.org veröffentlichte Studie, https://womenintheworkplace.com/#download-charts.

29 Bonnie Marcus, »The Dark Side of Female Rivalry in the Workplace and What to Do About It«, *Forbes,* 13. Januar 2016, https://www.forbes.com/sites/bonniemarcus/2016/01/13/the-dark-side-of-female-rivalry-in-the-workplace-and-what-to-do-about-it/#7eeecfd65255

MENTORIN WERDEN

Kyle Elliott, Mitglied des *Forbes Coaches Council,* sagt: »Mentoring ermöglicht dir, ein Vermächtnis zu hinterlassen und deinen Einfluss auszuweiten. Mit deiner Rolle als Mentorin prägst du die nächste Generation.«

Tim Toterhi, Gründer von *Plotline Leadership* und Autor, sagt dazu Folgendes:

> Die besten [Mentoren] wechseln nahtlos die Rolle – von der Lehrerin zum Coach, von der Vertrauten zum Berater, von der Cheerleaderin zum Drill-Sergeant … Sie haben den Blick eines Künstlers, die Geduld einer Handwerkerin und die notwendige Neugier, um Architekten von Möglichkeiten zu sein … Wenn du anderen als Mentorin zur Seite stehst, baust du eine Gemeinschaft von Leuten auf, die zu besseren Menschen geworden sind, weil sie dich kennen. Dein Ruf als Talententwickler wächst, und nur selten wird es dir an neuen Mitarbeitenden, Teamkolleginnen oder helfenden Händen mangeln. So entstehen Führungspersönlichkeiten. Natürlich profitieren Mentoren auch davon, dass ihre Arbeit zur Nachahmung einlädt. Wenn du selbst eine gute Mentorin hattest, stehen die Chancen gut, dass du selbst eine wirst.

Es gibt viele Orte, an denen du dich nach Möglichkeiten umschauen kannst, um selbst Mentorin zu werden:

- **In deiner derzeitigen Firma/Organisation:** Sieh dich nach Möglichkeiten in deinem aktuellen Arbeitsumfeld um. Viele Firmen/Organisationen bieten mittlerweile Mentoring-Programme an, und du brauchst nur die Hand zu heben und dich als potenzielle Kandidatin zu erkennen zu geben.
- **Online:** Es gibt Mentoring-Initiativen wie *Aspire-Canada,* die du per E-Mail anschreiben kannst. Beschreibe deinen Background und die Gründe, warum du dich engagieren möchtest. Solche Organisationen suchen immer nach Ehrenamtlichen. Online gibt es weniger zeitliche Restriktionen, und du kannst mit beliebig vielen Menschen in Kontakt sein.
- **Gremien:** Auch im Rahmen eines Vorstands, Beirats oder Gremiums können sich Gelegenheiten zum Mentoring ergeben. Gleichzeitig hast du hier die Möglichkeit, dein Netzwerk zu erweitern und deinen Beitrag in einer Organisation zu leisten, die in Einklang mit deiner Mission steht.

30

DIE GABE DES HELFENS

Das Universum funktioniert durch dynamischen Austausch ... Geben und Empfangen sind zwei Seiten des Stroms der Energie im Universum. Und in unserer Bereitschaft, das zu geben, was wir suchen, halten wir den universalen Strom der Fülle in unserem Leben in Fluss. Dieses zerbrechliche Gefäß entleerst du immer wieder und füllst es ständig neu mit frischem Leben. Über Hügel und Täler hast du diese kleine Schilfrohrflöte getragen und durch sie Melodien von ewig neuer Schönheit gehaucht ... Deine unendlichen Gaben kommen einzig auf diesen, meinen eigenen kleinen Händen zu mir. Jahrhunderte vergehen, und dennoch gießt du weiter, und es ist immer noch Raum da, der zu füllen ist.«

– *Rabindranath Tagore,* Gitanjali

Mein Mann war sehr vom Segen gemeinnütziger Arbeit überzeugt, und es lag ihm viel daran, der Allgemeinheit etwas zurückzugeben. Er hatte die »Gabe des Helfens«. Selbst nachdem er gerade Vater geworden war, fand er Möglichkeiten, sich zu engagieren. Auch wenn du neu in einer Gemeinschaft, einer Stadt oder einem Land bist, kannst du einen Beitrag leisten. Das Gesetz der Gegenseitigkeit besagt: Wenn du gibst, wirst du empfangen. Mit deinem Engagement trägst du zur Schaffung von holistischem Wohlstand bei. Wenn du anderen hilfst, machst du nicht nur die glücklich, die die Hilfe empfangen; es macht dich auch selbst glücklich.

Mein Mann engagierte sich bei *Habitat for Humanity* in Ottawa und half an seinen freien Wochenenden, Häuser für die Armen zu bauen. Mit seinem Background im Rechnungs- und Finanzwesen – er war zertifizierter Generalbuchhalter – arbeitete er außerdem mit der *Certified General Accountants Association* zusammen, die kostenlose Steuerberatung für Bedürftige und ältere Menschen anbietet. Manchmal wartete eine lange Schlange von Senioren darauf, dass er ihnen beim Ausfüllen von Formularen half. Später, als Finanzcontroller bei *Boyden Canada,* nahm er gemeinsam mit seinen Kollegen am *»Rattle Me Bones«*-Lauf teil, einem Fundraiser für die Knochenkrebsforschung am *Ottawa Hospital.* Stets war er auf der Suche nach Möglichkeiten, sich ehrenamtlich zu engagieren. Er übernahm sogar das Training für eine Mannschaft von jungen Fußballspielerinnen in der Gemeinde.

Als ich nach meinem Sabbatical nach Kanada zurückkehrte, beschloss ich, mich auch zu engagieren und im Rahmen meiner Möglichkeiten einen positiven Beitrag für die Gesellschaft zu leisten. Ich wollte jungen Witwen helfen und etwas für Studierende tun, und vor allem wollte ich darüber schreiben. Dies war der Gedanke, der mich zur Gründung von *Aspire-Canada* und dem Stipendienfonds inspirierte.

Ich bin überzeugt, dass jeder von uns die Fähigkeit hat, etwas Nachhaltiges zu bewirken. Man hört zum Beispiel oft, wie reiche Profisportler oder Topathleten plötzlich alles verlieren, weil sie ihr Geld vergeudet haben oder von schlechten Beratern ausgenutzt wurden. Laut CNBC sind 60 Prozent der NBA-Spieler innerhalb von fünf Jahren nach ihrem Ausscheiden aus der Liga bankrott. Und 78 Prozent der ehemaligen NFL-Spieler geraten zwei Jahre nach ihrem Rückzug aus dem Sport in finanzielle Schwierigkeiten.[30]

Alan Santana, den ich für dieses Buch interviewt habe, ist ehemaliger Profiboxer und Autor von *Unprotected* (auf Deutsch etwa: »Ungeschützt«). Er hat sein Buch geschrieben, um Athleten vor einem solchen Schicksal zu bewahren, sie über die geschäftliche Seite des Sports aufzuklären und ihnen Wissen zum Management und das Abschließen von Verträgen zu vermitteln. Er erklärt: »Ein allzu großzügiger Umgang mit Geld ist ein großes Problem bei vielen Profisportlern. Sie übernehmen sich, indem sie zu viele teure Dinge anschaffen wie Häuser, Autos oder Schmuck. Viele Sportler werden auch von ihren Managern ausgenutzt.«

Nach einem schweren Autounfall musste Alan sich 1990 aus dem Profi-Boxsport zurückziehen. Nach dem Ende seiner Karriere fiel er in schwere Depressionen, weil er nicht freiwillig ausgeschieden war. Er musste tief in sich gehen, um einen Weg aus dem Tal herauszufinden – aus einem Zustand, den er vor seiner gesamten Familie einschließlich seiner Frau verschwiegen hatte.

Alan fand ein Ventil im Schreiben und fing an, sich an kalifornischen Grundschulen als Mentor für Kinder zu engagieren. Er gründete *No Teen Riders,* eine gemeinnützige Organisation, die in ganz Amerika Aufklärungsarbeit für jugendliche Autofahrer leistet, sowie *Saving Lives One Teen Driver at a Time.* Er wurde Botschafter von *Read60,* einem Programm, das Grundschulkinder ermutigt, täglich mindestens sechzig Minuten zu lesen. Alan ist überzeugt, dass man unabhängig von seiner Herkunft jedes

30 Chris Dudley, »Money Lessons Learned from Pro Athletes' Financial Fouls«, CNBC online, 14. Mai 2018, https://www.cnbc.com/2018/05/14/money-lessons-learned-from-pro-athletes-financial-fouls.html.

Hindernis überwinden und alles erreichen kann, was man sich vornimmt. Mit siebenundfünfzig Jahren schaffte er es, seine Depression zu überwinden und der Gesellschaft mit seinem landesweiten Engagement für Jugendliche und Schulkinder etwas Positives zurückzugeben.

Gutes zu tun, ist nicht nur eine der besten Möglichkeiten, der Gesellschaft etwas zurückzugeben. Es macht auch glücklich! Andere zu unterstützen, stärkt unser Selbstbewusstsein und schenkt uns ein Gefühl von Zufriedenheit. Und auch die, denen wir helfen und die von unserer Erfahrung profitieren, kommen auf ihrem Weg zu ganzheitlichem Wohlstand ein Stück weiter. Alan Santanas Geschichte zeigt am Beispiel eines Profisportlers, dass manchmal selbst reiche Menschen Anleitung brauchen, um ihr Vermögen zu bewahren und zu schützen.

HILFST DU ANDEREN, HILFST DU DIR SELBST

So funktioniert das Gesetz der Gegenseitigkeit. Im konkreten Handeln (etwa wenn Klauseln zu beiderseitigem Vorteil ausgehandelt und vertraglich zugesichert werden), ist sein Wirken offensichtlich. Manchmal aber begegnet es uns völlig unerwartet, und in solchen Momenten können wir live mit ansehen, wie das Universum funktioniert.

Einige der führenden Köpfe der Geschäftswelt, an die ich mich bei der Gründung von *Aspire-Canada* gewandt habe, haben mir sowohl auf meinem persönlichen als auch beruflichen Entwicklungsweg geholfen. Als ich sie, ohne sie zu kennen, per E-Mail kontaktierte, ahnte ich nicht, dass sie mir mit ihrem Beispiel eine Lektion darin erteilen würden, wie man Großes erreicht – wie man ein Vermächtnis schafft und die eigene Zukunft in die richtigen Bahnen lenkt.

Es ging dabei nie um finanziellen Gewinn, Publicity oder Ähnliches – es ging ausschließlich darum, anderen durch ehrenamtliche Arbeit zu helfen. Viele dieser Menschen haben zusätzlich an Größe gewonnen, nachdem ich sie einlud, sich als Mentoren zur Verfügung zu stellen. Unterschätze niemals das persönliche und berufliche Wachstum, das ein Einzelner erreichen kann, und welche Rückwirkungen das auf dein eigenes Leben haben könnte. Du kannst den Kurs deines künftigen Weges selbst bestimmen und etwas Neues wagen – selbst wenn kein finanzieller Gewinn dabei herausspringen sollte.

Als ich mich zum Beispiel an Michele Romanow wandte und sie fragte, ob sie sich als Mentorin zur Verfügung stellen wolle, hatte sie in Toronto gerade ein neues Online-Geschäft namens Buytopia.ca gegründet. Das war 2014. Heute zählt Michele zu den erfolgreichsten Unternehmerinnen Kanadas. Als ich sie bat, mit an Bord zu kommen, sagte sie nicht nur Ja, sondern fügte hinzu: »Lass mich wissen, wie ich helfen kann.«

Michele wurde in die Jury von CBCs *Dragons' Den Canada* berufen (einer Sendung, in der Jungunternehmerinnen ihre Geschäftsideen vor einer Expertenjury präsentieren können) und vom Weltwirtschaftsforum in den Kreis der *Young Global Leader* aufgenommen. Ihr Leben und ihr Werdegang als junge Frau in einem von Männern dominierten Wirtschaftszweig (Hightech) waren mir eine große Inspiration.

Ein weiteres großartiges Beispiel ist Dave Kerpen, CEO von *Likeable Local* und Autor. Er ist einer meiner frühesten Unterstützer, und seine sozialen Kompetenzen sind wirklich außergewöhnlich. Kein Wunder, dass er der Nummer-1-Influencer auf LinkedIn ist – noch vor Bill Gates, Jack Welch und Mark Cuban.

Als ich ihn auf seine eigenen Mentoren ansprach, erzählte er mir, dass ein kurzer Flug sein Leben verändert habe. Er saß in der ersten Reihe der Touristenklasse, als ein älterer Herr aus der voll besetzten ersten Klasse aufstand und sich auf den freien Platz auf der anderen Seite des Gangs in seiner Reihe setzte.

Nach dem Start ließ Dave seinen Blick zu ihm hin schweifen. Der ältere Herr las ein Dokument, und Dave entzifferte darauf die Worte: »Mein lieber Freund, der verstorbene Ted Kennedy …«

Seine Neugier war geweckt, und so las er weiter. »Als ich das neue Gesetz zur Unterstützung von Kriegsveteranen schrieb …«

Plötzlich wurde ihm klar, dass er neben einem Kongressabgeordneten saß! Er hatte keine Ahnung, wer genau der Mann war, aber er streckte spontan die Hand aus und sagte: »Verzeihen Sie, wenn ich Sie störe. Ich will nur sagen, es ist mir eine Ehre, Ihnen zu begegnen. Ich bin Dave Kerpen.«

»Ich freue mich, Sie kennenzulernen, Dave. Ich bin Senator Frank Lautenberg«, gab der Mann zurück.

Die nächsten fünfundvierzig Minuten – so lange dauerte der Flug nach Boston – unterhielten sie sich.

Senator Lautenberg gab Dave seine Visitenkarte und meinte, es habe ihn wirklich gefreut, mit ihm zu sprechen. Dave bedankte sich. Er habe ihm eine Menge Stoff zum Nachdenken darüber gegeben, was es heißt, ein Vermächtnis zu hinterlassen, bemerkte er. Über dieses Thema nämlich hatten sie gesprochen.

»Einen Moment noch, Dave«, meinte daraufhin der Senator. »Ich möchte Ihnen ein Bild von meinem größten Vermächtnis zeigen.« Er zog sein Handy aus der Tasche und zeigte Dave ein Bild, auf dem mehrere Leute zu sehen waren.

»Das sind meine vier Kinder und sieben Enkel, Dave. Sie sind mein größtes Vermächtnis.«

Diese Geschichte zeigt, dass sich holistischer Wohlstand über alle Lebensbereiche erstreckt. Viele erreichen finanziellen Wohlstand auf Kosten ihrer Familie und ihrer privaten Beziehungen, aber wie wir an diesem Beispiel sehen, muss dies nicht immer der Fall sein.

31

DIE RICHTIGEN BEZIEHUNGEN

> Menschen ... die über eine nicht zu definierende Art von sozialer Macht verfügen ... bringen die Welt in Bewegung, indem sie Ideen und Informationen verbreiten und vielfältige, voneinander isolierte Teile der Gesellschaft miteinander verbinden.
>
> – *Malcolm Gladwell,* Six Degrees of Lois Weisberg, *New Yorker, 1999*

Wahrer Luxus ist nichts Materielles. Es geht vielmehr um Menschen; um das Privileg, uns mit anderen zu verbinden und an etwas noch Kostbarerem teilzuhaben: an ihrer Weltsicht und ihrem einzigartigen Blick auf das Leben.

Dave Kerpen formulierte es in einem Interview so: »Networking ist etwas unglaublich Starkes. Der wesentliche Unterschied liegt darin, wie die meisten es betreiben und wie es betrieben werden sollte: Die besten Netzwerker schauen, wie sie den anderen im Raum behilflich sein und sich bestmöglich einbringen können, und nicht, was die anderen für sie tun können.«

In meinem *Executive Leadership*-Programm an der Harvard University standen homogene und heterogene soziale Beziehungen auf dem Lehrplan. Homogene (oder starke) Bindungen haben wir in der Regel zu den Menschen, die uns am nächsten stehen, wie Familienmitgliedern und Freunden; sie sind oft in denselben Netzwerken unterwegs wie wir. Heterogene Bindungen (schwache Bindungen) sind vielfältiger, haben eine größere Reichweite und bringen uns normalerweise mit neuen Ideen, Innovation und Kreativität in Berührung. Diese schwachen Bindungen können sich als ausgesprochen stark erweisen, wenn es uns gelingt, sie zu nutzen. Im Kapitel über Mentoring habe ich darüber gesprochen, wie wichtig es ist, sich ein ganzes Ökosystem von Mentoren mit unterschiedlichem Background und verschiedenen Fachgebieten aufzubauen. Das Prinzip des Ökosystems trifft auch auf diesen Kontext zu: solche schwächeren Bindungen können äußerst nützlich sein, um holistischen Wohlstand zu schaffen.

Im Jahr 1999 verfasste der *New York Times*-Bestsellerautor Malcolm Gladwell einen Artikel für den *New Yorker* mit dem Titel *Six Degrees of Lois Weisberg*. Darin erzählt er die Geschichte der Chicagoer Kulturbeauftragten Lois Weisberg, die »durch eine sehr kurze Kette mit nahezu jedem verbunden ist. Im Laufe ihrer dreiundsiebzig Lebensjahre hat sie Bekanntschaft mit den unterschiedlichsten Menschen aus allen Lebensbereichen gemacht.«

Der Artikel geht der Frage nach, ob es in Wirklichkeit »Menschen wie Lois sind, die über eine nicht zu definierende Art von sozialer Macht verfügen, die die Welt am Laufen halten, indem sie Ideen und Informationen verbreiten und vielfältige, voneinander isolierte Teile der Gesellschaft miteinander verbinden.« Obwohl Lois weder über politische noch wirtschaftliche Macht verfügte, nutzte sie ihre Beziehungen, um ihre persönliche Mission und ihr Engagement voranzubringen.

Stanley Milgram entwickelte in den 1960er-Jahren das Konzept der *Six Degrees of Separation* (sechs Grade der Trennung). In seinem Experiment fand er heraus, dass »eine sehr kleine Anzahl von Menschen mit allen anderen in nur wenigen Schritten verbunden ist. Der Rest von uns ist über diese wenigen Personen mit der Welt verknüpft.

Der Soziologe Mark Granovetter untersuchte die Bedeutung von »schwachen« (also heterogenen) Bindungen. Er kam zu der Erkenntnis, dass die meisten Menschen ihre Jobs über Bekannte und nicht über enge Freunde erhielten – also durch heterogene Bindungen. Granovetter betonte, wie wichtig es sei, Menschen zu kennen, die viele andere Menschen kennen, da man dann nur eine »Connection« von einer guten Gelegenheit entfernt ist.

Wenn ich Influencer, Führungspersönlichkeiten und Mentoren für *Aspire-Canada* kontaktiere, nehme ich inzwischen ein Ranking vor. Die Frage dabei lautet, wen ich über die betreffende Person kennenlernen und welchen Einfluss dies auf meine Arbeit haben könnte. So funktioniert Networking für holistischen Wohlstand.

BRÜCKENBAUER

Brückenbauer gehören zu den allergroßzügigsten Menschen, denen man begegnen kann, weil sie bereit sind, dich in Kontakt mit ihrem Netzwerk zu bringen. Manche, wie Lois Weisberg, haben es im Brückenbauen zur Meisterschaft gebracht. Sie verfügen über Expertenwissen auf ihrem Gebiet und werden in ihren Communitys oder den Superclustern, mit denen sie verlinkt sind, zu einer Art »Ankerplattform«. Man könnte sie mit Satelliten vergleichen, die zum Wohle aller innerhalb ihres Netzwerks oder Clusters Verknüpfungen herstellen. Auf diese Weise bringen sie dich beim Aufbau von holistischem Wohlstand voran.

Sie bieten dir das Sprungbrett, das dich mit deiner Mission auf das nächsthöhere Level hebt. In seinem Bestseller *Der Tip-*

ping Point: Wie kleine Dinge Großes bewirken können untersucht Malcolm Gladwell auch, wie Brückenbauer (er nennt sie »Connectors«) dafür sorgen können, dass sich Ideen epidemieartig verbreiten, weil sie in vielen verschiedenen Welten und Subkulturen zu Hause sind.

Eine solche Brückenbauerin ist Gail Cayetano Classick. Sie hat in Los Angeles die Veranstaltungsreihe *The Heart Series* mitbegründet und ist Partnerin bei der *Cayetano Legacy Collection.* Ich habe sie während meines Sabbaticals kennengelernt und an ihrem Beispiel erlebt, wie sie auf ganz praktischer Ebene das Leben der Menschen um sie herum bereichert, indem sie für sie zum »Sprungbrett« wird.

Gail ist eine ausgesprochen mitfühlende und engagierte Person und stets am Erfolg anderer interessiert. Sie gehört vielen verschiedenen sozialen Netzwerken an. Während die meisten von uns drei oder vier wesentliche soziale Kreise pflegen – Arbeit, Familie und dazu vielleicht ein Verein oder eine Kirchengemeinde – sind Menschen wie sie in einer Vielzahl weitreichender Zirkel unterwegs und verfügen über eine enorme gesellschaftliche Macht oder »soft Power«.

Gail hat mich mit zahlreichen bemerkenswerten Menschen in Verbindung gebracht, darunter Sharon Weiler, Gründerin und Schöpferin des in Miami ansässigen *Daily Flash TV.* Während meines Sabbaticals arbeitete ich mit ihr zusammen, um eine TV-Tombola zugunsten junger Witwen von US-Veteranen zu organisieren.

Eine weitere Meisterin im Brückenbauen ist Rachel Goldstein, Gründerin von *Rachel Paige Goldstein Consulting.* Als ich sie bat, als Mentorin bei *Aspire-Canada* mitzumachen, sagte sie nicht nur zu, sondern bot auch an, bei einem Call zu klären, wie man der Initiative Schwung verleihen könnte. Sie ging für mich quasi ihren Rolodex durch, um zu schauen, wer von ihren Kontakten als Mentorin oder Mentor infrage käme. Sie hat mich unter anderem mit Louise Flory von *Marie Forleo International* bekannt gemacht, um Wege zu finden, wie wir Frauen weltweit mit unserer positiven Botschaft erreichen könnten.

Auch Rachel ist eine faszinierende Persönlichkeit, die stets mit Empathie und Engagement für andere eintritt. Ihr Unternehmen, *Agent of Change,* hat bis zu diesem Zeitpunkt über siebzig Millionen Dollar für verschiedene Initiativen im Bereich Frauenrechte, Unterstützung für Veteranen, Frieden, soziale Gerechtigkeit und Kunst gesammelt. Rachel war strategische Beraterin und eine der Hauptorganisatorinnen des ersten *Women's March on Washington* und ist *Senior Advisor* am *Milken Institute.*

Brückenbauer sind Förderer von holistischem Wohlstand, weil sie uns Beziehungen eröffnen, auf die es beim Aufbau einer Karriere oder dem Start einer neuen Unternehmung entscheidend ankommt. Die »losen Verbindungen«, die sie schaffen, sind von so großem Wert für uns, weil sie uns neue Ideen geben und eine Vielfalt an Denkansätzen näherbringen und dadurch unsere Kreativität entfachen.

CHEERLEADER

Auch Cheerleader haben ein großzügiges Naturell. In ihrem Zirkel feuern sie alle und jeden an und strahlen Positivität aus. Stets finden sie eine Möglichkeit, um dir behilflich zu sein, und selbst wenn sie dir schlechte Nachrichten zu überbringen haben, bleiben sie optimistisch.

Dave Kerpen ist ein solcher Cheerleader. Am Ende seiner E-Mails steht sein Motto: »DU bestimmst!« Ein Satz wie dieser zaubert uns nicht nur ein Lächeln ins Gesicht, sondern schenkt uns das Vertrauen, auf unserem Weg voranzugehen. Wir brauchen solche Menschen in unserem Leben, ob wir eine neue Initiative lancieren oder auch nur in unserem Berufsalltag zurechtkommen müssen.

Cheerleader geben dir das Selbstvertrauen, das du brauchst, um das Ziel von holistischem Wohlstand zu erreichen. Ohne Cheerleader könnten wir leicht an einen Punkt geraten, an dem wir das Gefühl haben, den Herausforderungen nicht gewachsen zu sein. Für mich ist meine Mutter eine solche Cheerleaderin. Sie hat mir Mut gemacht, wann immer ich meinte, es nicht schaffen zu können, und das half mir, weiterzumachen und zu versuchen, an meinen Aufgaben zu wachsen.

INFLUENCER

Prominente und Influencer müssen nicht unbedingt auf der »A-Liste Hollywoods« erscheinen. Auch bekannte Autoren, angesehene Professoren oder andere einflussreiche Persönlichkeiten gehören zu diesem Kreis. Im Laufe deines Lebens bietet sich dir vielleicht irgendwann die Gelegenheit, der einen oder anderen solchen Person zu begegnen, und wenn sie offen und großzügig ist, wird sie dir womöglich auf deinem Weg weiterhelfen.

Loren Ridinger, *Senior Executive Vice President* von SHOP. COM, ist selbst Influencerin und Prominente und ein Mensch, der nicht nur ausgesprochen großzügig, sondern auch stets bereit ist, anderen zu helfen. Als ich sie bat, Mentorin zu werden, reagierte sie sofort positiv und wurde umgehend Teil der Plattform.

Im Interview für den *Holistic Wealth*-Podcast erzählt sie von den Schwierigkeiten beim Start ihres neuen Unternehmens. In der Anfangszeit brachte es gerade einmal tausend US-Dollar pro Monat ein. Jeder hielt sie für verrückt, doch sie beschloss, alle negativen Kommentare und Schwarzmalerei auszublenden und weiter an ihr Projekt zu glauben. Sie wusste, dass sich der Erfolg eines Tages einstellen würde.

»Es ging am Anfang nicht um die Produkte«, berichtet sie. »Es war eine Frage des Glaubens. Des Glaubens daran, dass wir es schaffen würden. Des Glaubens daran, dass wir das Sahnehäubchen kriegen könnten. Man sollte nicht das Handtuch werfen, bloß weil sich die Dinge nicht nach deinem Zeitplan entwickeln. Fortschritt braucht Zeit.«

Loren rät Frauen, sich unbedingt Ziele zu setzen: »Wenn ich ein Projekt starte, entwickle ich Ziele. Um sie zu erreichen, setze ich mir eine Achtundzwanzig-Tage-Challenge. Überprüfe dich regelmäßig und bringe ein paar Daten zu Papier. Sei mit Leidenschaft bei der Sache, und sei dir klar, warum du das Ganze machst. Wenn du das ›Warum‹ kennst, wird sich das ›Wie‹ irgendwie finden.« Inzwischen ist Loren Ridinger *Honorary Certified Holistic Wealth™ Consultant* des *Keisha Blair Institute on Holistic Wealth.*

Eine andere Influencerin ist Suzanne Brown. Die Gründerin von *Mompowerment* und TEDx-Rednerin hat im Interview einige Vorschläge genannt, wie man gute Beziehungen aufbauen kann.

Ein entscheidender Faktor bei der Kunst der Wiederauferstehung nach dem Umbruch ist das Erstellen eines Networking-Plans (Teil deines *Holistic Wealth*-Portfolios »Beziehungen«).

Dies sind Suzannes Empfehlungen zum Knüpfen von hilfreichen Beziehungen:

- **Mach dir klar, was du willst und warum.** Möchtest du zum Beispiel innerhalb deines Unternehmens den Job wechseln, oder suchst du nach einer neuen Art von Projekt, um deine Fähigkeiten weiterzuentwickeln? Von den unterschiedlichen Zielsetzungen hängt ab, mit wem du dich vernetzt, wie du dich präsentierst und was du konkret forderst.

- **Mach dir die Mühe, einen Networking-Plan zu erstellen, der deine Strategie und Ziele enthält** (z. B. die Anzahl neuer Kontakte pro Monat und die Art von Personen, die du treffen möchtest, etwa Führungskräfte). Überprüfe das Erreichen deiner Ziele. Belohne dich angemessen, wenn du sie erreichst.
- **Nimm dir Zeit, um Beziehungen aufzubauen.** Du solltest nicht erst dann nach strategischen Beziehungen suchen, wenn du sie dringend brauchst. Baue sie lieber sukzessiv auf, sodass ein natürliches Vertrauensverhältnis entsteht.
- **Beziehungen sind immer eine wechselseitige Angelegenheit.** Überlege, was du selbst einbringen kannst, besonders wenn es um Mentorinnen oder Förderer geht.
- **Bereite dich auf jedes Gespräch vor.** Überlege dir im Voraus, was du daraus mitnehmen möchtest, damit du die Themen gezielt steuern kannst. Vielleicht schreibst du dir eine Agenda, die du ruhig für dich behalten kannst. Ziel ist, das Beste aus jedem Gespräch herauszuholen, da es eine Weile dauern kann, bis du die Person das nächste Mal triffst.

Dr. Dinorah Nieves, PhD, auch bekannt als »Dr. D«, Coaching-Beraterin bei der Oprah Winfrey Network-Show *Iyanla: Fix My Life,* sagt: »Erfolgreiche berufliche Beziehungen erfordern viele der gleichen Fähigkeiten wie erfolgreiche romantische Beziehungen und gesunde und dauerhafte platonische Freundschaften. Sie müssen ›RICH‹ sein.«

RICH ist ein von ihr geprägtes Akronym, das für die wesentlichen Elemente gesunder und erfolgreicher Beziehungen steht:

- **Respekt:** Gegenseitiges Verständnis und Anerkennung des Wertes, den jede Person in die Beziehung und deren übergeordnete Ziele einbringt.

- **Introspektion:** Laufende Selbstüberprüfung und -entwicklung zur charakterlichen Weiterentwicklung und als Motivation für gesunde Veränderungen.
- **Commitment:** Engagement für eine gemeinsame Vision der Beziehung oder einen spezifischen Beitrag, den die Beziehung für eine wichtige Sache leistet.
- **Honesty (Ehrlichkeit):** Transparente und konsequente Kommunikation darüber, was die einzelne Person fühlt, benötigt, will, fordert, erwartet und anbietet und wofür sie dankbar ist.

Ein weiteres wichtiges Element von gesunden, erfolgreichen Beziehungen (ob im Beruflichen oder Privaten) ist Vertrauen, das sich als Nebenprodukt von Ehrlichkeit einstellt.

32

EINE PLATTFORM, DIE DICH REPRÄSENTIERT

Wenn du deine wesentliche Natur entdeckst
und weißt, wer du wirklich bist,
dann liegt in diesem Wissen die Fähigkeit,
jeden Traum zu verwirklichen, den du hast,
weil du die ewige Möglichkeit bist,
das unermessliche Potenzial von allem
was war, ist und sein wird.

– *Deepak Chopra,*
Die sieben geistigen Gesetze des Erfolgs

Nehmen wir an, dein persönliches Leitbild – dein *Mission Statement* – ist fertig. Du hast darin deine Werte und Vision beschrieben, und dir ist bewusst geworden, dass deine Lebensaufgabe unter anderem darin besteht, anderen beim Erreichen ihrer individuellen Ziele zu helfen. Denke daran, dass holistischer Wohlstand entsteht, wenn du deine Leidenschaften entdeckst und sie mit dem Dienst an anderen in Einklang bringst, indem du deren unerfüllte Bedürfnisse identifizierst und erfüllst.

Um dies zu tun bzw. dieser Aufgabe gerecht zu werden, gilt es, dir eine Plattform zu schaffen, die dich wirklich repräsentiert – eine Plattform, die deine Marke verkörpert. Fokussiere dich am Anfang nicht zu sehr auf die sozialen Medien und darauf, wie viele Follower du hast. Das wirkt sich nicht unbedingt auf deinen Impact aus. Deine Plattform ist nicht gleichbedeutend mit deinem Social-Media-Account. Viele Leute kaufen Follower auf Twitter, Facebook und Instagram und nennen das ihre Plattform. Ist es nicht!

Deine Plattform und dein öffentliches Narrativ sind die Summe der Dinge, die du erreicht hast, deiner Kämpfe und Rückschläge und der Schritte, die du unternommen hast, um sie zu überwinden. Es sind die kleinen und großen Dinge, die deinem Leben die Würze geben. Es ist das, was dich zu der Person gemacht hat, die du heute bist: Du in deiner Gesamtheit. Es geht um die Momente in deinem Leben, in denen deine ureigene Geschichte – deine *Story of Self* – sichtbar wird. Deine Plattform, das ist dein unvergleichliches Ich.

Wenn wir die wichtigen Dinge richtig machen, finden unsere Marke, unsere Botschaft und unsere Mission zusammen. Unsere Plattform ist Zeugnis unserer Leidenschaften und unseres Wunsches, in dem von uns gewählten Nischenbereich etwas zu bewirken und unsere Mission mit unseren einzigartigen Talenten in Einklang zu bringen. Ich habe keine Zweifel, dass Tragödien und Trauer, die wirtschaftliche Stärkung von Frauen und das Überwinden von Rückschlägen mein Schreiben noch viele Jahre prägen werden.

Du bist in der Lage, dein Leben zu ändern und die wichtigen Dinge richtig zu machen. Du musst dir sagen, dass du es kannst! Deine Plattform ist deine Community – die Gruppe, die mit deiner Botschaft in Resonanz zu gehen und sich zur Bewegung zu formieren beginnt.

Eine Plattform, die dich repräsentiert, baust du dir auch auf, indem du dich in Bereichen engagierst, an die du glaubst und die die Menschheit voranbringen. Auch dies stärkt deine Marke und inspiriert andere, dir zu folgen.

OPRAH WINFREY

Oprah Winfrey hat die größte Plattform aller Zeiten aufgebaut. Sie verkörpert sie, und was auch immer sie tut und wofür sie sich einsetzt, ist untrennbar mit ihrer übergeordneten Mission und ihrer Berufung verbunden. Im Mai 2018 sprach sie vor den Studierenden der *Annenberg School for Communication and Journalism* der *University of Southern California.* Sie betonte, wie wichtig es sei, sich Hass und Täuschung entgegenzustellen und die wichtigen Dinge richtig zu machen – eine gewaltige Aufgabe, vor der angehende Journalistinnen und Journalisten heute stehen.

Sie appellierte an die Anwesenden, in ihrer Berichterstattung bei der Wahrheit zu bleiben und sich Weisheit und Gerechtigkeit zum Maßstab zu machen. Sie erklärte: »Ihr seid die neuen redaktionellen Torwächter, eine ehrgeizige Armee von Wahrheitssuchenden, die mit Intelligenz, Einsicht und Fakten gewappnet der Täuschung ein Ende bereiten.«

Oprah Winfrey erinnerte die angehenden Journalistinnen und Journalisten daran, dass es an ihnen liegen wird, jene zu Wort kommen zu lassen, die sonst nicht gehört werden. Sie ermutigte sie, die ihnen zur Verfügung stehenden Plattformen zu nutzen, um »Menschen eine Stimme zu geben, die jetzt dringend ihre Geschichten erzählen müssen«.

Weiter sagte sie: »Und das weiß ich ganz sicher, weil ich es schon lange mache: Wenn es euch gelingt, in den Geschichten, die ihr erzählt, die Menschlichkeit der Leute einzufangen, kommt ihr eurer eigenen Menschlichkeit ein Stück näher. Ihr könnt eure eigenen Vorurteile hinterfragen, eure Glaubwürdigkeit stärken, eure Instinkte schärfen und euer Mitgefühl vertiefen. Ihr könnt eure Talente nutzen – das ist der eigentliche Grund, warum ihr hier seid –, um Licht in das Dunkel dieser Welt zu bringen.«

Eine eigene Plattform zu haben, ist ein mächtiges Instrument. Leider nimmt in diesem Bereich heute vieles einen unguten Verlauf, weil Plattformen missbraucht und falsch genutzt werden. Die wichtigen Dinge richtig zu machen, das bedeutet, die Menschheit voranzubringen, statt egoistische Ziele zu verfolgen.

33

FAMILIENZEIT UND SINNSTIFTENDE FEIERTAGE

Die Stimme der Eltern ist die Stimme der Götter,
denn für ihre Kinder sind sie des Himmels
Stellvertreter.

– *William Shakespeare (zugeschrieben),*
Double Falsehood

Mündliche Traditionen und Geschichten, die von Generation zu Generation weitergegeben werden, sind Teil unserer Geschichte und der facettenreichen religiös-philosophischen Basis, von der bereits in Kapitel 1 die Rede war. Viele Frauen, die den allzu frühen Tod ihres Mannes erleben mussten, zumal, wenn sie noch kleine Kinder haben, unterstreichen die Bedeutung dieser alten Überlieferungen.

Zeit mit der Familie zu verbringen und sich über die Familiengeschichte auszutauschen, gehört mit zu den besten Möglichkeiten, um Kindern die Werte und ethischen Prinzipien ihrer Eltern nicht nur zu vermitteln, sondern sie auch zu lehren, diese Traditionen und Erinnerungen lebendig zu halten. Es bietet zudem Gelegenheit, am Beispiel der eigenen Vorfahren von der Resilienz und dem Mut der Familie zu erzählen. Solche Geschichten stärken die innere Kraft und Entschlossenheit und haben darum großen Einfluss auf das Erreichen von holistischem Wohlstand.

Kinder, die Qualitätszeit mit ihren Bezugspersonen verbringen, haben mehr Selbstvertrauen. Sie sind sozial verträglicher und haben mehr Selbstachtung, weil sie sich von ihrer Familie wertgeschätzt fühlen. Solchermaßen gestärkten Kindern gelingt es außerdem leichter, gesunde Beziehungen aufzubauen.

Kinder und Jugendliche, die mehr Zeit mit ihren Eltern verbringen, laufen weniger Gefahr, mit Suchtmitteln wie Nikotin, Alkohol und Marihuana zu experimentieren. Laut Studien des *National Center on Addiction and Substance Abuse* in Zusammenarbeit mit der *Arizona State University* haben Jugendliche, die selten gemeinsame Familienessen erleben, doppelt so häufig Kontakt mit Tabak, nahezu doppelt so häufig mit Alkohol und anderthalbmal so häufig mit Marihuana.

Auch für unsere älteren Mitmenschen ist die Familie von großer Bedeutung. Es gibt zahlreiche wissenschaftliche Belege für die tiefgreifenden positiven Wirkungen von gemeinsam verbrachter Familienzeit. In einer auf sechs Jahre angelegten Studie mit 1600 älteren Teilnehmenden haben Wissenschaftler der *University of California* nachgewiesen, dass eine Korrelation zwischen Einsamkeit und einem erhöhten Sterberisiko besteht. Von den Seniorinnen und Senioren, die verstarben, hatten 14 Prozent regelmäßig Besuch erhalten, 23 Prozent hingegen hatten weder Familie noch Freunde, die nach ihnen schauten.

SINNSTIFTENDE FEIERTAGE

Feiertage können eine Zeit der Erneuerung sein und bieten zudem Gelegenheit, etwas für Menschen zu tun, die vom Leben weniger begünstigt sind oder sich mit einer Tragödie oder einem

Verlust auseinandersetzen müssen. Das erste Weihnachten nach dem Tod meines Mannes verbrachten wir mit unserer Familie und Freunden in New York City. Die Kinder konnten mit ihren Cousins zusammen sein, und trotz unserer Trauer tat der Tapetenwechsel gut, und wir genossen unseren Aufenthalt in der Stadt.

In der Weihnachtszeit engagieren sich viele Leute ehrenamtlich oder spenden Geschenke für bedürftige Kinder. Leiste auch du einen wie auch immer gearteten Beitrag, um anderen in emotional belastenden Zeiten ein Lächeln ins Gesicht zu zaubern. Sinnstiftende Feiertage gehören ebenfalls zum holistischen Wohlstand, denn sie gehören zu den wenigen Zeiten im Jahr, in denen wir mit den uns nahestehenden Menschen zusammenkommen und ein Stück Leben miteinander teilen können. Ich habe mit verschiedenen Menschen gesprochen, um zu sehen, was sie tun, um die Feiertage gut zu gestalten.

NUTZE DEINE FÄHIGKEITEN, UM ANDEREN ZU HELFEN

Dr. Rubina Tahir, zertifizierte Chiropraktikerin, sagt: »Ich nutze die Feiertage sinnvoll, indem ich meine Fähigkeiten einsetze, um anderen zu helfen. Als Chiropraktikerin biete ich in den letzten zwei Dezemberwochen kostenlose Behandlungen für bedürftige Patienten an. Selbstfürsorge ist so wichtig im Umgang mit Stress, dass ich dies für den besten Weg halte, um weniger privilegierten Menschen zu helfen. Ich ermutige andere Selbstständige, in ihrem jeweiligen Rahmen dasselbe zu tun.«

BEGEHE DIE FEIERTAGE, ALS WÄREN ES DEINE LETZTEN

Kelly Kandra Hughes, Doktor der Psychologie (*University of North Carolina* in Chapel Hill) und ehemalige außerordentliche Professorin an der *Benedictine University,* sagt: »Es war mein Wunsch, mehr Freude und Sinn im Leben zu finden, der mich dazu brachte, meinen Job zu kündigen (also auf eine Festanstellung, Sozialleistungen und rentenwirksame Arbeitgeberzuschüsse zu verzichten), 95 Prozent meines materiellen Besitzes aufzugeben und anzufangen, minimalistisch zu leben. Ich war noch nie so glücklich und gesund. Mein wichtigster Rat ist einer, der meiner Meinung nach oft übersehen wird: Begehe die Feiertage, als wären es deine letzten. Mach also das, was man ›Todesmeditation‹ nennt – eine Praxis, an der nach meiner Meinung niemand vorbeikommt, der seinem täglichen Leben einen tieferen Sinn geben möchte.«

MACH EINE PAUSE VON DEN SOZIALEN MEDIEN

Carl Ashfield sagte in unserem Interview: »Um die Feiertage wirklich sinnvoll zu gestalten, ist es notwendig, alle mobilen Geräte, Laptops und Tablets die ganze Zeit ausgeschaltet zu lassen. Letztes Jahr war ich im Urlaub, und so schlimm es klingt, ich hing ständig an meinem Smartphone und war dauernd auf Facebook, Instagram und Twitter. Ich versprach meiner Partnerin, im nächsten Urlaub alles ausgeschaltet zu lassen und mein Handy nur im Notfall zu benutzen. Und das habe ich in diesem Jahr getan. So konnte ich mich voll und ganz auf meine Partnerin und die Kinder konzentrieren, und weil ich nicht abgelenkt war, hatten wir die unterhaltsamsten Ferien seit Langem.«

Und noch eins: Holistischer Wohlstand bedeutet auch, die Feiertage wirklich zu genießen, denn gerade in dieser Zeit kommen wir oft mit den Menschen zusammen, die uns am wichtigsten sind. Unsere sozialen Beziehungen bereichern uns im ganzheitlichen Sinne, und in der Weihnachtszeit zeigen wir uns von unserer besten Seite, indem wir Geschenke machen und anderen Gutes tun.

Während der Feiertage ist das Wirken der Gesetze der Gegenseitigkeit und des Überflusses besonders intensiv zu spüren, denn sie bieten oft Anlass, unser Leben zu reflektieren, gute Vorsätze zu fassen und neue Ziele zu formulieren. Besonders Weihnachten und Neujahr stellen eine wichtige Übergangszeit dar: vom einen Jahr zum nächsten und von einer Wachstumsphase zur anderen.

34

EHE (EINE GROSSARTIGE SACHE!)

Was ist das Wunderbare, das zwei Geister eint,
so verschieden, kontrapunktisch, weiblich,
männlich,
die nie dachten, dass Wesen zweierlei Art
einander finden könnten wie Schiffe auf hoher
See,
die sich, wie vorbestimmt, begegnen und die
Wege kreuzen,
wo doch weite Ozeane zwischen ihnen liegen?
Nun müssen sie verschmelzen, sich vereinen,
eine Ehe eingehen, wo nichts sie zu einen schien.
Denn in deiner Gestalt liegt eine Essenz,
die von mir das Gleiche anzieht und das
Gegenteil,
das sich nur noch sehnt, zu sein, wo du bist,
und nicht existieren kann ohne dein
Gewährenlassen.
Alles von dir in mir ist von dieser Art:
Dort, wo ich bin, bist du das lebendige Herz.

– *William Shakespeare,* Sonnet XII

In jener Nacht im Krankenhaus betete ich zu Gott, meinen Mann zu retten. Ich betete auch, dass er meine Ehe retten möge. Er tat es nicht. Sie endete von jetzt auf gleich. Die Ehe ist Ausgangspunkt und Zentrum für die Weitergabe des kulturellen Erbes, das uns bis in die genetische Grundstruktur hinein prägt (wie in Kapitel 1 erläutert).

Liebe bedeutet alles im Leben. Sie kann heilen, Brücken bauen, Kriege beenden. Die Liebe erdet und verankert uns in der Gegenwart. Ich weiß nicht, ob es möglich ist, achtsamer zu sein als im Zustand der Verliebtheit. Während Trauer eine Liebe ist, die keinen Ort hat, um gelebt zu werden, bedeutet Verliebtheit eine auf Gegenseitigkeit basierende, allumfassende Liebe, die bis ins letzte Atom hinein die Aufmerksamkeit unseres Seins verlangt. Sie vereinnahmt unsere Sinne ganz und gar, und alles andere kommt mit quietschenden Rädern zum Stehen. Die Welt verlangsamt sich, und wir geraten in einen Zustand der Glückseligkeit. Unsere Gedanken und Impulse werden zu Geiseln dieser Liebe. Sie ist wie ein Kokon – wie eine Kokosnuss, deren harte Außenschale das zarte, duftende, nahrhafte, weiße Fleisch dank ihrer Abriebfestigkeit vor allen äußeren Gefahren schützt.

Ich behaupte nicht, dass wir verliebt sein müssen, um uns geerdet zu fühlen. Doch die Liebe ist die allererste Emotion der Menschheit und Mutter aller emotionalen Anfänge. Sie geht auf die biblische Schöpfungsgeschichte und den Anfang der Welt zurück. Sie birgt die Quintessenz der sechs Gesetze: Sinnhaftigkeit, Fülle, Gegenseitigkeit, kontinuierliches Lernen, natürliche Harmonie und Balance sowie spirituelle Selbsterneuerung. Liebe ist die Mutter der Menschlichkeit und Trägerin von allem Guten. Liebe ist der Dreh- und Angelpunkt von holistischem Wohlstand.

Erinnerst du dich noch an die toxischen Schwarzmaler aus Kapitel 2? Nun, nach der von ihnen kundgetanen Meinung ist eine zweite Ehe immer schlechter als die erste. Und überhaupt würde ich nie wieder jemanden finden, der an meinen ersten Mann heranreichen könnte. Die Liste ähnlicher Kommentare ließe sich endlos fortsetzen. An der Möglichkeit einer Wiederheirat mochte kaum einer ein gutes Haar lassen.

Es war ein echtes Geschenk, als mich Garfields Mutter anrief, um mir zu sagen, dass ich mit einunddreißig Jahren zu jung sei, um allein zu bleiben; dass ich mir jemanden suchen solle, um mit ihm mein Leben zu teilen. Bei ihren Worten spürte ich Tränen im Herzen, in der Seele, in den Augen. Und sie fuhr fort, dass auch die Jungs jemanden bräuchten; dass es eine Vaterfigur in ihrem Leben geben müsse.

Während dieser Zeit rief mich gelegentlich ein alter Freund an, um sich nach mir zu erkundigen. Unsere Familien hatten während unserer Kindheit Tür an Tür gelebt, und wir waren alle eng befreundet. Soweit meine Erinnerung zurückreicht – er war immer da. Wir waren etwa vier, als wir uns kennenlernten und Freundschaft schlossen. Aber als ich meinen Mann verlor, lebten wir auf unterschiedlichen Kontinenten. Uns trennten Ozeane. Er lebte auf den Cayman-Inseln und ich in Kanada. Es schien unmöglich, dass wir wieder zusammenkommen könnten.

Wie es im Zitat am Anfang dieses Kapitels heißt: »Was ist das Wunderbare, das zwei Geister eint, / so verschieden, kontrapunktisch, weiblich, männlich, / die nie dachten, dass Wesen zweierlei Art / einander finden könnten wie Schiffe auf hoher See, / die sich, wie vorbestimmt, begegnen und die Wege kreuzen, / wo doch weite Ozeane zwischen ihnen liegen?«

Er war nie verheiratet gewesen, und ich hatte nicht geahnt, dass er bereits in Kindheitstagen für mich geschwärmt hatte. Der Rest ist, wie man so schön sagt, Geschichte: Ich heiratete noch einmal, und wir bekamen eine kleine Tochter, Ella Alexia Blair. Ich stellte ihn Garfields Mutter vor. Sie nickte – und nannte ihn von da an ihren Sohn. Unser Baby war das Geschenk, von dem mein Sohn Matthew – und ich selbst auch – nach Garfields Tod geträumt hatten. Matthew hatte sich so sehr eine kleine Schwester gewünscht und sich so oft in Tagträumen darüber verloren, dass seine Lehrer mich irgendwann baten, mit ihm darüber zu sprechen. Er war es, der den Namen Ella für sie aussuchte.

Ich finde immer noch, dass Hochzeiten die allerschönsten Feste sind. Mein Mann ist Lindsay Blair. Nach einer langjährigen Karriere im Fernsehen und Film, erst als TV-Direktor beim *Cayman Islands Television Network,* dann bei für den Emmy Award nominierten Shows wie *Penn & Teller: Fool Us,* verdient er jetzt sein Geld damit, Hochzeiten zu filmen. Wenn er nach Hause kommt und ich mir die Aufnahmen von all diesen wunderschönen Hochzeiten anschaue, bin ich jedes Mal fasziniert, mit wie viel Liebe sich diese Paare begegnen.

Rabbi Shlomo Slatkin ist lizenzierter klinischer Berater und Gründer des *Marriage Restoration Projects,* einer globalen Initiative, die darauf abzielt, Paarbeziehungen zu retten und zu erneuern. Im Interview sagt er: »Eine Ehe ist die stärkste und tiefste menschliche Beziehung, die wir haben können. Der Partner bzw. die Partnerin ist meine andere Hälfte, mein Lebensgefährte, meine Seelenverwandte. Wir sind in guten wie in schlechten Zeiten füreinander da. Der andere ist mein Fels in der Brandung und mein Rückhalt. Ganz gleich, was ist, ich kann immer darauf zählen, dass er oder sie an meiner Seite steht und mir die Hand hält. Deshalb ist die Wiederheirat nach einem Verlust so besonders wertvoll, denn mir bleibt ein Mensch, der mich ermutigt, der als mein größter Unterstützer für mich da ist – meine Quelle des Trostes. Ein Mensch, der mir gibt, was ich brauche, und mir hilft, über schwierige Zeiten hinwegzukommen.«

NEUE LIEBE NACH EINEM VERLUST

Nach einem Verlust eine neue Liebe zu erleben, kann etwas Wunderschönes sein. Sie bringt eine neue Perspektive ins Spiel, wirkt der Einsamkeit entgegen, stärkt das Gefühl der Zugehörigkeit und trägt aus all diesen Gründen zur Schaffung von holistischem Wohlstand bei. Lifestyle- und Achtsamkeitscoach Wade Brill erzählte mir im Interview, dass sie zwei Monate vor unserem Gespräch geheiratet habe. Ihre Hochzeit war die erste Familienfeier und das erste freudige Ereignis nach dem Tod ihrer Mutter, die 2010 an Krebs verstorben war.

Wade erzählt: »Ich hatte damals selbst mit einer Krebserkrankung zu kämpfen. Zu heiraten und dieses Ereignis mit meiner Familie und meinen Freunden zu teilen, war ein riesiger Meilenstein in meinem Leben. Es war ein Moment, in dem ich sagen konnte: ›Ich habe es geschafft. Ich habe lang genug durchgehalten, um das hier erleben zu dürfen.‹ Ich sah darin eine Gelegenheit, für uns als Familie neue, positive und liebevolle Erinnerungen zu schaffen, statt mich darüber zu grämen, dass meine Mutter nicht dabei sein konnte.«

Solche Anlässe zum Feiern und auf das Gute und Schöne im Leben zu schauen, sind darum so wichtig, weil sie unwiederbringlich sind. Die Ehe wird zur symbolischen Erinnerung daran, dass das Leben weitergeht und seinen Lauf nimmt. Eine Erinnerung daran, dass, wo der Tod ist, es auch Leben gibt.

Carolyn Miller Parr, Familienmediatorin und Autorin, wurde nach sechsundfünfzig Ehejahren Witwe und heiratete anderthalb Jahre später erneut. Sie sagt: »Mein jetziger Mann Jim war ebenfalls verwitwet, seine Frau an Krebs gestorben. Sie waren neunundvierzig Jahre verheiratet gewesen. Wir beide wussten, wie man glücklich verheiratet ist und wie es ist, allein zu leben. Zusammen sein ist besser. Jim und ich kannten uns seit fünfzig

Jahren, da er und mein erster Mann Kollegen waren. Das machte es einfach, einander zu vertrauen, und eine lange Kennenlernzeit erübrigte sich. Wir lebten einige Monate zusammen, bevor wir uns aus mehreren Gründen entschieden zu heiraten: Wir suchten die Stabilität einer juristisch abgesicherten Basis, es war uns daran gelegen, unsere Beziehung vor unseren erwachsenen Kindern und unseren Freunden offiziell zu machen, und wir wünschten uns den Segen unserer Kirchen.«

GESUNDHEITLICHE VORTEILE EINER GUTEN EHE

Die gesundheitlichen Vorteile einer guten Ehe sind umfassend dokumentiert. Eine kürzlich im *Journal of Neurology, Neurosurgery and Psychiatry* veröffentlichte Studie zeigt, dass sie das Risiko für Demenzerkrankungen verringert, die weltweit die siebthäufigste Todesursache sind.[31] Laut Weltgesundheitsorganisation (WHO) leiden derzeit über 55 Millionen Menschen weltweit an einer Demenz, und es kommen jährlich fast zehn Millionen neue Fälle hinzu.

Tina B. Tessina, PhD, (auch bekannt als »Dr. Romance«) ist Psychotherapeutin und Autorin. Im Interview sagte sie: »Eine gute Ehe ist ein Segen. Es gibt viele gesundheitliche Vorteile einer glücklichen Beziehung. Erstens ist es offensichtlich von Vorteil, jemanden zu haben, der sich um einen kümmert, falls man krank wird, einen Unfall hat oder einen Verlust erleidet. Zweitens zeigt die Forschung, dass eine erfolgreiche Beziehung unterstützend und beruhigend wirkt sowie Stress reduziert – mit entsprechen-

---

31 Andrew Sommerlad et al., »Marriage and Risk of Dementia: Systematic Review and Meta-Analysis of Observational Studies«, *Journal of Neurology, Neurosurgery and Psychiatry* 89, Ausgabe 3, 2017, https://jnnp.bmj.com/content/89/3/231.

den gesundheitlichen Vorteilen wie niedrigerem Blutdruck und einer verbesserten Immunantwort. Drittens ist ein liebevoller Partner angenehm im Umgang, was hilft, Stress und Einsamkeit zu reduzieren. Viertens neigen Partner dazu, sich gegenseitig zu gesunden Verhaltensweisen zu motivieren: Sport zu treiben, sich besser zu ernähren, ärztliche und zahnärztliche Untersuchungen wahrzunehmen und soziale Kontakte zu pflegen.«

Steven Dziedzic, Gründer von *Lasting,* dem führenden Eheberatungsunternehmen und der Nummer eins unter den Eheberatungs-Apps in den USA, sagt: »In einer Beziehung immer und immer wieder Liebe zu erleben, bewirkt erstaunliche Dinge – sowohl für uns selbst als auch für die Welt um uns herum. Vor allem werden wir zu besseren Menschen, weil die Liebe uns – und infolgedessen auch die Menschen um uns herum – formt. Das ist das schönste Phänomen, das diese Welt zu bieten hat.«

Liebe steht im Zentrum von holistischem Wohlstand, und so will ich dieses Buch damit abschließen, dir Liebe zu wünschen. Mit Trauer hat es begonnen, und mit Liebe endet es, ganz wie es sein soll. Wenn du an ganzheitlichen Wohlstand denkst und die *Holistic Wealth*-Methode in deinem Leben anwendest, denke an Liebe. Ich wünsche dir Liebe, Freude, Glück und holistischen Wohlstand in jedem Aspekt deines Lebens.

DEIN PORTFOLIO: IDEELLE WERTE UND ZWISCHENMENSCHLICHE BEZIEHUNGEN

In Teil IV habe ich dir sieben Lektionen dazu vorgestellt, wie du im Hinblick auf deine Beziehungen und deinen Beitrag für die Allgemeinheit holistischen Wohlstand aufbauen kannst:

1. Dienst an anderen (wiegt mehr als ein Spitzenverdienst)
2. Mentoring
3. Die Gabe des Helfens
4. Die richtigen Beziehungen
5. Eine Plattform, die dich repräsentiert
6. Familienzeit und sinnstiftende Feiertage
7. Ehe (eine großartige Sache!)

Im Folgenden sind sechs Dinge aufgelistet, die du tun kannst, um deinen holistischen Wohlstand im Hinblick auf deine zwischenmenschlichen Beziehungen und deinen Beitrag für die Allgemeinheit zu mehren, zum Beispiel indem du einen Dienst an anderen leistest, deine Gabe zu helfen einsetzt, Mentoring praktizierst, mit der Familie und mit Freunden an den Feiertagen Zeit verbringst und dich den wichtigsten Menschen in deinem Leben besonders widmest. Bei manchen Punkten handelt es sich einfach um Fragen, über die es sich nachzudenken lohnt. Wendest du dich nach außen und suchst den Kontakt mit anderen, während du deine Talente und Gaben einsetzt, um die Menschheit voranzubringen, hast du die ersten Schritte getan, um dir ein Beziehungs-Portfolio aufzubauen. Mach eines – oder alles –, was auf dieser Liste steht:

1. Wie kannst du der Menschheit mit deinen aktuellen Unternehmungen dienen? Schreibe eine Liste mit weiteren Möglichkeiten, dieses Ziel zu erreichen.
2. Bist du in deinem Leben in den Genuss von Mentoring gekommen? Kannst du dir vorstellen, etwas davon zurückzugeben, indem du selbst Mentorin wirst?
3. Wie kannst du anderen helfen, auf ihr holistisches Konto einzuzahlen? Lass dir zwei Möglichkeiten einfallen, wie du dies bewirken könntest.
4. Notiere, welche Möglichkeiten es gibt, deine Networking-Aktivitäten zu intensivieren.
5. Denke darüber nach, wie du qualitätsvolle Ferien gestalten kannst.
6. Wenn du verheiratet oder in einer festen Beziehung bist, umarme deinen Partner / deine Partnerin. Nimm dir vor, deine Beziehung oder Ehe jeden Tag ein klein wenig mehr zu bereichern.

TEIL V

HOLISTISCHER WOHLSTAND IN DER PRAXIS

35

DAS *HOLISTIC WEALTH*-PORTFOLIO™

Das *Holistic Wealth*-Portfolio ist ein unverzichtbares Tool, um sich nach einem schweren Rückschlag auf den Weg der Heilung zu machen. Es umfasst alle Bausteine des holistischen Wohlstands: zwischenmenschliche Beziehungen und den Dienst an anderen, eine Lebensaufgabe, physische und geistige Gesundheit sowie finanzielle Unabhängigkeit. Denke ich daran, was es heißt, gut zu leben, fallen mir diese Schlüsselelemente ein.

Bei der Planung eines *Holistic Wealth*-Portfolios kommt es darauf an, sich diese Aspekte einzeln vorzunehmen, eine ehrliche Bestandsaufnahme zu machen und zu schauen, in welchen Bereichen der größte Handlungsbedarf besteht. Ein *Holistic Wealth*-Portfolio kann nicht nur für Einzelpersonen, sondern auch für ein Team, eine Organisation oder ein Unternehmen erarbeitet werden.

Wenn wir uns die Zeit nehmen zu definieren, was es für uns persönlich bedeutet, gut zu leben (Kapitel 1), unsere Ziele klug zu wählen (Kapitel 4) und uns eingehend mit unserer finanziellen Planung und Unabhängigkeit auseinanderzusetzen (Kapitel 12 bis 18), wird zunehmend deutlich, wie diese Konzepte ineinandergreifen.

Die Pandemie hat viele von uns zum Nachdenken gebracht und die Frage aufgeworfen, was die Dinge wirklich für uns wert sind. Viele haben angefangen, ihre Definition von Erfolg zu überdenken. Sie suchen nach Möglichkeiten, zu ihren eigenen Bedingungen erfolgreich zu sein. Arbeitnehmende haben das Interesse daran verloren, sich anhand von überkommenen, archaischen Standards zu definieren.

Wir beobachten eine Werteverschiebung hin zu holistischem Wohlstand – zu einem Leben, das auf einer beglückenderen, nachhaltigeren Definition von Erfolg basiert, die das Streben nach Wohlbefinden, innerem Frieden und Freude beinhaltet und uns Zeit gibt, uns sinnvolleren Dingen im Leben zu widmen.

Wenn du Hilfe bei der Zusammenstellung eines *Holistic Wealth*-Portfolios benötigst – sei es für dich persönlich, für dein Unter-

Das *Holistic Wealth*-Portfolio

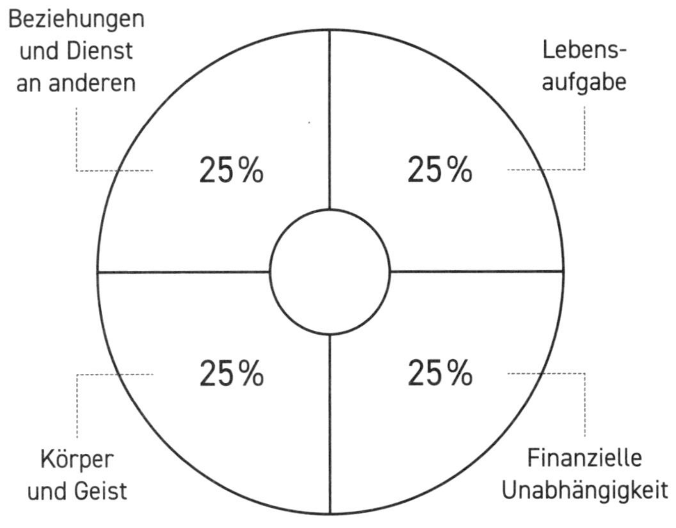

Institute on Holistic Wealth

nehmen oder dein Team – kontaktiere uns beim *Institute on Holistic Wealth.* Der in diesem Rahmen durchlaufene Prozess hilft Einzelpersonen, Teams, Organisationen und Unternehmen, Schwachstellen in verschiedenen Bereichen zu erkennen und Verbesserungsbedarf zu identifizieren.

HOLISTISCHER WOHLSTAND IN UNTERNEHMEN

Das *Holistic Wealth*-Prinzip lässt sich auch in Unternehmen umsetzen. Als Basis dient dabei eine erweiterte Form des *Triple-Bottom-Line*-Ansatzes, der sich in den späten 1990er-Jahren etabliert hat und soziale (mitarbeiterbezogene), wirtschaftliche/finanzielle und ökologische Auswirkungen berücksichtigt. Der am Ende dieses Buches vorgestellte *Holistic Wealth Development Index*™ (siehe Kapitel 36) gibt Unternehmen ein Tool, um ihre Maßnahmen und Entscheidungen zu bewerten.

Eine holistische Wohlstandsperspektive in die Entscheidungsprozesse einzubeziehen, wird in der Zukunft von immer größerer Bedeutung sein. Idealerweise sollte jede Organisation über geschulte *Certified Holistic Wealth*™ *Consultants* verfügen, die in Teams und Mitarbeitendengruppen eingebunden sind. Darüber hinaus würde jede Organisation von *Holistic Wealth*-Projektgruppen profitieren – Gruppen von Mitarbeitenden in verschiedenen Regionen, die sich gegenseitig dabei unterstützen, sowohl im Arbeitsumfeld als auch im Privaten holistischen Wohlstand zu erreichen. Das würde nicht nur den Unternehmenszielen dienen, sondern gleichzeitig für mehr Resilienz, Innovation, Wohlbefinden und Erfolg sorgen.

36

DER *HOLISTIC WEALTH DEVELOPMENT INDEX*™

Der *Holistic Wealth Development Index*™ ist ein zeitgemäßes Modell, das Menschen dabei unterstützt, sich neu zu orientieren und Resilienz im Angesicht von Umbrüchen und Rückschlägen zu entfalten. Es zeigt auf, wie sich die gesellschaftliche und individuelle Widerstandskraft stärken lässt, und leistet so einen Beitrag zur Kunst, sich von einschneidenden Krisen zu erholen – eine Grundvoraussetzung für persönliches und wirtschaftliches Wachstum.

Das Modell hilft, Entscheidungen durch die Linse des *Holistic Wealth*-Ansatzes zu betrachten, und verweist auf die notwendigen Unterstützungsstrukturen, die es der oder dem Einzelnen ermöglichen, holistischen Wohlstand zu erreichen – selbst in Zeiten von Widrigkeiten, Tragödien und Rückschlägen. Da solche Herausforderungen im Leben unausweichlich sind, wird eine Gesellschaft oder Organisation, die ihre Mitglieder aktiv unterstützt und ihnen hilft, sich rasch zu erholen und ihr volles Potenzial zu entfalten, langfristig erfolgreicher sein.

Eine resilientere Gesellschaft ist zugleich prosperierender, erfolgreicher und im holistischen Sinne wohlhabender. Der *Holistic Wealth Development*-Ansatz bietet die dringend benötigte Gegenthese in einer Zeit drängender globaler Herausforderungen sowie wachsender wirtschaftlicher und sozialer Ungleichheiten.

Der *Holistic Wealth Development Index*™ unterscheidet sich von anderen Modellen wie den *Human Development Reports* des Entwicklungsprogramms der Vereinten Nationen (UNDP) sowie von den Konzepten führender Denkerinnen wie Martha Nussbaum in ihrem Buch *Creating Capabilities: The Human Development Approach*. Während diese und viele andere bestehende Ansätze sich darauf konzentrieren, welche Fähigkeiten und Möglichkeiten einer Person zur Verfügung stehen, liegt der Schwerpunkt beim *Holistic Wealth Development Index*™ auf der Stärkung der Resilienz nach lebensverändernden Rückschlägen, wie sie jeder Mensch früher oder später erlebt. Gleichzeitig beinhaltet er eine vergleichende Bewertung der Lebensqualität.

Mein Konzept geht über die nussbaumsche Frage hinaus, was ein Mensch tun und werden kann. Es rückt die zentrale Überlegung in den Fokus, wie Menschen nach tiefgreifenden Krisen wieder Fuß fassen können und welche gesellschaftlichen Rahmenbedingungen sie dabei unterstützen würden – zum Wohle der gesamten Menschheit. Die Themen soziale Gerechtigkeit und wirtschaftliche Gleichstellung sind dementsprechend eng damit verknüpft.

Das übergeordnete Ziel besteht darin, die Lebensqualität aller Akteure zu steigern sowie wirtschaftliche und soziale Resilienz und holistischen Wohlstand zu fördern. In einer Ära von #MeToo und verstärktem Engagement für Geschlechtergerechtigkeit liefert dieses Modell eine moderne Grundlage, um Rechte und Freiheiten weiterzuentwickeln. Frauen können keinen ganzheitlichen Wohlstand erreichen, wenn sie bei der öffentlichen Thematisierung von sexueller Belästigung oder häuslicher Gewalt entwürdigt oder mundtot gemacht werden. Ebenso können Eltern keine wirtschaftliche Sicherheit aufbauen, wenn sie nach der Rückkehr aus einer bezahlten Elternzeit oder einer unbezahlten beruflichen Auszeit auf der Karriereleiter nicht mehr weiterkommen – eine Entwicklung, die langfristig in die Armut führen kann. In unserer modernen Gesellschaft fehlt nach wie vor eine angemessene Wertschätzung für die häusliche Kinderbetreuung – ein entscheidender Aspekt, der zwingend in die Debatte um wirtschaftliche Fairness und sozialen Fortschritt einbezogen werden muss.

Mein Konzept umfasst auch eine Liste funktionaler Aspekte des holistischen Wohlstands – sowie die Überzeugung, dass Gesellschaften, die ganzheitlichen Wohlstand für alle anstreben, ihren Mitgliedern zusätzliche Chancen eröffnen, ohne sie der Gefahr auszusetzen, gedemütigt zu werden oder ihre Würde zu verlieren. Zudem berücksichtigt dieser Ansatz die Idee, dass Menschen oft erst in schwierigen Situationen ungeahnte Stärken und Lösungen entwickeln – ein Konzept, das als »Prinzip der verborgenen Hand« bekannt ist. Dieses besagt, dass tiefgreifende Rückschläge jederzeit im Leben eintreten können, wir aber oft im Angesicht dieser Herausforderungen neue Fähigkeiten und Wege entdecken, um sie zu meistern. Daher ist es essenziell, Menschen dabei zu unterstützen, ihre Widerstandskraft zu stärken, damit sie Rückschläge überwinden und ihr volles Potenzial in die Gesellschaft einbringen können.

Eine junge Mutter etwa, die nach einer chronischen Krankheit, dem frühen Verlust ihres Partners oder einer Scheidung mit kleinen Kindern allein dasteht, sieht sich oft vor eine unmögliche Wahl gestellt: Karriere zu machen oder sich für eine bezahlbare Kinderbetreuung zu entscheiden. Wählt sie Letzteres, bleibt sie von beruflichem Aufstieg und finanzieller Weiterentwicklung ausgeschlossen, was ihr letztlich ihre Würde nimmt. Solche Entscheidungen gegen holistischen Wohlstand müssen Menschen täglich treffen.

Ein weiteres weitverbreitetes Dilemma in vielen Gesellschaften ist die Entscheidung zwischen Freizeit und existenzsicherndem Einkommen – eine Wahl, die oft massive psychische Belastungen mit sich bringt.

In der dritten tragischen Situation, die eng verknüpft ist mit der ersten, befindet sich die junge Witwe, die nach Jahren der häuslichen Kinderbetreuung in den Beruf zurückkehrt und dort nun als unqualifiziert gilt. Ihr werden unwichtige Aufgaben zugewiesen, oder sie wird gar degradiert – ein Prozess, der ihre Karrierechancen im Keim erstickt, ihr Einkommen schmälert und damit ihre Fähigkeit untergräbt, für ihre Kinder zu sorgen. Gleichzeitig wird ihr die Würde genommen – ein entscheidender Baustein des holistischen Wohlstands.

Jede dieser Entscheidungen hat weitreichende Auswirkungen auf andere Lebensbereiche und zeigt, wie eng ganzheitlicher Wohlstand mit sozialer Gerechtigkeit und wirtschaftlicher Chancengleichheit verknüpft ist.

DIE BAUSTEINE DES *HOLISTIC WEALTH DEVELOPMENT INDEX™*

1. **Gut leben:** Hierzu gehört nicht nur, bis ans Ende der menschlichen Lebensspanne da zu sein und nicht vorzeitig zu sterben, sondern sich auch ermöglichen zu können, gut zu leben, den persönlichen Leidenschaften und Hobbys nachzugehen und sich Auszeiten nehmen zu können, um auch anderen Interessen zu folgen.
2. **Zu den eigenen Bedingungen leben:** eine Stimme und die Freiheit zu haben, um sich gegen sexuelle Übergriffe, Rassendiskriminierung, Diskriminierung aufgrund der sexuellen Orientierung und häusliche Gewalt zu wehren, ohne Angst vor Verfolgung und dem Verlust der eigenen Würde zu haben.

3. **Im Einklang mit der Natur sein:** im Einklang mit der Natur und ihren Tieren und Pflanzen zu sein und die Biodiversität zu schützen. Hierzu gehört die individuelle Freiheit, sich für die großen umweltpolitischen Herausforderungen unserer Zeit wie den Klimawandel und die Verschmutzung der Meere zu engagieren.
4. **Lebenslanges Lernen (Erziehung für die vierte industrielle Revolution:** an der Zukunft der Arbeit teilhaben zu können – durch den kontinuierlichen lebenslangen Aufbau von Resilienz und das Erlernen von Fähigkeiten, die zum Erfolgreichsein in einem vagen und sich permanent verändernden Umfeld gebraucht werden, wobei der Schwerpunkt auf Soft Skills, also weichen Fähigkeiten, liegt. Neue Fähigkeiten auf unterschiedliche Weise erwerben zu können, einschließlich Mentoring.
5. **Eine gute Zukunftsplanung:** Zugang zu Unterstützungsstrukturen und Dienstleistungen zu haben, um gut für die Zukunft planen zu können. Hierzu gehören Ruhestandsplanung und -beratung, die für eine bewusste Gestaltung des persönlichen Wegs unverzichtbar sind.
6. **Finanzielle Sicherheit (eine gute Altersvorsorge):** durch einen Mix an allgemein zugänglichen staatlichen Rentenangeboten, die im Alter ein bestimmtes Grundeinkommen sicherstellen, finanzielle Sicherheit für die Zukunft zu schaffen. Denjenigen, die nach dem Eintritt in den Ruhestand weiterarbeiten möchten, den Zugang zu bezahlter Arbeit zu ermöglichen. Hierzu gehört auch, während des gesamten Lebens Zugang zu finanzieller Beratung und Schulungsangeboten zu haben, in denen Grundlagen der Finanzplanung vermittelt werden.
7. **Physische Gesundheit:** Zugang zu gesundheitsfördernden Maßnahmen und Dienstleistungen zu haben. Hierzu gehören

Ernährungsberatung ebenso wie Leistungen für Menschen, die an sehr seltenen Krankheiten leiden, sowie für psychische Erkrankungen im Sinne einer Unterstützung »von der Wiege bis zum Grabe«.

8. **Körperliche Versorgung:** Zugang zu einer gesunden Grundernährung, sauberem Wasser, angemessenen sanitären Bedingungen und weiteren gesundheitsfördernden Maßnahmen zu haben.
9. **Freizeit und Hobbys:** Gelegenheit zur Ausübung von Freizeitaktivitäten und Hobbys zu haben, Fähigkeiten erlernen zu können, kreativen Ideen nachgehen zu können, um die eigene Resilienz zu steigern und soziale Kontakte ausbauen zu können. Hierzu gehört auch die Möglichkeit, sich nach einem Rückschlag Zeit nehmen zu können, um wieder auf die Beine zu kommen, und bei der Rückkehr an den Arbeitsplatz auf geeignete Unterstützungsstrukturen zugreifen zu können.
10. **Selbstbestimmte Gestaltung von Zeit und Umfeld:**
    - Materielles Vermögen: die Möglichkeit, Grund und Boden und ein Eigenheim zu besitzen und ein Erbe zu hinterlassen.
    - Inklusive Technologie und Erfolg im digitalen Zeitalter: die Fähigkeit, auf die neueste Technologie zugreifen zu können. Die technologischen Möglichkeiten für Vielfalt und Inklusion sowie für vollen Zugang und Teilhabe an der Wirtschaft und Arbeitswelt für alle nutzen zu können.
    - Privatsphäre und Datenschutz: Kontrolle über die persönlichen Informationen auf Online-Plattformen wie den sozialen Medien zu haben. Vor Online-Bedrohungen sowie Online-Hass und -Missbrauch geschützt zu sein.

ZUSAMMENFASSUNG UND FAZIT

Tragödien und Rückschläge haben die Eigenschaft, uns zu unseren wahren Leidenschaften und unserem Lebenszweck zu führen. Sie sind im ganz konkreten Sinne richtungsweisend. Man könnte sie als eine Art Blitzschlag des Universums betrachten, der uns auf den Weg lenkt, für den wir bestimmt sind. Eines weiß ich mit Sicherheit: Jede und jeder von uns ist einzigartig und speziell dazu geschaffen, einen besonderen Daseinszweck – eine Lebensaufgabe – zu erfüllen. Gewiss ist auch, dass uns holistischer Wohlstand garantiert ist, wenn wir nach dieser Lebensaufgabe suchen und sie finden. Wir bestehen aus Milliarden von Atomen. Im Zentrum jedes Atoms ist ein Kern, der aus winzigen Teilen oder Partikeln besteht, den sogenannten Protonen und Neutronen. Um den Kern herum kreisen weitere Partikel, die Elektronen, die jeweils eine elektrische Ladung haben. Sie springen von Atom zu Atom, und so entsteht ein elektrischer Strom. Diese Elektronen und Atome sind das Feuer, das uns zum Leuchten bringt!

Weichen wir von unserem Daseinszweck ab, kommt es zum Ausbruch dieser elektrischen Ladungen, und sie versuchen, uns zurück auf unseren eigentlichen Weg zu lenken. Sind wir empfänglich und halten lange genug inne, um dies wahrzunehmen, können wir uns wieder neu auf unsere Lebensaufgabe ausrichten und holistischen Wohlstand erreichen.

Jedes der Gesetze, die das Fundament des holistischen Wohlstands bilden, gehört zu den Geschenken des Universums. Die Gesetze der Fülle, der Gegenseitigkeit, der natürlichen Harmonie und Balance, der spirituellen Selbsterneuerung, der Sinnhaftigkeit (und des Dienstes an der Menschheit) sowie des kontinuierlichen Lernens werden vom Universum gelenkt. Setzt du sie in die Praxis um, kannst du alles erreichen, wovon du je geträumt hast.

Eine gute Möglichkeit, dir die Gesetze zu merken, besteht darin, an jedem Wochentag eines davon in den Fokus zu rücken. Beginne in der Reihenfolge, in der sie hier erscheinen, und nimm dir jeden Tag Zeit, sie zu praktizieren.

1. Das Gesetz der Fülle
2. Das Gesetz der spirituellen Selbsterneuerung
3. Das Gesetz der Sinnhaftigkeit (Dienst an der Menschheit)
4. Das Gesetz der Gegenseitigkeit
5. Das Gesetz der natürlichen Harmonie und Balance
6. Das Gesetz des kontinuierlichen Lernens

DANK

An Matthew und Alexander Mullings, die einen Vater verloren und einen neuen gewonnen haben – ich liebe euch innig; danke, dass ihr diesen Weg mit mir gegangen seid. An Ella, meine kleine Tochter, die ein paar Jahre später kam, aber mein Leben wie eine brennende Kerze erhellt – danke. An Lindsay, meinen lieben Ehemann und den größten Unterstützer für mich als Autorin und Produzentin des *Holistic Wealth*-Podcasts, danke.

An meine Mutter, Dr. Bernice Williams, du bist mein Fels und meine Stärke; vielen Dank für deine Unterstützung bei diesem Buch und dass du mich tatsächlich bei jedem Schritt ermutigt hast, die Arbeit daran zu Ende zu bringen (danke, dass du meine Rechenschaftsbuddy warst). Danke, dass du mit mir gemeinsam den Online-Kurs *Holistic Healing* entwickelt hast, der jetzt über das *Institute on Holistic Wealth* angeboten wird.

An meinen Vater, Oliver Williams, für deine Unterstützung während der langen Monate nach Garfields Tod – danke.

An Kelly Rutherford, Autorin des Vorworts dieser Ausgabe, danke für deine Unterstützung und deine erstaunlichen Worte und Einsichten – du bist wirklich ein Geschenk für uns alle.

An die Wegbereiter und Experten, die ich in diesem Buch zitiert habe, danke für eure Weisheit und Einsichten.

An meine erstaunlichen *Certified Holistic Wealth*™ *Consultants*, die diese Bewegung vorangetrieben und mich ermutigt haben, inmitten einer Pandemie das *Certified Holistic Wealth*™ *Consultant*-Programm zu entwickeln. Mein besonderer Dank geht an Alison Setton (die als Erste die Zertifizierung erhielt),

Paige Brettle, Dr. Deana Stevenson und viele andere – ihr alle inspiriert mich mehr, als es sich in Worte fassen ließe.

An das Team von *Girl Friday Productions,* einschließlich Ingrid Emerick, Emilie Sandoz-Voyer, Tiffany Taing, Paul Barrett, Georgie Hockett und Micah Schmidt, danke für eure Unterstützung und eure Hilfe, dieses Buch auf so hervorragende Weise zu gestalten und in die Welt hinauszubringen.

Danke an die Lektoren und Verlegerinnen, die mir eine Plattform gegeben haben, um meine Gedanken und Erfahrungen zu teilen, wie Arianna Huffington und die Lektorinnen bei *FinerMinds (Mindvalley),* die es mir erlaubten, mir als Autorin eine Plattform mit Größen der Motivationsliteratur wie T. Harv Eker und Vishen Lakhiani zu teilen. An Merin Curotto, ehemalige Chefredakteurin des *New York Observer,* die dazu beigetragen hat, dass mein Artikel viral ging, und mir ermöglicht hat, Beiträge für den *Observer* zu schreiben, danke. An Rob Carrick, der im *Globe and Mail* auf den Artikel hingewiesen hat, danke. An Claire McIntosh, Chefredakteurin von *Sisters From AARP,* danke.

An die Nutzerinnen von *Aspire-Canada, KeishaBlair.com* und *The Modern Widow* – danke.

BIBLIOGRAFIE

Allen, Summer. *The Science of Awe* (Ein Whitepaper, das vom *Greater Good Science Center* der UC Berkeley für die *John Templeton Foundation* erstellt wurde.). September 2018.

Anderson, Craig, Maria Monroy und Dacher Keltner. »Awe in Nature Heals: Evidence from Military Veterans, At-Risk Youth, and College Students.« *Emotion* 18, Nr. 8 (Dezember 2018): 1195–1202.

Aristotle. *Politica,* Buch 1, Teile I–II, 1127–1130.

Buber, Martin. *I and Thou*. Scribner (Classic Edition), 13. Juni 2000.

Carlson, Kristi. *Eat Like a Gilmore: The Unofficial Cookbook for Fans of Gilmore Girls*. Skyhorse Publishing, 2016.

Chopra, Deepak. *The Seven Spiritual Laws of Success: A Practical Guide to the Fulfillment of Your Dreams*. San Rafael: New World Library and Amber-Allen Publishing, 1994.

Dudley, Chris. »Money Lessons Learned from Pro Athletes' Financial Fouls.« CNBC online, 14. Mai 2018, https://www.cnbc.com/2018/05/14/money-lessons-learned-from-pro-athletes-financial-fouls.html.

Dweck, Carol S. *Mindset: The New Psychology of Success.* New York: Ballantine Books, 2008.

Ellis, Kristina. *Confessions of a Scholarship Winner: The Secrets That Helped Me Win $500,000 in Free Money for College. How You Can Too.* Worthy Books, 2013.

Emerson, Richard. »Power-Dependence Relations.« *American Sociological Review* 27, Nr. 1 (Februar 1962): 31–41.

Ferriss, Tim. *Tools of Titans: The Tactics, Routines, and Habits of Billionaires, Icons, and World-Class Performers*. Houghton Mifflin Harcourt, 2016.

Foss, Kimberly. *Wealthy by Design: A 5-Step Plan for Financial Security.* Austin: Greenleaf Book Press, 2013.

Frankl, Victor. *Man's Search for Meaning.* New York: Pocketbooks, 1959.

Gallo, Amy. *HBR Guide to Dealing with Conflict* (HBR Guide Series). Harvard Business Review Press. 4. April 2017.

Gallo, Amy. »What to Do When a Personal Crisis Is Hurting Your Professional Life.« *Harvard Business Review,* November 2017.

Ganz, Marshall. *Why David Sometimes Wins: Leadership, Organization, and Strategy in the California Farm Worker Movement.* New York: Oxford University Press, 2009.

Ganz, Marshall. »People, Power and Change.« Vorlesung und persönliche Notizen, John F. Kennedy School of Government, Harvard University, Cambridge, Massachusetts, Frühjahr 2018.

Gilbert, Elizabeth. *Eat Pray Love: One Woman's Search for Everything Across Italy, India and Indonesia.* Viking Penguin, 2006.

Gladwell, Malcolm. »Six Degrees of Lois Weisberg.« *New Yorker,* 11. Januar 1999, 52–63.

Gladwell, Malcolm. *The Tipping Point: How Little Things Can Make a Big Difference.* Back Bay Books, 2002.

Gould, Stephen Jay. *Time's Arrow, Time's Cycle: Myth and Metaphor in the Discovery of Geological Time.* Cambridge: Harvard University Press, 1987.

Graham, Benjamin. *The Intelligent Investor: The Definitive Book on Value Investing,* überarbeitete Ausgabe. New York: HarperBusiness, 2006.

Graham, Benjamin und David Dodd. *Security Analysis,* 6. Auflage. New York: McGraw-Hill Education, 2008.

Granovetter, Mark. *Getting a Job: A Study of Contacts and Careers,* 2. Auflage. Chicago: University of Chicago Press, 2018.

Halliwell, Ed. *Into the Heart of Mindfulness: Finding a Way of Well-Being.* Platkus Books, 2016.

Hammond, Keli. *Craved: The Secret Sauce to Building a Highly-Successful, Standout Brand.* B Classic LLC, 2019.

Hanson, Rick. *Hardwiring Happiness: The New Brain Science of Contentment, Calmund Confidence.* New York: Harmony Books, 2013.

Hatmaker, Jen. *Of Mess and Moxie: Wrangling Delight Out of This Wild and Glorious Life.* Nashville: Thomas Nelson, 2017.

Higuera, Valencia, »Poll Finds Salary Alone Won't Make You Wealthy.« GOBankingRates, 29. Juni 2017, https://www.gobankingrates.com/making-money/wealth/heres-salary-alone-never-make-super-wealthy/.

Hirschman, Albert O. »The Principle of the Hiding Hand.« National Affairs Inc. und The American Enterprise Institute, Winter 1967.

Jay, Meg. *The Defining Decade: Why Your Twenties Matter – And How to Make the Most of Them Now*. Little, Brown & Company, 2015.

Johnson, Robert, Thomas Robinson und Stephen Horan. *Strategic Value Investing: Practical Techniques of Leading Value Investors*. New York: McGraw-Hill Education, 2013.

Jones, Bill T. *Last Night on Earth*. New York: Pantheon Books, 1995.

Kenyon, Mary Potter. *Coupon Crazy: The Science, Savings, and Stories Behind America's Extreme Obsession*. Familius, 2013.

Kenyon, Mary Potter. *Refined by Fire: A Journey of Grief and Grace*. Familius, 2014.

Kerpen, Dave. *The Art of People: 11 Simple People Skills that Will Get You Everything You Want*. New York: Penguin Random House, 2016.

Kierkegaard, S. *Parables of Kierkegaard*. Herausgegeben von Thomas C. Oden. Princeton: Princeton University Press, 1989. Originalausgabe 1845 (ins Englische übersetzt von David F. Swenson, 1941).

Lamott, Anne. *Bird by Bird: Some Instructions on Writing and Life*. New York: Anchor Books, 1995.

Langer, Ellen. »Mindful Learning.« *Current Directions in Psychological Science* 9, Nr. 6. (Dezember 2000).

Langer, Ellen. *Mindfulness*, Ausgabe zum 25. Jubiläum. Da Capo Lifelong Books, 2014.

Lewis, C. S. *A Grief, Observed*. New York: HarperCollins, 2007.

Lewis, C. S. *Surprised by Joy: The Shape of My Early Life*. New York: HarperCollins, 2017.

Lloyd, Peter. *No Matter How Much Money You Have You Are NEVER Happy: Even Millionaires Say They Need to at Least Double Their Wealth to Be Truly Content, First Study of Its Kind Finds*. DailyMail.com, Dezember 2018, https://www.dailymail.co.uk/sciencetech/article-6466731/Money-doesnt-buy-happiness-Millionaires-say-need-double-wealth-happy.html.

Matthews, Sue. *Paint Your Hair Blue: A Celebration of Life with Hope for Tomorrow in the Face of Pediatric Cancer*. Morgan James Publishing, 2018.

Morin, Amy. *13 Things Mentally Strong People Don't Do: Take Back Your Power, Embrace Change, Face Your Fears, and Train Your Brain for Happiness and Success*. New York: William Morrow Paperbacks, 2017.

Nussbaum, Martha. *Creating Capabilities: The Human Development Approach*. Harvard University Press, 2011.

Parr, Carolyn Miller. *Love's Way: Living Peacefully with Your Family as Your Parents Age*. Peabody: Hendrickson Publishers, 2019.

Saltz, Gail. *The Power of Different: The Link Between Disorder and Genius*. New York: Flatiron Books, 2018.

Santana, Alan. *Unprotected*. Page Publishing, 2017.

Seligman, Martin. *Flourish: A Visionary New Understanding of Happiness and Well-Being*. Atria Books, 2012.

Seneca, Lucius. *On the Shortness of Life*. Ins Englische übersetzt von John W. Basore, Loeb Classical Library. London: William Heinemann, 1932, http://www.forumromanum.org/literature/seneca_younger/brev_e.html.

Shumsky, Susan. *Awaken Your Divine Intuition: Receive Wisdom, Blessings, and Love by Connecting with Spirit*. Weiser, 2016.

Shumsky, Susan. *Awaken Your Third Eye: How Accessing Your Sixth Sense Can Help You Find Knowledge, Illumination, and Intuition*. Weiser, 2015.

Shumsky, Susan. *Divine Revelation*. Touchstone, 1996.

Smith, Adam. *The Wealth of Nations*. New York, NY: Bantam Classic, 1776.

Sommerlad, Andrew, Josh Ruegger, Archana Singh-Manoux, Glyn Lewis und Gill Livingston. *Marriage and Risk of Dementia: Systematic Review and Meta-Analysis of Observational Studies*. Journal of Neurology, Neurosurgery and Psychiatry 89, Ausgabe 3, 2017, https://jnnp.bmj.com/content/89/3/231.

Strayed, Cheryl. *Wild: From Lost to Found on the Pacific Crest Trail*. New York: Alfred A. Knopf, 2012.

Tessina, Tina. *How to Be Happy Partners: Working It Out Together*. Create Space, 2016.

Thomas, Rachel, Marianne Cooper, Ellen Konar, et al. *Women in the Workplace 2018*. Von McKinsey & Company und Leanin.org veröffentlichte Studie.

Toterhi, Tim. *The HR Guide to Getting and Crushing Your Dream Job*. Plotline Leadership, 2018.

Ware, Bronnie. *The Top Five Regrets of the Dying: A Life Transformed by the Dearly Departing*. Bolinda Publishing Pty Ltd, 2017.

WERDE TEIL DER *HOLISTIC WEALTH*-BEWEGUNG

Es gibt die verschiedensten Möglichkeiten, Teil der *Holistic Wealth*-Bewegung zu werden und im Leben anderer etwas Positives zu bewirken:

- **Werde *Certified Holistic Wealth*™ *Consultant*** am *Keisha Blair Institute on Holistic Wealth* (Näheres auf der Website des Instituts: www.instituteonholisticwealth.com).
- **Nutze das *Holistic Wealth*-Mitarbeiter-Vorteilsprogramm:** Für Frauen und Eltern ist Work-Life-Integration der Schlüssel zum beruflichen Erfolg. Wir haben dem Konzept des holistischen Wohlstands eine Videoserie gewidmet, die Mitarbeitenden auf praxisnahe Weise zeigt, wie sie diese Prinzipien in ihre Arbeitsprozesse integrieren können, um ihre psychische Gesundheit, Produktivität und Konzentration zu verbessern. Arbeitgeber können diesen Kurs zur Mitarbeitendenschulung einsetzen. Anfragen bitte per E-Mail an info@keishablair.com senden.
- Überlege, **eine Marken- oder gemeinnützige Partnerschaft** mit dem *Institute on Holistic Wealth* einzugehen, um ein Verbraucherangebot oder eine Kampagne zu erstellen. Anfragen bitte per E-Mail an info@keishablair.com.
- **Werde Mitglied des *Institute on Holistic Wealth:*** Besuche die Website unter https://www.instituteonholisticwealth.com/membership-levels/.
- **Abonniere den *Holistic Wealth*-Podcast *mit Keisha Blair*** und erzähle einer Freundin davon. Bist du Teil eines Unternehmens oder einer Organisation, kontaktiere uns bezüglich einer Partnerschaft.

- **Starte dein eigenes *Holistic Wealth*-Projekt** oder gründe einen Kreis von Rechenschaftsbuddys im Freundes-, Kollegen- oder Familienkreis, damit ihr euch gegenseitig motiviert, eure Ziele im Auge zu behalten und nicht vom Kurs abzukommen.
- **Schreibe eine Rezension** auf *Amazon, Indigo, Barnes & Noble* oder jeder anderen Plattform, die diese Möglichkeit zulässt. Mit deinem Kommentar hilfst du anderen Leserinnen, das Buch und seine großartige Botschaft zu entdecken.
- Solltest du selbst einen Blog, eine Website oder einen Podcast haben, **teile deine Gedanken zu diesem Buch,** damit andere darauf aufmerksam werden und ebenfalls von der Botschaft des holistischen Wohlstands profitieren können.
- **Bist du an einem Einzelcoaching interessiert oder brauchst du Hilfe bei einem der oben genannten Punkte,** kontaktiere mich direkt unter info@keishablair.com.

Du möchtest Kontakt mit mir aufnehmen? Dies sind die Möglichkeiten:

1. Melde dich für den Newsletter an und schreibe mir eine E-Mail über die Website www.KeishaBlair.com.
2. Teile deine eigenen Geschichten zum Thema des holistischen Wohlstands unter den Hashtags *#HolisticWealth* und *#HolisticWealthbook* und verbinde dich mit mir auf Instagram und Twitter unter @KeishaOBlair.
3. Folge mir auf Facebook unter der Adresse *keishablairauthor.*
4. Wenn du Feedback oder Ideen zum Buch oder zur *Holistic Wealth*-Bewegung hast, schreibe mir eine E-Mail an info@keishablair.com.
5. Folge mir auf Instagram unter der Adresse https://www.instagram.com/keishaoblair/?hl=en.